L'encyclopédie Larousse du Cheval et du poney

Écrit par
Sandy Ransford

Photographié par
Bob Langrish

LAROUSSE

L'édition originale de ce livre a paru sous le titre
The Kingfisher Horse and Pony Encyclopedia
chez Kingfisher Publications Plc

Une partie de cet ouvrage a déjà été publiée sous le titre
Larousse Junior du Cheval et du Poney
© Larousse / VUEF 2002
pour la première édition française.

Direction éditoriale :
Françoise Vibert-Guigue

Responsables éditoriales :
Delphine Godard, Brigitte Bouhet

Adaptation :
Claire Lefebvre

Correction :
Marie-Claude Salom-Ouazzani

Maquette :
Cynthia Savage

Couverture :
Laurent Carré

Crédits iconographiques de la couverture :
Haut gauche : three heads © Lee O'Dell # 479978/FOTOLIA
Milieu gauche : © Tom Nebbia/CORBIS
Bas gauche : au pas © Cynoclub # 2574044/FOTOLIA
Centre : © Bob Langrish # MI9E8483

ISBN : 978-2-03-584657-0
N° de projet : 11013807
Dépôt légal : février 2009
Imprimé en Chine

Sommaire

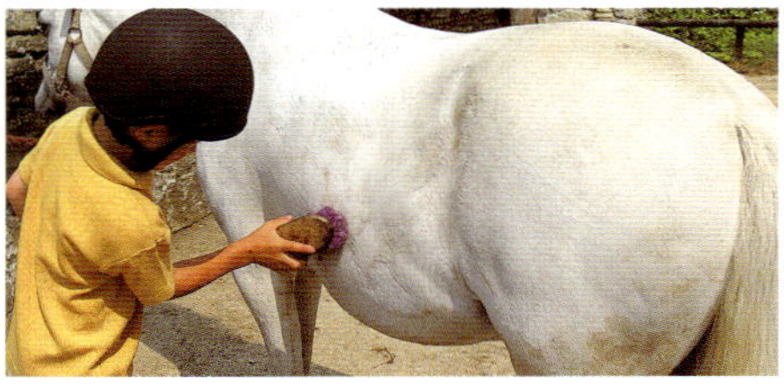

La plus noble conquête de l'homme

Le **Cheval de Przewalski** est proche des ancêtres primitifs des chevaux modernes.

Depuis des milliers d'années, le cheval sert l'homme. Il a été son unique moyen de transport durant des siècles. Attelé ou monté, il a tiré et porté de lourdes charges, labouré les champs ; il est allé au combat avec bravoure. Sa puissance, sa docilité et sa sûreté ont permis à son maître humain la poursuite du progrès. Désormais, il est devenu son compagnon de loisirs.

Juste retour des choses, ce maître qu'il a servi si longtemps s'applique à mieux le comprendre et à le traiter avec respect et bienveillance.

Hyracotherium (Eohippus)
55 millions d'années

Mesohippus
40 millions d'années

Merychippus
25 millions d'années

Pliohippus
5 millions d'années

Equus caballus
1,5 millions d'années

L'évolution

L'ancêtre le plus ancien du cheval vivait en Amérique du Nord voici 55 millions d'années. De la taille d'un renard, il habitait les marécages et se nourrissait de feuillages. Ses pattes avant avaient quatre doigts et ses pattes arrière trois. Au cours des millénaires, il gagna en taille et perdit des doigts. Ses dents s'adaptèrent à l'herbe et la position de ses yeux se modifia pour lui donner une meilleure vision panoramique.

L'influence de l'homme

Depuis ses ancêtres sauvages, le cheval a énormément évolué. Un cavalier compétent peut calmer ses peurs et le persuader de ne pas obéir à son instinct de fuite face au danger. Bien entraîné, un cheval de concours, par exemple, saute des obstacles qu'il ne franchirait jamais autrement, un cheval de police accepte de charger des foules déchaînées et un cheval de dressage obéit à la moindre sollicitation de son cavalier.

Poneys Exmoor en liberté
À l'état sauvage, les chevaux et les poneys vivent en groupes composés d'un étalon, de ses juments et de leurs poulains. Isoler un cheval est aller à l'encontre de sa nature.

Beauté et exhibition
Le cheval, animal remarquable, peut être entraîné à exceller dans de nombreuses disciplines, tel ce sujet toiletté pour un concours.

Le cheval en liberté

Les chevaux et les poneys sont des animaux grégaires. Ils constituent de petits troupeaux au sein desquels se nouent des amitiés et des antipathies. Dans la nature, ils passent jusqu'à 20 heures par jour à brouter en se déplaçant pour trouver de l'herbe. Lorsque le groupe se repose, l'un des membres veille.

Le toilettage mutuel

Quand ils sont amis, les chevaux aiment se toiletter mutuellement. Ils se mordillent l'encolure, le garrot ou le dos. C'est leur façon de renforcer leurs liens d'amitié.

Le flehmen

Pour analyser une odeur, le cheval retrousse sa lèvre supérieure en levant la tête. Cette attitude s'appelle le flehmen.

Le langage des oreilles

Des oreilles dressées indiquent que le cheval est attentif à ce qui se passe et s'attend à quelque chose d'agréable.

Une oreille de côté montre que le cheval est distrait par quelque chose qui a attiré son attention.

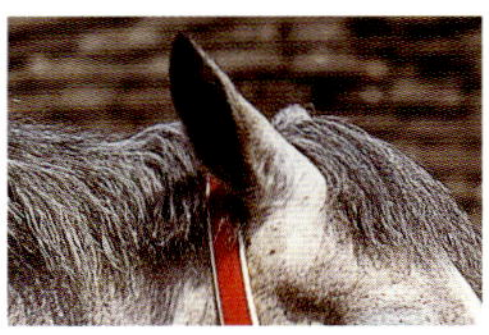

Les oreilles couchées en arrière sont un signe de peur ou de colère. Le cheval prévient qu'il va frapper ou mordre.

Ne pas le laisser seul

Seul, un cheval domestique est malheureux. En l'absence d'un autre équidé, moutons ou vaches sont des compagnons acceptables. Efforce-toi d'offrir à ton poney autant de liberté que possible.

En groupe

Dans la nature, à l'instar de ces Mustangs américains, les chevaux vivent en groupes familiaux. Un groupe comprend un étalon, quelques juments et leurs poulains. Autour, gravitent les individus sevrés jusqu'à ce qu'ils constituent leur propre groupe.

La hiérarchie

Dans un groupe de chevaux, une hiérarchie établit la place de chaque individu. Que l'un d'eux conteste son rang et des querelles éclatent. Dans la nature, les étalons se battent contre leurs rivaux en les mordant, en les frappant des antérieurs, ou en les bottant des postérieurs. Mais généralement, les chevaux se menacent plus qu'ils ne s'affrontent vraiment. Les oreilles couchées et l'encolure étirée suffisent souvent à décourager l'adversaire.

Âge et dents

On peut estimer l'âge d'un cheval en examinant ses dents. En vieillissant, l'angle d'affrontement des incisives se fait plus aigu et le dessin des surfaces d'usure évolue.

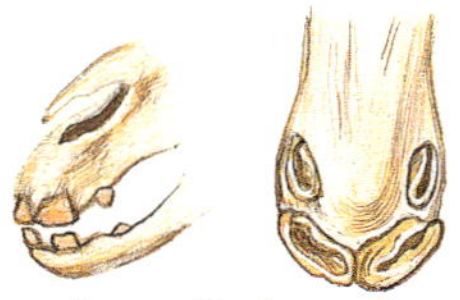
Jusqu'à six mois

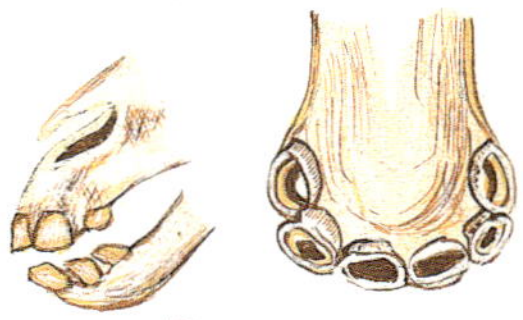
Deux ans

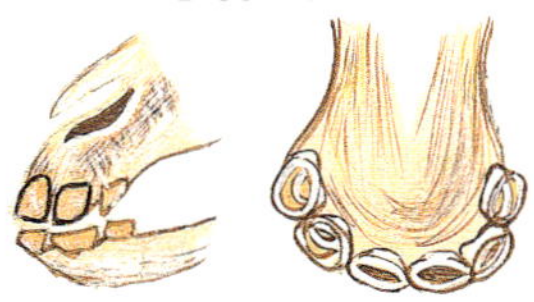
Trois ans

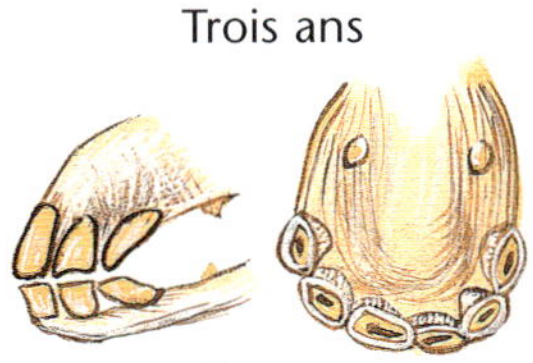
Cinq ans

Sept ans

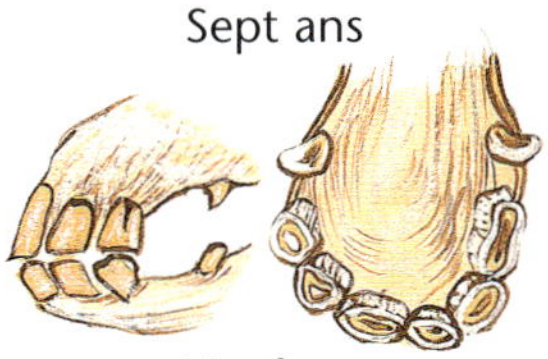
Neuf ans

Quinze ans

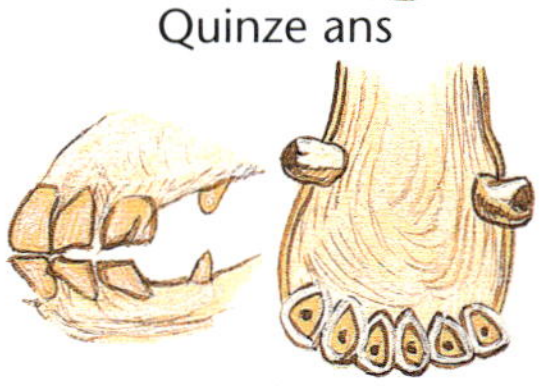
Vingt-cinq ans

Le cycle de vie du cheval

Selon leur race, les chevaux atteignent leur pleine maturité entre quatre et six ans. Avant cela, leur ossature n'est pas assez forte pour supporter un travail important.
En vieillissant, la forme et la surface d'usure de leurs dents changent. À partir de dix à quinze ans, ils commencent à vieillir, mais ils peuvent continuer à travailler jusqu'à une vingtaine d'années et vivre jusqu'à vingt-cinq ou trente ans.

Onze mois !

Une jument gestante attend un poulain. La gestation dure onze mois. Les deux derniers mois, le poulain grossit beaucoup. La jument a besoin d'une alimentation spéciale.

Le poulain nouveau-né

À la naissance, la jument lèche son poulain pour le stimuler et le sécher. Dans l'heure qui suit, il est capable de se tenir debout et de prendre sa première tétée. Même s'ils semblent maladroits, les poulains nés dans la nature peuvent suivre leur mère quelques heures après leur naissance.

Moins d'un an

Durant ses douze premiers mois, un cheval est appelé poulain, ou pouliche s'il s'agit d'une femelle. Avec leurs longs membres, les poulains sont très vifs. Ils tètent six mois environ mais commencent à brouter de l'herbe bien avant.

Plus d'un an

Les membres du poney sont trop longs. Il semble dégingandé.

Deux ans

Bien qu'immature, il ressemble déjà à un adulte.

Quatre ans

Vers quatre ans, il atteint sa maturité. Il peut commencer à travailler.

Dix ans

Entre cinq et douze ans, c'est la pleine force de l'âge. Les chevaux de compétition sont à leur meilleur niveau.

La vieillesse

Vers vingt ans, il vieillit. Son dos se creuse, ses membres et ses articulations s'épaississent.

Les hommes et le cheval

Les premiers hommes ont d'abord chassé le cheval pour se nourrir. Puis, il y a 6 000 ans environ, ils ont commencé à l'élever et probablement à le monter. Des dents fossilisées semblent indiquer que, 500 ans avant l'invention de la roue, des chevaux étaient munis de mors. Plus tard, les hommes utilisèrent des chars tirés par des chevaux pour faire la guerre, disputer des courses et chasser les animaux sauvages. Monté ou attelé, le cheval devint bientôt essentiel au transport et au travail agricole. Ce n'est que récemment qu'il est devenu notre compagnon de loisirs.

Les courses de chars

Dans la Rome antique, les courses de chars étaient un sport populaire dans l'aristocratie. Ce bas-relief en pierre du IIe siècle apr. J.-C. montre un char tiré par quatre chevaux dans le Circus Maximus.

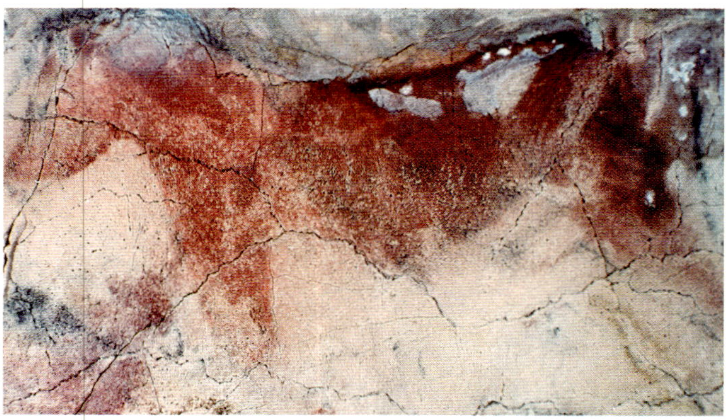

Les peintures des grottes

Dans la grotte d'Altamira (Espagne), le cheval figure parmi les animaux représentés sur des peintures rupestres datant de 15 000 à 10 000 ans av. J.-C.

Les tournois

Les chevaliers du Moyen Âge combattaient à cheval et en armure et testaient leur habileté lors de tournois. Ils se chargeaient au galop, chacun cherchant à désarçonner l'autre à l'aide d'une grande lance.

Napoléon

Autrefois, les cavaliers, dont Napoléon, portaient leur épée sur la gauche. Ils devaient donc se mettre en selle et se tenir sur la gauche de leurs chevaux. Cette tradition s'est perpétuée jusqu'à nos jours.

Les transports

Cette illustration montre la malle-poste du duc de Beaufort au départ de Piccadilly, à Londres, en 1841. Pour s'asseoir à l'intérieur, les passagers devaient payer double tarif ; les plus pauvres restaient à l'extérieur.

Haute école

Ce cheval marche au trot espagnol, une allure artificielle. Il lève haut ses antérieurs et il les étend loin en avant.

Différents chevaux

Il existe de nombreux types de chevaux et de poneys. Certains sont lourds, puissants et lents, comme les cobs, tandis que d'autres, sveltes et rapides, sont proches du Pur-sang, ou sont élégants et raffinés, comme les poneys d'exhibition.
Un type est généralement un mélange de races.

Chevaux de trait

Les chevaux de trait ont une épaule plutôt verticale, sur laquelle le collier du harnais s'adapte bien, et des paturons droits jointés. Leur action est souvent relevée, ce qui leur confère de l'élégance quand ils sont attelés, mais ils sont inconfortables sous la selle.

Les traits lourds
Ce sont des animaux massivement bâtis. Leurs os sont énormes et leurs muscles puissants. Ils peuvent tracter de très lourdes charges.

Les carrossiers
Ces chevaux d'attelage sont à la fois forts, légers et élégants. Leurs allures sont relevées. Une paire bien assortie peut avoir une grande valeur.

Chevaux de selle

Solidement conformés, sans être trop gros, les chevaux et les poneys de selle portent facilement un cavalier. Des épaules et des paturons bien inclinés leur confèrent des allures basses et allongées, tandis qu'un arrière-train puissant et des postérieurs longs leur permettent de bien sauter.

Les poneys d'exhibition
Les poneys d'exhibition et les hacks sont d'élégants types de selle, dotés de belles allures et bien conformés. Ils doivent montrer un comportement exemplaire.

Les cobs
Les cobs sont des chevaux de selle tranquilles, aux membres courts et au corps profond. Ils étaient traditionnellement réservés aux personnes âgées ou lourdes. Leur crinière est souvent rasée.

Les poneys de polo
On les appelle poneys, mais ce sont en fait de petits chevaux rapides, entraînés pour obéir instantanément aux ordres de leurs cavaliers.

Les poneys hunter
Excellents poneys de selle, ils sont capables de galoper et de sauter mais sont un peu moins raffinés que les poneys d’exhibition.

Notions d'anatomie

Il existe des termes bien spécifiques pour désigner les parties du corps d'un cheval. Il est nécessaire de les apprendre et de les retenir car ils t'aideront à mieux comprendre les instructions qui te seront données au cours de tes leçons d'équitation. Cela te permettra aussi de partager ta passion des chevaux avec tes amis et de t'entretenir des problèmes de soins avec le vétérinaire.

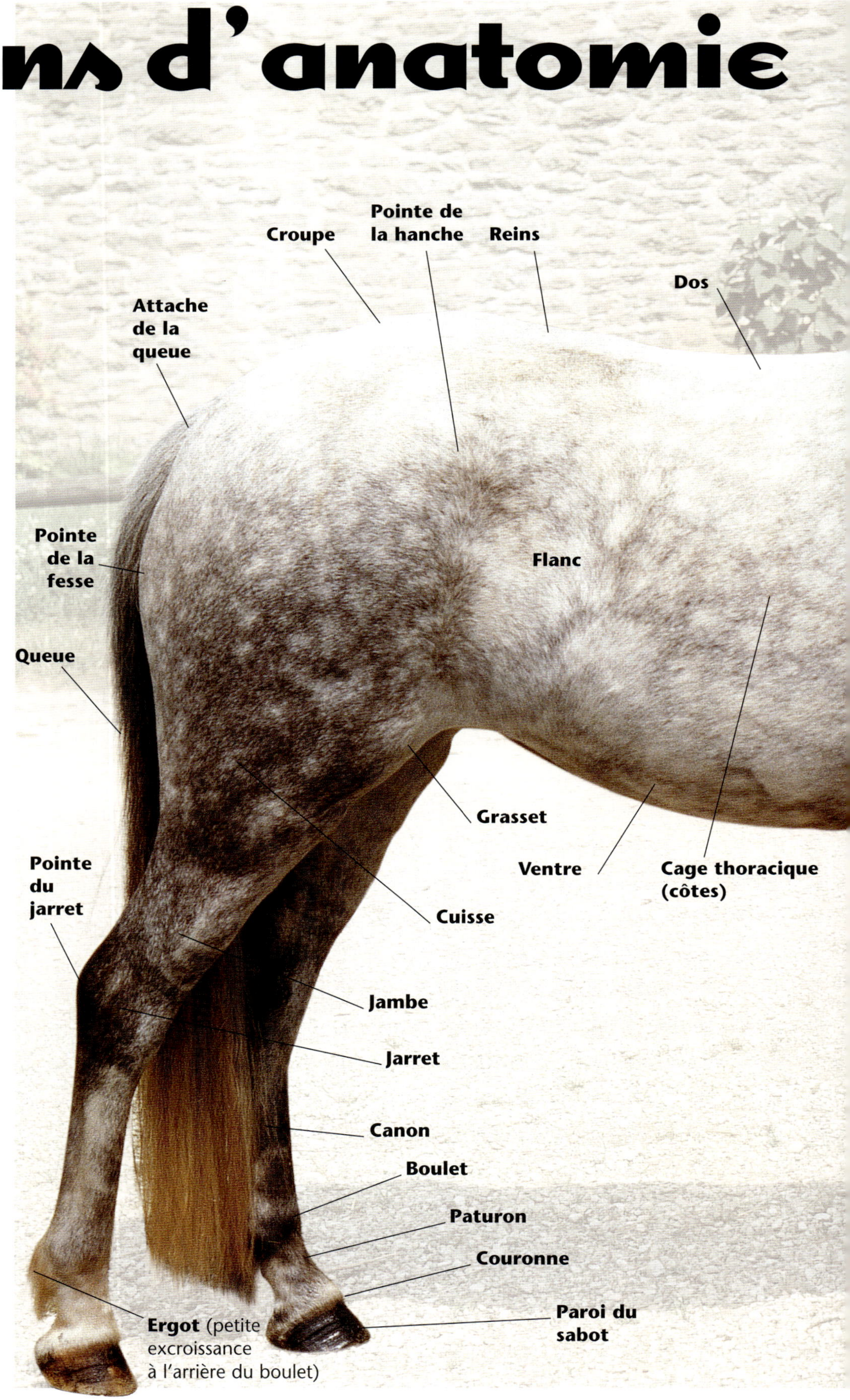

La conformation

La conformation est la façon dont les parties d'un cheval sont combinées. Elle varie en fonction de la race. Un cheval bien conformé a une petite tête, de grands yeux, des épaules et des paturons inclinés, une bonne ossature sous le genou, un dos court et un arrière-train puissant.

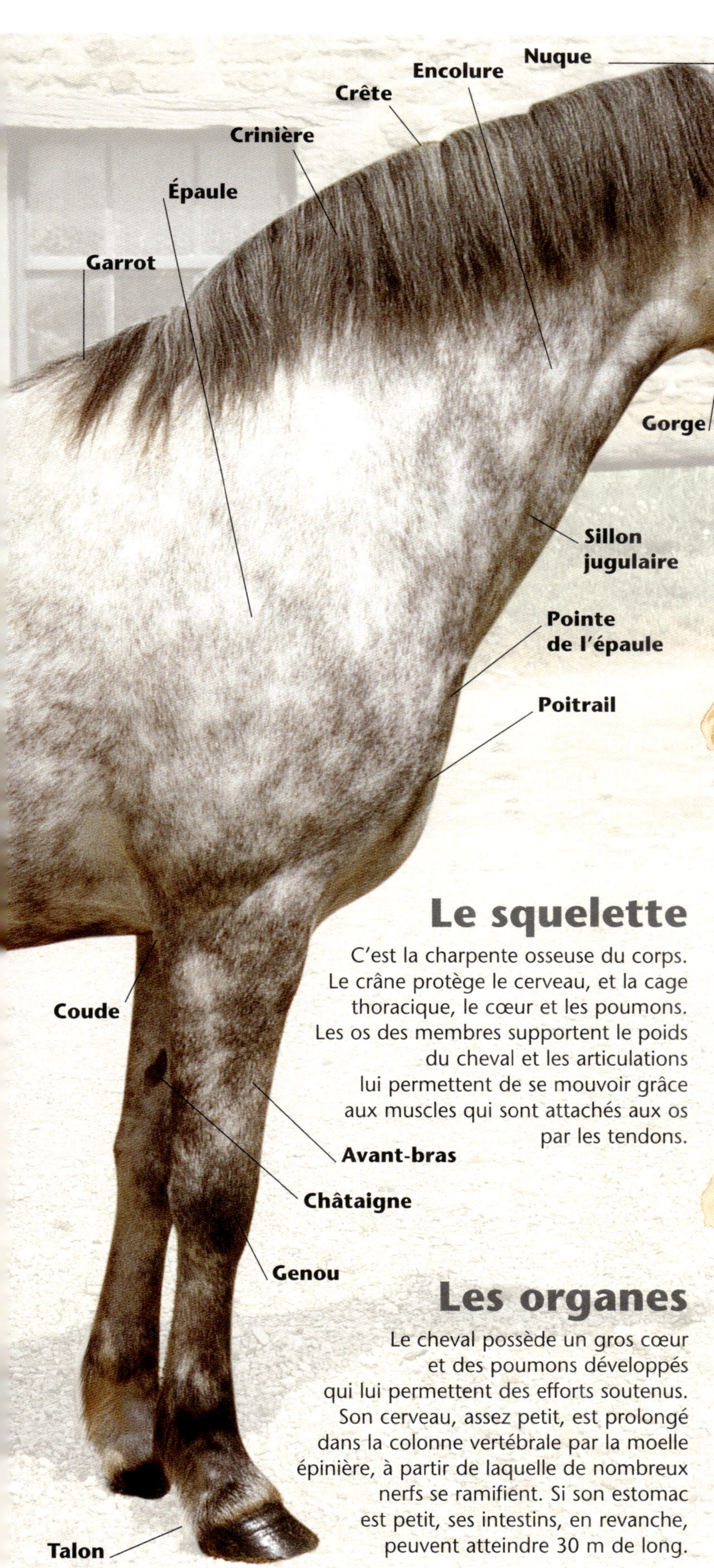

Le squelette

C'est la charpente osseuse du corps. Le crâne protège le cerveau, et la cage thoracique, le cœur et les poumons. Les os des membres supportent le poids du cheval et les articulations lui permettent de se mouvoir grâce aux muscles qui sont attachés aux os par les tendons.

Les organes

Le cheval possède un gros cœur et des poumons développés qui lui permettent des efforts soutenus. Son cerveau, assez petit, est prolongé dans la colonne vertébrale par la moelle épinière, à partir de laquelle de nombreux nerfs se ramifient. Si son estomac est petit, ses intestins, en revanche, peuvent atteindre 30 m de long.

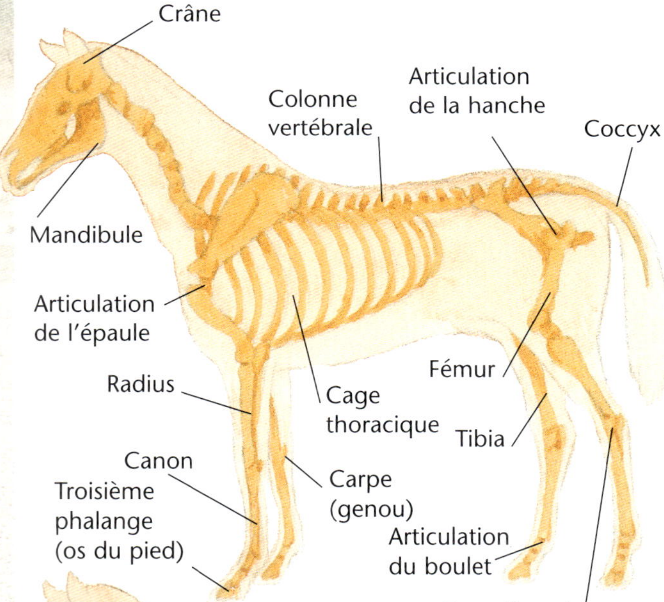

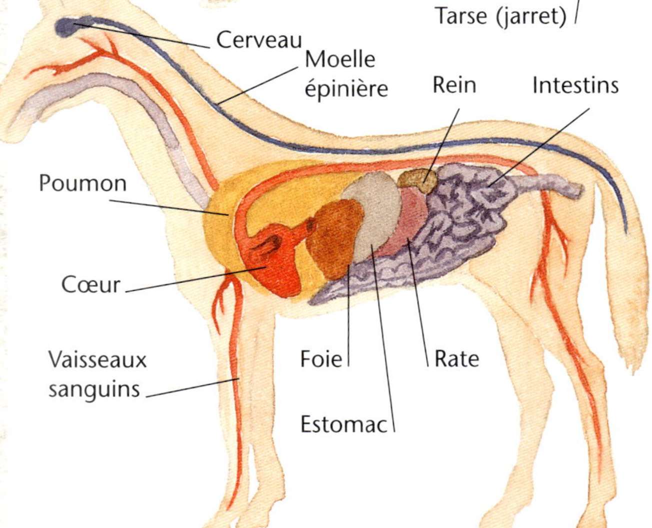

Les robes

La couleur de la robe d'un cheval ou d'un poney dépend en partie du pigment naturel de sa peau. La plupart ont la peau foncée, à l'exception de celle des marques blanches de la tête et des membres, qui est rose. Seuls les albinos, très rares, sont de véritables chevaux blancs et ont une peau entièrement rose. Les chevaux qui semblent blancs sont en réalité gris. Leur peau, que l'on peut voir sur le nez, est foncée.

Le **bai** est une robe d'un brun rouge chaud, avec les crins et le bas des membres noirs.

En vieillissant

Avec l'âge, la robe d'un cheval ou d'un poney peut changer. Les gris naissent généralement foncés et éclaircissent, jusqu'à devenir blancs, en vieillissant. Des mouchetures apparaissent sur la robe de certains gris ainsi que des poils blancs dans la robe et les crins des bais, des alezans et des noirs.

Gris moucheté est un gris clair parsemé de tachetures foncées.

Bai clair est plus clair que bai et vire sur le jaune.

Bai brun est une robe foncée avec parfois des zones plus pâles.

Aubère est un mélange de poils blancs et fauves.

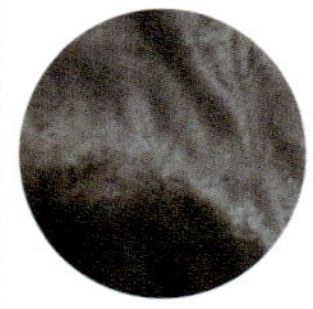

Noir est une robe dont les poils et les crins sont noirs. Le noir pur est rare.

La couleur des yeux

La couleur des yeux d'un cheval ou d'un poney dépend de leur pigmentation. Comme ils ont la plupart du temps la peau foncée, leurs yeux le sont aussi. Il arrive que les yeux des chevaux albinos ou des chevaux de couleur soient clairs. Chez la race Appaloosa, le blanc de l'œil (sclérotique) est toujours visible.

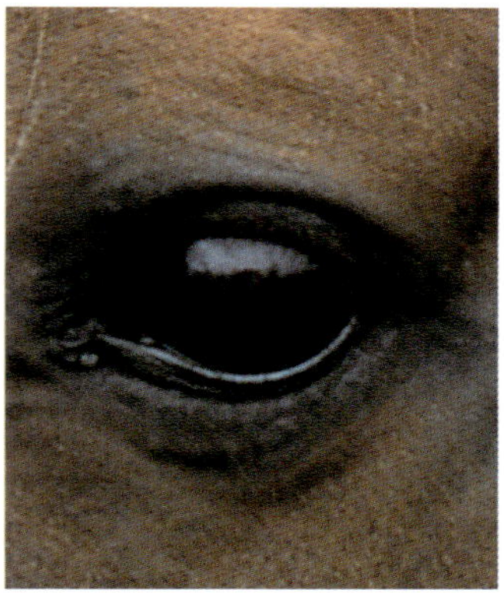

Les yeux foncés
L'iris des yeux est le plus souvent marron foncé. La sclérotique qui l'entoure n'est visible que si le cheval est effrayé ou en colère.

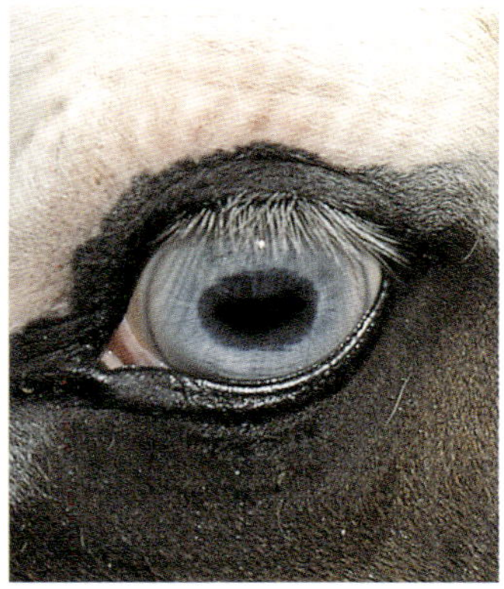

Les yeux clairs
Un cheval qui a beaucoup de blanc sur la tête, comme certains Paint Horses, peut avoir un ou les deux yeux clairs, souvent bleus.

La couleur des sabots

La couleur de la corne des sabots des chevaux et des poneys est généralement assortie à celle des membres. Un membre aux poils foncés se termine par un sabot à la corne foncée, tandis qu'un membre présentant une balzane blanche se termine par un sabot à la corne claire. Un cheval peut avoir des sabots de différentes couleurs.

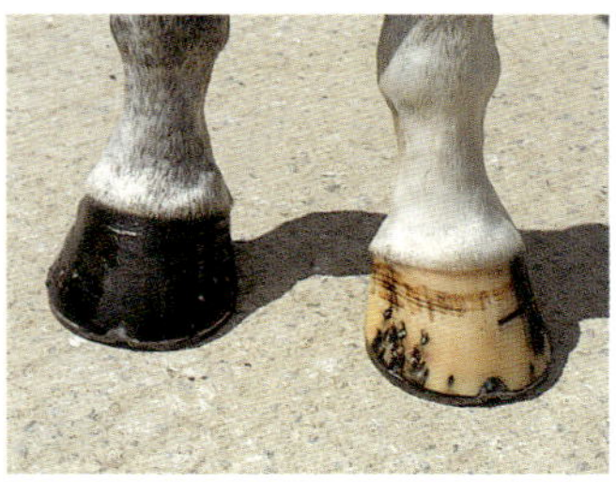

Corne foncée ou claire ?
Les sabots des antérieurs de ce poney sont de couleurs différentes. Celui de droite est plus clair car son membre se termine par une balzane.

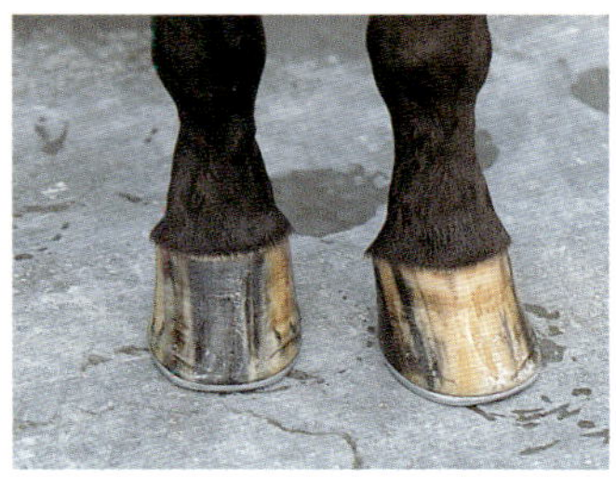

Les sabots striés
Chevaux et poneys à robe tachetée, comme l'Appaloosa, ont les sabots striés. Des bandes de corne foncée et claire alternent sur la paroi.

Gris pommelé
Les poils blancs et noirs forment des ocelles.

Alezan brûlé
est un alezan plus foncé et plus rouge.

Rouan foncé
Le mélange poils noirs et blancs a un aspect bleuté.

Alezan
est une robe rousse. Les crins peuvent être plus foncés.

Isabelle
est une robe jaune, avec les extrémités et les crins noirs.

Bai pie
est une robe baie parsemée de larges taches blanches.

Pie noir
est une robe où le blanc domine sur le noir.

Tacheté est une robe blanche parsemée de taches foncées.

Les marques

On appelle marques toutes les taches ou rayures d'une couleur différente de celle de la robe. Les plus communes sont les marques blanches de la tête et les balzanes des membres. Taille et forme sont très variables d'un individu à l'autre. Relevées et notées dans un livret, les marques servent à identifier l'animal.

Les marques de la tête

Ce sont des zones de poils blancs situées sur le front et le chanfrein. Petites ou étendues, leurs formes sont infinies. Selon leur forme et leur position sur la tête, elles portent différents noms. Elles sont uniques pour chaque individu.

Large en tête prolongée par une liste large.

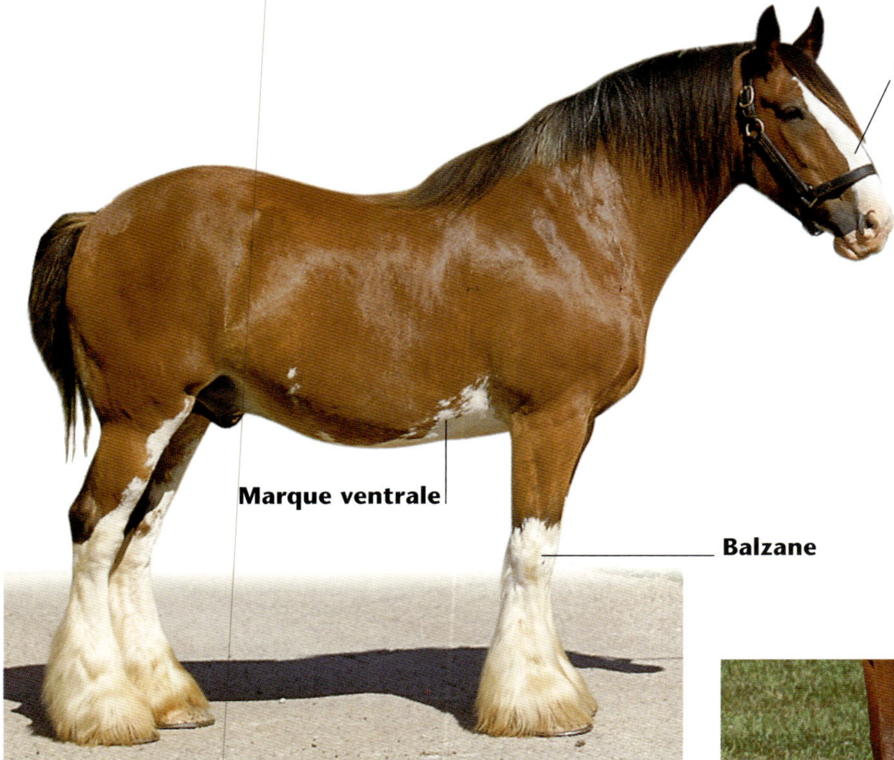

Les ladres

Les ladres sont des zones de peau dépigmentées, roses et généralement très peu poilues. Elles sont surtout situées sur le museau et les naseaux, à l'exemple de ce Clydesdale (ci-contre) et autour des yeux. Certains chevaux présentent des marques blanches ailleurs sur le corps. Si elles sont le résultat de blessures, elles sont appelées « taches accidentelles ».

Les balzanes

Les balzanes sont les marques blanches que l'on trouve sur le bas des membres de certains chevaux et poneys. Elles se caractérisent généralement par leur hauteur et sont soigneusement notées dans le livret d'identification de l'animal. Par exemple, on pourrait y lire : « balzane à mi-canon » ou « balzane au-dessus du boulet ».

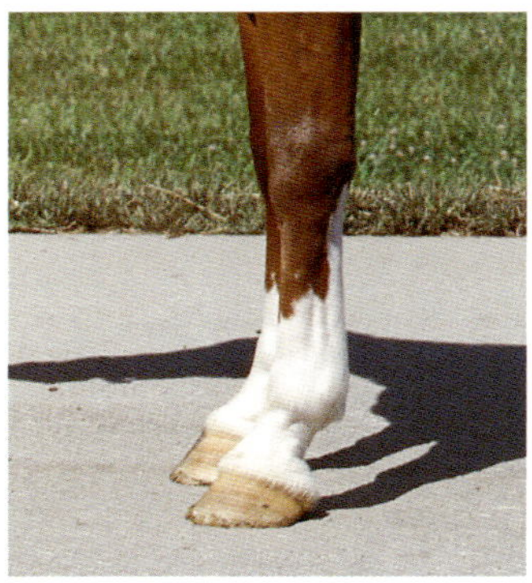

Balzane de l'antérieur à mi-canon en fine pointe, jusqu'au genou en arrière.

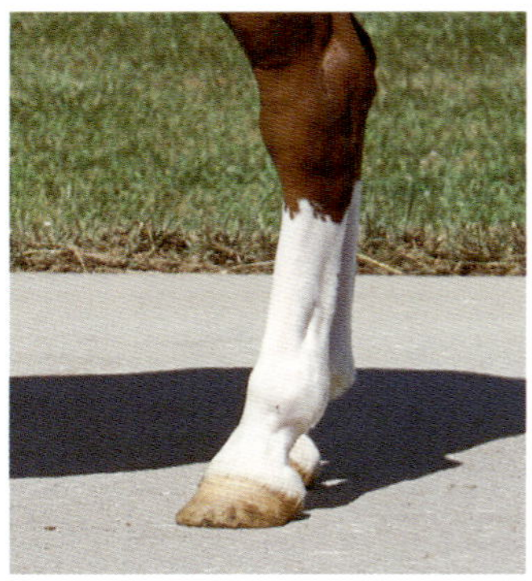

Balzane du postérieur gauche dentelée sous le jarret.

En tête ovale prolongée par liste s'amincissant.

En tête en triangle, pointe vers le haut à droite.

En tête en pelote prolongée par une liste interrompue. Petit ladre entre les naseaux.

Un **épi** est un groupe de poils divergents autour d'un point.

La raie de mulet

Les races primitives, comme le Cheval de Przewalski ou les poneys Fjord et Highland, ont souvent une raie dorsale foncée s'étendant de la crinière à la queue et que l'on nomme « raie de mulet ».

Belle face

La zone blanche couvre tout le front et le chanfrein, formant une large en tête (d'un œil à l'autre) prolongée par une liste très large. Ce cheval présente aussi un ladre marbré sur le nez et les lèvres.

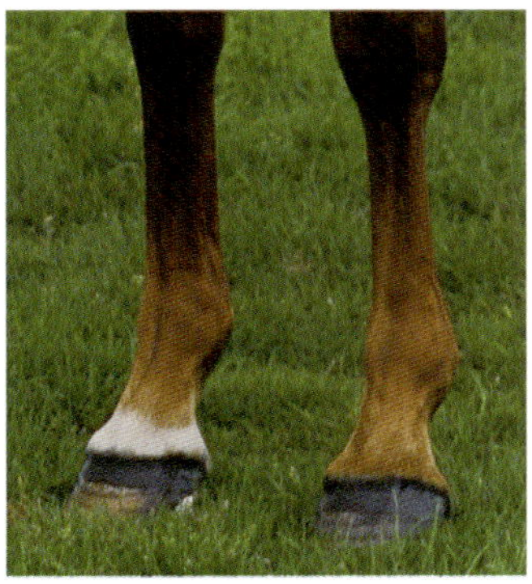

Balzane à un 1/3 du paturon, formant une bande blanche au-dessus du sabot.

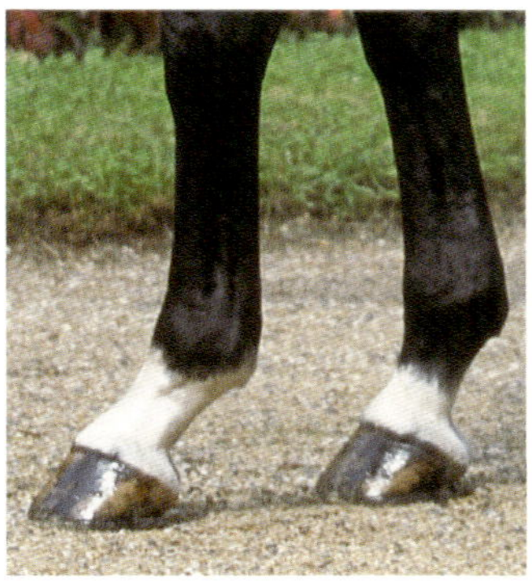

Balzane sous le boulet débordant en arrière, et balzane à mi-paturon.

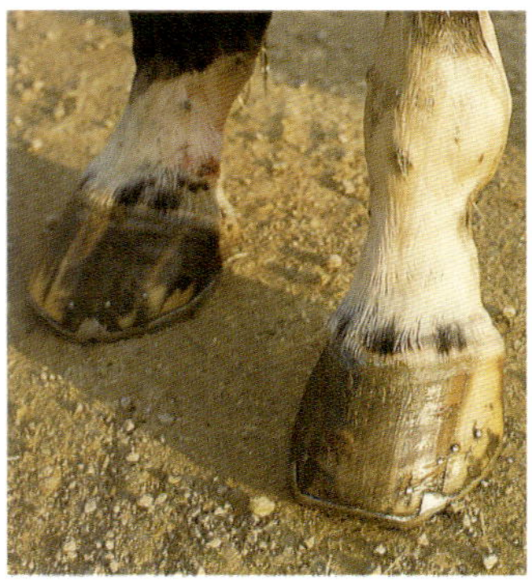

Herminures : taches noires sur une balzane, associées à des bandes sur les sabots.

Zébrures : marques horizontales foncées sur le bas des membres.

Qu'est-ce qu'une race ?

Les chevaux et les poneys ont des tailles et des conformations très variables. Certains appartiennent à une race particulière : ils partagent des caractéristiques qu'ils transmettent à leur descendance. Parmi les races de chevaux, on fait la distinction entre les « sang froid » les « sang chaud » et les « sang tiède », communément appelés « demi-sang ».

Les « sang froid »

Ces Brabançons (ci-dessus) sont des chevaux de sang froid typiques, originaires du Nord de l'Europe où le climat froid et humide a engendré cette race lourde et puissante longtemps utilisée pour les travaux agricoles.

Les « demi-sang »

Les demi-sang sont issus de métissages entre chevaux de sang froid et chevaux de sang chaud. Ce cheval (ci-contre) est un demi-sang d'un type hunter lourd. Il n'appartient pas à une race particulière, mais de nombreux croisements ont donné naissance à des races aujourd'hui reconnues.

Les « sang chaud »

Cet Anglo-Arabe (ci-dessus) est un bel exemple de la beauté et de l'élégance des races de sang chaud. Elles sont originaires d'Afrique du Nord et du Moyen-Orient, où le climat très chaud et aride a produit des animaux légers, résistants et rapides.

Les poneys

Toisant 1,47 m maximum au garrot, les poneys ont les membres plus courts que les chevaux et, pour leur taille, sont aussi plus forts. Comme ces Islandais, ce sont souvent des demi-sang.

Gulfstream
PARK
8
7
6
5
IA
4
12

Les chevaux de « sang chaud »

On qualifie de chevaux « de sang » ou de « sang chaud » les races anciennes et très pures qui ont eu une énorme influence sur l'élevage et l'amélioration de presque toutes les autres races de chevaux et de poneys. Ce sont des chevaux légers, avec une peau et des poils fins. Courageux et nerveux, ils font d'excellentes montures pour les cavaliers expérimentés.

L'Arabe

L'Arabe est probablement une des races les plus anciennes et les plus belles. Il a joué un rôle très important dans le développement de nombreuses races de chevaux et de poneys dans le monde entier. Avec son élégant port de tête, sa queue portée haut, sa « présence » et son action flottante, on le reconnaît au premier coup d'œil. Bien que petit, il est fort, et célèbre pour sa grande résistance.

La tête de l'Arabe

L'Arabe a une petite tête très élégante, au profil concave typique. L'encolure est très arquée et la jonction entre la tête et l'encolure, appelé mitbah, avec son angle particulier, est unique à la race.

L'Arabe a un dos court et compact. En effet, il possède moins de vertèbres que les autres races. Les articulations de ses membres sont aplaties et ses paturons sont bien inclinés. Son poitrail est large et ses pieds durs et bien formés.

Jument et son poulain
L'Arabe est ardent et courageux, mais aussi gentil, ce qui le rend facile à manipuler. Les poulains sont vifs et curieux.

Dans le désert

Le berceau de l'Arabe est la Péninsule arabique, où il est élevé depuis 4 000 ans au moins. La chaleur, la terre aride et pauvre, l'herbe rare ont engendré un petit cheval rapide, fort et résistant. Autrefois, il participait à des courses sur plus de 450 km et fait toujours aujourd'hui la fierté de ses propriétaires.

Fiche d'identité

- **Origine**
  La Péninsule arabique, (Arabie Saoudite).
- **Taille**
  1,47 à 1,52 m, parfois plus.
- **Robes**
  Simples. L'alezan, le bai et le gris dominent. Le bai foncé et le noir sont plus rares.
- **Utilisations**
  Cheval de selle polyvalent, exhibition, endurance et attelage léger. On le croise avec d'autres races pour produire des chevaux ou des poneys de concours.
- **Caractéristiques**
  Courageux, fougueux et gentil.

Le Pur-sang anglais

Le Pur-sang anglais est le cheval le plus rapide du monde. La race fut développée en Angleterre aux XVIIe et XVIIIe siècles à partir du croisement de trois étalons orientaux, Darley Arabian, Godolphin Arabian et Byerley Turk, avec des juments locales. Au cours du temps, le Pur-sang est devenu un parfait cheval de course, contribuant à l'amélioration d'autres races dans le monde entier. Excellent cheval de selle, il se distingue dans de nombreux sports équestres.

L'élevage des Pur-sang

Les Pur-sang ont une grande valeur, surtout les champions issus des lignées sélectionnées pour les courses. Élevés dans de magnifiques haras, les jeunes chevaux sont mis ensemble dans les pâturages jusqu'à ce qu'ils aient l'âge de commencer l'entraînement.

Taillé pour galoper

Dès que les jeunes Pur-sang sont habitués à porter un cavalier et à obéir à ses ordres, ils commencent leur entraînement sur des pistes de galop. Ils peuvent couvrir de longues distances et galopent généralement en groupe, supervisés par des entraîneurs spécialisés.

Le steeple-chase

Les Pur-sang disputent des courses de plat et des courses de haies, ou steeple-chases. Le cheval gris ci-dessus est Desert Orchid, l'un des plus grands champions de ces dernières années. On le voit courir à Cheltenham, en Angleterre, en 1990.

De nombreux chevaux de concours complet sont des Pur-sang ou issus de Pur-sang.

De nombreux cavaliers apprécient le Pur-sang pour ses qualités sous la selle. Avec ses épaules bien inclinées et ses paturons longs, il est confortable à monter, et son arrière-train puissant le prédispose à la vitesse. Léger, fort, élégant, il est aussi très fougueux.

Fiche d'identité

- **Origine**
  Angleterre.
- **Taille**
  1,57 m à 1,68 m.
- **Robes**
  Elles sont toujours simples : alezane, baie, bai brun ou grise.
- **Utilisations**
  Cheval de sport, course, dressage, saut d'obstacles, concours complet.
- **Caractéristiques**
  Courageux et rapide. Très émotif, fougueux, il peut être difficile à manipuler.

L'Anglo-Arabe

L'Anglo-Arabe est le croisement de l'Arabe et du Pur-sang anglais. Il a hérité de la beauté et de l'intelligence de l'Arabe et de la taille et de la vitesse du Pur-sang.

L'endurance

Les Anglo-Arabes, comme les autres chevaux issus d'Arabes et les Arabes de sang pur, ont de grandes aptitudes en course d'endurance. Devant parfois parcourir jusqu'à 80 km à la vitesse de 14-15 km/h, ils doivent être en très bonne condition physique. Certaines épreuves durent plusieurs jours.

Plus grand que l'Arabe, avec un profil plutôt rectiligne, l'Anglo-Arabe ressemble à un Pur-sang. Ses membres longs lui permettent des allures rapides. Il excelle généralement en concours complet, saut d'obstacles et dressage.

Sa fiche

- **Taille**
  1,57 m à 1,68 m.
- **Robes**
  Baie, alezane, bai brun, grise.
- **Utilisations**
  Cheval de sport, endurance, dressage, saut d'obstacles.

Le Barbe

Le Barbe est originaire du Maroc, en Afrique du Nord. C'est l'une des races les plus anciennes. Bien qu'il manque un peu d'élégance, il est robuste, sain et très vigoureux. Il est aussi très rapide sur courte distance.

La tête

Le Barbe est si ancien que la forme de son crâne rappelle celle des chevaux primitifs. Sa tête, grande et longue, n'a pas la grâce et la beauté de celle de l'Arabe.

À l'instar de l'Arabe, le Barbe a eu une grande influence sur l'élevage du cheval à travers le monde. L'ancien Genet d'Espagne, qui a contribué au développement de nombreuses races, descendait du Barbe. Le Barbe a toujours été la monture traditionnelle des Berbères d'Afrique du Nord.

L'Akhal-Téké

Élevé dans les déserts du Turkménistan, au nord de l'Iran, l'Akhal-Téké est un cheval tout à fait original. Son encolure, son corps et ses membres sont longs, secs et étroits. Très résistant, c'est un bon cheval de sport, capable de disputer des courses de plat, d'endurance et de sauter.
Il est apte au dressage.

L'élevage de l'Akhal-Téké se perpétue depuis des millénaires. C'est un cheval fougueux, fort, courageux et résistant. Son pelage et ses crins sont fins et soyeux. Il toise 1,57 m environ. La robe la plus prisée, le louvet doré, a un éclat métallique.

Un bon sauteur

Très résistant, l'Akhal-Téké est réputé pour les courses d'endurance. Bon sauteur, il peut participer à des concours hippiques mais aussi à des épreuves de dressage.

Les chevaux de « sang froid »

Les chevaux de sang froid sont généralement lourds et puissants, calmes et dociles. Nombre de races existent depuis des millénaires, élevées pour les travaux agricoles et pour tracter de lourdes charges. La plupart portent des fanons au bas des membres.

L'Ardennais

Ce lourd cheval de trait a été élevé dans la région des Ardennes, à la frontière entre la France et la Belgique, pendant des siècles. Il descend probablement de lourds destriers médiévaux. Au XIXe siècle, deux types furent développés, un type très lourd et un plus léger.

Les exhibitions

Avec sa nature placide, l'Ardennais a acquis une certaine popularité en concours. Cette paire à la robe rouanne typique est attelée à une ancienne charrette paysanne.

L'Ardennais mesure entre 1,52 m et 1,63 m. Robuste et rustique, il est capable de supporter les rigueurs du climat et peut se contenter d'une nourriture peu riche. Souvent rouan, il peut aussi être bai, alezan ou gris.

Le Boulonnais

Le Boulonnais est originaire de la région de Boulogne, dans le Nord-Ouest de la France. Au XVIIe siècle, deux types apparurent, un cheval lourd et un type plus léger, appelé mareyeur, qui était utilisé pour transporter le poisson de la côte à Paris.

Malgré sa taille, le Boulonnais a hérité l'élégance de ses ancêtres Arabe et Barbe.
Bien proportionné, il a les poils fins, les crins épais et soyeux, et toise entre 1,63 m et 1,73 m. Le gris est la couleur de robe la plus commune, mais le noir, le rouan, le bai et l'alezan apparaissent.

Rapide

Grâce à ses ascendances orientales et espagnoles, le Boulonnais est plus rapide que les autres races lourdes, avec une action du genou plus basse. La race fait l'objet d'un élevage par les haras nationaux.

Le Percheron

Cette race puissante vient de la région du Perche, en Normandie. Ses ancêtres portaient les chevaliers en armure. Au XVIIIe siècle, un apport de sang arabe lui conféra de la qualité et une meilleure action. Ses fanons sont peu fournis, ce qui est un avantage pour le travail de la terre en terrain lourd.

Fiche d'identité

- **Origine**
  Normandie, France.
- **Taille**
  1,65 m à 1,78 m.
- **Robes**
  Grise ou noire.
- **Utilisations**
  Travaux agricoles, attelage.

L'un des records du monde de la taille est détenu par un Percheron qui mesurait 2,13 m au garrot. Mais peu sont aussi grands. Le Percheron est un cheval large et compact, avec des membres très forts et de bons pieds. Grâce à l'influence de l'Arabe, il est plus élégant, avec une tête plus fine et une action plus basse, que la plupart des races lourdes.

Un équipage impressionnant
S'ils sont encore utilisés pour les travaux agricoles, les Percherons se distinguent surtout à l'attelage. En dépit de leur corpulence, ils sont dotés d'une action basse et aisée.

Poulain Suffolk
Le Suffolk est un cheval précoce qui peut vivre longtemps. Ce poulain pourra commencer à travailler à deux ans et continuer jusqu'à un âge avancé. Les Suffolks sont utilisés en ville pour tirer les chariots des brasseries.

Le Suffolk

Aussi appelé Suffolk Punch, cette race lourde est la plus pure du Royaume-Uni. Tous les Suffolks modernes descendent d'un étalon, le Cheval de Ufford (Orford), né en 1768. C'est un cheval trapu, aux membres courts, à la robe toujours alezane. Si certains sont encore utilisés aux travaux agricoles, ils prennent désormais surtout part à des exhibitions.

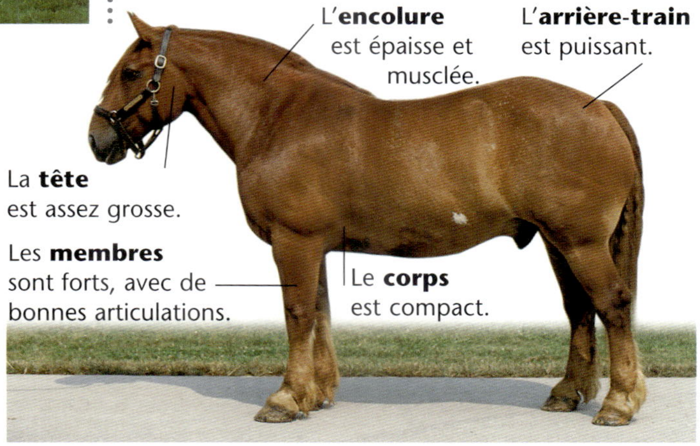

Le corps du Suffolk, compact et arrondi, est soutenu par des membres courts et forts. Son encolure est épaisse et son garrot effacé. En dépit de sa corpulence, c'est un cheval actif, au trot énergique. D'un tempérament docile, il est facile à manipuler.

Sa fiche

- **Origine**
  Suffolk, Angleterre.
- **Taille**
  1,63 m à 1,70 m.
- **Robes**
  Différents tons d'alezan, sans marques blanches, excepté sur la tête.

Rustique

Le Suffolk était élevé pour travailler dans les fermes de l'Est de l'Angleterre. Ses membres quasiment dépourvus de fanons lui permettent de labourer des terrains argileux. Rustique, il se contente de rations modérées.

Le Shire

Le Shire est le plus grand et le plus imposant cheval du monde. Il peut peser jusqu'à 1 220 kg et mesurer plus de 1,80 m. Il a hérité son nom des comtés d'Angleterre dont il est originaire (Derbyshire, Staffordshire, Lincolnshire et Leicestershire). Autrefois prisé comme cheval de ferme, il est désormais plutôt utilisé par les brasseries pour convoyer des barriques en ville et participe à des exhibitions.

Un destrier du Moyen Âge

Bien que la race actuelle n'ait été créée qu'au XIXe siècle, les ancêtres du Shire remontent sans doute au « Great horse » qui, au Moyen Âge, portait des chevaliers en armure pesant jusqu'à 190 kg. Cheval de ferme polyvalent, il est encore capable de tirer de lourdes charges.

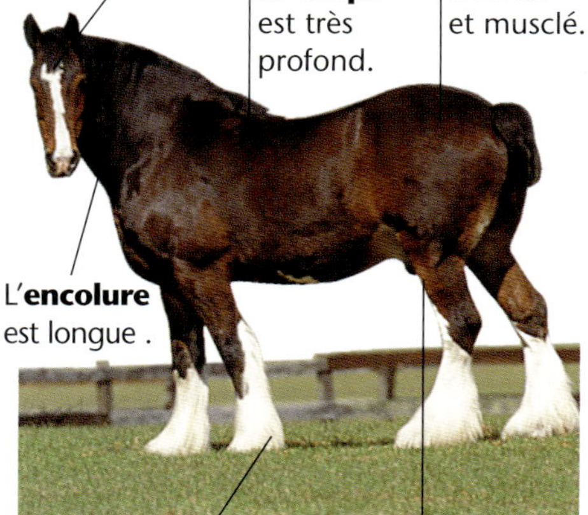

Ce grand cheval extrêmement puissant est capable de tracter cinq fois son poids. Sa robe est noire, baie, bai brun ou grise, et ses membres portent des balzanes ornées de longs fanons soyeux. Sa queue est souvent écourtée, ce qui le prive de son chasse-mouches naturel.

Les concours de labours

De nos jours, quelques Shires travaillent encore réellement. On peut les admirer lors des concours de labours et d'attelage. Avec leurs crinières enrubannées et leurs harnais décorés de médaillons étincelants, ils sont magnifiques et impressionnants.

Un cheval amical
Le Shire a le front large. Ses grands yeux reflètent toute la gentillesse de la race. Le chanfrein est souvent orné d'une liste très large prolongée entre les naseaux.

Fiche d'identité

- **Origine**
  Les Midlands, en Angleterre.
- **Taille**
  1,68 m à 1,80 m.
- **Robes**
  Baie, bai brun, noire ou grise.
- **Utilisations**
  Exhibitions, attelage.

Le Clydesdale

Apparenté au Shire, le Clydesdale a une conformation plus légère. La race a été développée en Écosse, où il servait autrefois aux travaux agricoles. Plus tard, il fut utilisé entre les traits, pour tracter des wagons de charbon. De nos jours, on peut l'admirer lors d'exhibitions ou de concours de labours. Croisé avec le Pur-sang, il produit de puissants chevaux de selle.

Le Clydesdale a la robe baie, bai brun, noire ou rouanne. Il présente souvent des marques blanches sur toute la hauteur des membres et jusqu'au ventre. Sa tête est aussi fortement marquée de blanc. Ce grand cheval toise de 1,68 m à 1,73 m.

Les exhibitions
Les Clydesdales sont présentés en concours magnifiquement harnachés, et attelés à de lourdes voitures publicitaires.

Le Brabançon

Cette race ancienne, aussi appelée Brabant ou Trait lourd belge, remonte au temps de la Rome antique. Ses ancêtres étaient les chevaux de bataille qui contribuèrent aussi à créer le Shire, le Clydesdale et sans doute le Suffolk. Un élevage sélectif a produit un cheval impressionnant.

Mesurant de 1,63 m à 1,73 m, le Brabançon est un cheval compact et très puissant. Sa robe est habituellement alezane ou rouanne. Docile et intelligent, il est populaire dans sa Belgique natale mais aussi aux États-Unis.

Attelage

De nos jours, le Brabançon n'est plus guère utilisé aux travaux agricoles, mais il travaille toujours à l'attelage. Ceux-ci tirent un bus dans les rues d'une petite ville californienne.

Le Noriker

Cette race autrichienne remonte au XVIe siècle et a hérité son nom de l'ancienne province romaine, Noricum, où se trouve l'Autriche actuelle. Cousin du Haflinger, le Noriker était élevé pour travailler dans les fermes et les forêts des Alpes autrichiennes. Fort et dur à la tâche, il est facile à manipuler.

Résistant

Le poitrail du Noriker est très large. La hauteur de son tronc, au niveau du passage de sangle, représente au moins 60 % de sa taille. Ses membres sont courts et robustes. Très rustique, il supporte les hivers en montagne.

Le Noriker mesure entre 1,63 m et 1,73 m. Il est alezan crins lavés, bai ou noir. D'un tempérament calme, économique à entretenir, il a aussi le pied sûr et son action est plus longue et plus basse que chez de nombreuses races lourdes.

Le Frison

Ce magnifique cheval fait l'orgueil des Pays-Bas. Au cours des croisades, il fut le destrier des chevaliers frisons et germains. Il travailla aussi à la ferme et, au XIXe siècle, s'illustra en course de trot. S'il est, de nos jours, parfois monté, il est surtout attelé. C'est un beau carrossier, à la robe toujours noire.

À quatre

Le Frison est un cheval d'attelage très prisé pour sa beauté et son trot rapide. Cet attelage à quatre appartient aux magasins Harrods de Londres.

Mesurant entre 1,52 m et 1,63 m, le Frison est entièrement noir, bien que certains individus portent une petite étoile sur le front. Sa conformation est plus légère que celle de la plupart des chevaux de sang froid. Il est facile à manipuler.

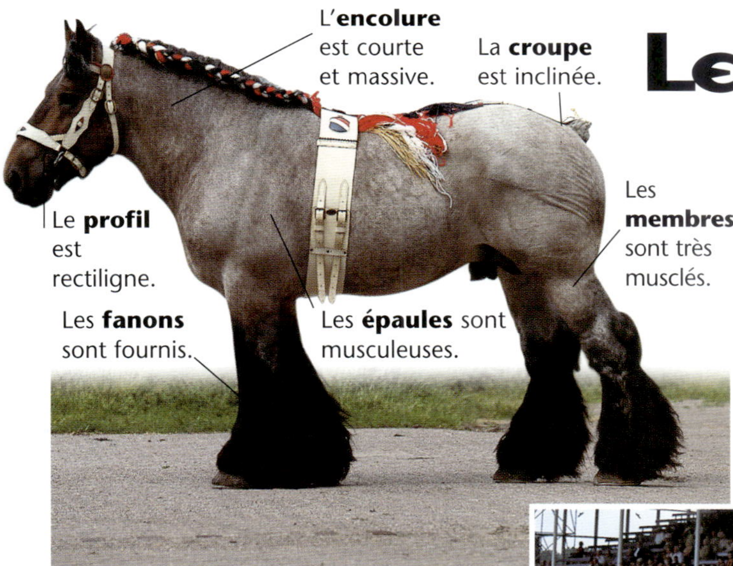

Le Trait hollandais

Le Trait hollandais est un cheval de travail très lourd et très puissant, le plus massif des traits européens. La race fut développée vers la fin du XIXe et au début du XXe siècle à partir d'un cheptel natif et d'Ardennais. L'élevage est géré par la Royal Dutch Draught Horse Society.

Le Trait hollandais mesure environ 1,70 m. Sa robe est généralement alezane, baie, rouanne, grise ou noire. Malgré sa masse, son action est libre et active. C'est un cheval précoce, doté d'une grande longévité, placide et bon travailleur.

Les exhibitions

De nos jours, on peut admirer le Trait hollandais lors d'exhibitions, attelé à une grande variété de voitures.

Les demi-sang

La plupart des chevaux et des poneys du monde, qu'ils appartiennent à une race ou à un type, sont considérés comme des demi-sang. Ils sont le résultat de sélections et de métissages entre chevaux de sang froid et chevaux de sang chaud.

Le Demi-sang suédois

Fondé au XVIIe siècle à partir de chevaux ibériques, d'Orientaux et de Frisons, le Demi-sang suédois fut la monture de la cavalerie. Plus tard, il reçut du sang de Pur-sang, de Trakehner, de Hanovrien et d'Arabe. C'est aujourd'hui un cheval de compétition.

Toisant de 1,68 m à 1,73 m, le Demi-sang suédois est un grand cheval athlétique avec des épaules et un arrière-train puissants, des membres forts et de bons pieds. Avec son tempérament calme et son intelligence, il est doué pour le dressage. Les robes sont simples.

Le Selle français

Le Selle français a été développé en Normandie, au XIXe siècle, à partir de chevaux normands natifs et de Pur-sang anglais importés. Au milieu du XXe siècle, le Trotteur français, le Pur-sang, l'Arabe et l'Anglo-Arabe apportèrent encore plus de qualité à la race.

Le Selle français est un cheval bien conformé, avec des membres forts et une musculature développée. Son corps est assez long, son garrot proéminent, et sa taille avoisine 1,63 m. Intelligent, calme, il est agile et athlétique. Les robes sont simples.

Un bon sauteur

Le Selle français se distingue particulièrement en concours hippique et complet. Il se montre brave face aux obstacles de cross-country et se comporte bien en dressage. C'est aussi un bon cheval de loisir polyvalent.

Les races de compétition

Bien que de nombreuses races se révèlent bonnes en concours hippique et complet, et en dressage, les races ci-contre ont été développées pour la compétition. Fondées à partir de croisements de chevaux de travail et d'attelage avec des Pur-sang, elles ont donné des animaux plus légers et plus rapides, qui ont gardé le tempérament calme des races lourdes.

Le Hanovrien

Cette race à été développée au XVIIIe siècle en croisant des Holsteins avec des juments locales. Il en résulta un cheval fort, apte aux travaux de la ferme. Des infusions de sang de Trakehners et de Pur-sang en ont fait un cheval de compétition de haut niveau.

Un champion de dressage Puissante, athlétique, dotée d'une excellente action, la race se distingue en dressage, à l'exemple de Nissan Gigolo, monté par Isabell Werth.

Le Hollandais Sang chaud

Cette race récente, fondée au XXe siècle par le croisement de Gelderlanders, de Groningens et de Pur-sang, est l'une des plus performantes en compétition. Elle produit des animaux forts et athlétiques, dotés d'un tempérament égal.

Une fameuse équipe
En dressage, l'une des plus notables paires fut celle que Jennie Lorinston-Clarke forma avec Dutch Courage, ici au cours d'une démonstration en longues rênes.

Le Holstein

Entre le XVIIe et le XIXe siècle, le Holstein fut un cheval d'attelage. Depuis, la race a été transformée pour s'adapter au travail sous la selle. Elle excelle en cross-country, en dressage et en saut d'obstacles.

Le Trakehner

Cette race trouve ses racines en Prusse orientale, au XIIIe siècle. Cheval d'attelage, il fut croisé avec l'Arabe et le Pur-sang pour produire une monture de cavalerie. Il excelle aujourd'hui en compétition.

L'étalon Marius, un grand champion Hollandais Sang chaud, lors de l'épreuve de saut d'obstacles à Calgary, au Canada, en 1979.

Fiche d'identité

Hollandais Sang chaud
- **Taille**
  1,60 m à 1,70 m.
- **Robes**
  Toutes les robes simples.

Holstein
- **Taille**
  1,63 m à 1,73 m.
- **Robes**
  Toutes les robes simples.

Hanovrien
- **Taille**
  1,63 m à 1,73 m.
- **Robes**
  Toutes les robes simples.

Trakehner
- **Taille**
  1,63 m à 1,78 m.
- **Robes**
  Toutes les robes simples.

L'Oldenbourg

L 'Oldenbourg est le demi-sang allemand le plus grand et le plus lourd. Il fut développé au XVIIe siècle comme carrossier et reçut le nom de sa région d'origine et de l'homme qui créa la race, le comte Anton von Oldenbourg. Parmi ses ancêtres, on trouve le Frison, les anciens Napolitain et Genet d'Espagne, le Bai de Cleveland, le Pur-sang et le Norfolk Roadster. De nos jours, il est utilisé à l'attelage, en dressage et en saut d'obstacles.

Grand cheval bâti en puissance, l'Oldenbourg toise entre 1,68 et 1,78 m. Sa robe est baie, bai brun ou noire. D'un tempérament docile, il est précoce et peut travailler de longues années.

Le Gelderlander

Cette race vient de la province de la Gueldre, aux Pays-Bas, où elle est élevée depuis le XIXe siècle. Cheval d'attelage avant tout, le Gelderlander devait aussi pouvoir s'acquitter de travaux légers à la ferme et servir sous la selle. Ces ancêtres incluent l'Oldenbourg et le Pur-sang.

Puissamment bâti, le Gelderlander mesure de 1,57 m à 1,68 m. Sa robe est généralement alezane, souvent assortie d'une liste large sur la tête et de balzanes haut-chaussées. Bien qu'il ne soit pas très élégant, il est très fort, gentil, docile et facile à manipuler.

Un carrossier

Même s'il ne sert plus à la ferme, le Gelderlander est toujours un cheval d'attelage populaire qui participe à des compétitions. Avec sa taille et sa robuste conformation, il peut aussi servir de cheval de selle lourd. Il n'est pas rapide, mais se débrouille bien à l'obstacle.

Le Trotteur français

Cette race a été développée en Normandie, au XIXe siècle, pour un nouveau sport à la mode, les courses de trot. Le Trotteur français descend des anciens Normand et Anglo-Normand, du Trotteur de Norfolk et du Pur-sang.

Le Trotteur français mesure environ 1,68 m. Sa robe est simple, généralement baie, bai brun ou alezane. Fort, vigoureux et résistant, doté de membres longs et d'une action libre et active, il est aussi plein de bonne volonté.

Le trot attelé

Le Trotteur français participe à des courses de trot attelé. Il est attelé à une voiture légère à deux roues, le sulky. Il existe aussi des courses de trot monté. Bon sauteur, d'un tempérament calme, il est aussi utilisé comme cheval de selle polyvalent.

Le Camargue

La Camargue, dans le delta du Rhône, est une région venteuse et désolée. Des chevaux sauvages y ont survécu pendant des millénaires, se contentant d'une végétation pauvre. Ils sont utilisés par les « gardians » qui élèvent les fameux taureaux noirs.

Sauvages et blancs

Le Camargue, ou Camarguais, a été surnommé « le cheval blanc de la mer ». Il ne mesure que 1,42 m, mais est très résistant. Sa robe est toujours blanche ou grise. Il ressemble aux chevaux primitifs.

Le Cheval de Przewalski

Vers 1881, un colonel polonais, Nicolai Przewalski, découvrit une horde de petits chevaux sauvages dans les montagnes de Mongolie, en bordure du désert de Gobi. Ils ressemblaient aux chevaux primitifs peuplant autrefois l'Asie. Aussi appelé Cheval de Mongolie ou Cheval sauvage des steppes d'Asie centrale, le Cheval de Przewalski représente, avec le Tarpan, les deux lignées survivantes des quatre types primitifs qui vécurent voici 10 000 ans.

Déjà à l'âge de la pierre

Il y a entre 16 000 et 27 000 ans, des hommes préhistoriques ont peint des animaux sur les parois de grottes. Certaines de ces peintures rappellent étrangement le Cheval de Przewalski. La race semble avoir peu évolué depuis cette époque reculée.

Une race sauvée de l'extinction
Chassé jusqu'à l'extinction, le Cheval de Przewalski a été sauvé *in extremis* grâce à quelques zoos et à des initiatives privées. La France abrite une population prospère dans les Cévennes.

Fiche d'identité

Cheval de Przewalski	Tarpan
• **Taille** 1,22 m à 1,47 m.	• **Taille** 1,32 m environ.
• **Robes** Louvette, isabelle.	• **Robes** Différents tons de louvet.

Le Cheval de Przewalski porte des caractères très primitifs. Sa robe est isabelle ou louvette, avec des extrémités noires, et les membres sont souvent ornés de zébrures. Une raie de mulet court sur son dos. Sa crinière est dressée. Le pelage est plus clair sur le museau et autour des yeux.

Salut amical
La tête du Cheval de Przewalski est lourde et grossière, avec un profil rectiligne ou convexe. Elle paraît d'autant plus longue que les yeux sont placés très haut.

Le Tarpan

Autrefois, le Tarpan parcourait les steppes de Russie, d'Europe centrale et de l'Est. La race fut domestiquée, mais aussi chassée jusqu'à l'extinction au XIXe siècle. Dans les années 1930, Vetulani, un professeur polonais, trouva des chevaux proches du Tarpan dans les forêts polonaises et reconstitua la race.

Aujourd'hui

Le nouveau Tarpan mène une vie sauvage, en troupeaux, dans des réserves du gouvernement polonais. Malgré ses origines anciennes, son apparence est moins primitive que celle du Cheval de Przewalski. Il ressemble à un poney de selle moderne, bien que sa tête soit un peu grosse et son encolure courte.

Le nouveau Tarpan, fondé sur des poneys Huçuls et Koniks, descendants du Tarpan éteint, est très proche de ses origines anciennes. Comme le Cheval de Przewalski, il a une raie dorsale et des zébrures sur les membres, mais ses crins sont plus longs.

Un sauteur doué

Sauteur naturel, le Trait irlandais est capable de franchir tous les obstacles d'un cross-country. Il est aussi utilisé à la chasse. Croisé avec le Pur-sang, il donne un excellent demi-sang de compétition.

Le Trait irlandais

Natif d'Irlande, le Trait irlandais fut développé comme animal polyvalent. Ses origines remontent au XIIe siècle et, parmi ses ancêtres, on trouve des traits lourds européens et l'ancien Genet d'Espagne. Grand et fort, il est très porteur.

En dépit de sa taille, 1,63 m à 1,73 m, le Trait irlandais est assez frugal. D'un tempérament calme, il est facile à manipuler et à monter. Toutes les robes simples sont admises, mais le gris est courant. Ce grand cheval n'est pas très rapide, mais il est athlétique et agile.

Le Hackney

Le Hackney est une race britannique qui fut développée à partir de deux anciennes races, le Trotteur de Norfolk et le Yorkshire Roadster, des chevaux d'attelage plus lourds. Il a acquis de l'élégance grâce à des croisements avec le Pur-sang. Il est très populaire outre-Manche, où il est présenté à l'attelage.

Ce cheval compact, à la conformation légère, dégage une impression de grande énergie et d'ardeur. Il est doté d'une action extravagante qui doit être bien rectiligne. À chaque foulée, il lève très haut ses antérieurs et les projette en avant.

Trot spectaculaire

Le trot du Hackney est spectaculaire. Il lève ses genoux et ses jarrets très haut, marquant chaque foulée d'une brève pause, ce qui donne l'impression qu'il « flotte » et se déplace sans effort.

Le Bai de Cleveland

Le Bai de Cleveland est élevé dans le Nord de l'Angleterre depuis le Moyen Âge. C'est la plus ancienne des races britanniques natives. Hormis des infusions de sang de Barbe et de Genet d'Espagne au XVIIe siècle, il est resté pur. C'est un cheval fort, hardi, bien disposé, et qui peut vivre longtemps.

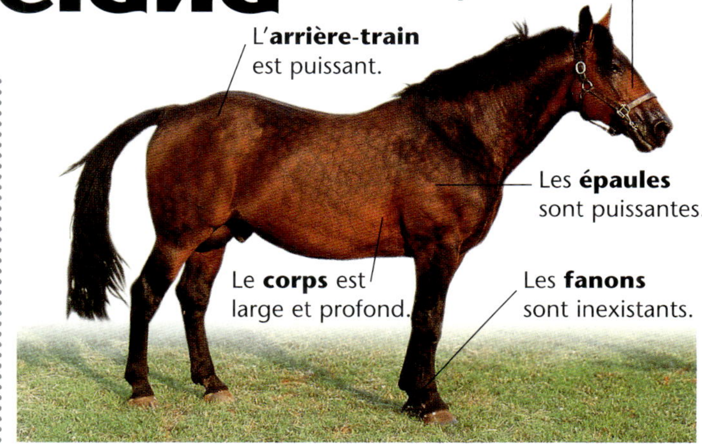

Le Bai de Cleveland est aujourd'hui une race presque éteinte et les sujets de sang pur sont devenus rares. De moins en moins utilisé comme carrossier, il a surtout servi à faire des croisements avec d'autres races.

Attelage royal

Les écuries royales de Buckingham Palace abritent des Bais de Cleveland. Ci-contre, le duc d'Edinburgh conduit un attelage lors d'une compétition de cross-country.

Fiche

- **Origine**
  Yorkshire du Nord (GB).
- **Taille**
  Environ 1,68 m.
- **Robe**
  Toujours baie, avec parfois une étoile.
- **Utilisations**
  Attelage, parfois selle.

Le Cheval de Pure Race espagnole

Le PRE, anciennement appelé Andalou, est le descendant en ligne directe de l'ancien Genet d'Espagne, qui a influencé tant de races. Les ancêtres de la plupart des races américaines étaient des chevaux ibériques. Agile et athlétique, il est doté d'un excellent tempérament.

Selle et attelage

Très prisé pour le dressage, le PRE est surtout utilisé sous la selle, mais il peut aussi travailler sous le harnais. En Espagne, on l'attelle lors des cérémonies.

Le magnifique Cheval de Pure Race espagnole mesure entre 1,52 m et 1,63 m. La robe est baie ou grise. Il n'est pas rapide mais athlétique, et son port est plein de noblesse. En outre, il a une nature docile et affectueuse.

Le Lusitano, ou Lusitanien

Le Lusitano, proche de l'Andalou, descend également de l'ancien Genet d'Espagne. La race a été développée au Portugal pour la cavalerie et les travaux légers de la ferme. Son action relevée est spectaculaire. C'est aussi un magnifique cheval d'attelage.

Le pas espagnol

Ce cheval exécute un mouvement de haute école, le pas espagnol, résultat d'années d'entraînement. Il lève ses antérieurs très haut et les projette en avant.

Le Lusitano toise entre 1,52 m et 1,63 m. Les robes sont simples. Le gris est assez courant, mais il peut être bai, isabelle, alezan ou noir. Son encolure est plutôt courte et rouée, son corps compact.

Le Lipizzan

Le Lipizzan est le cheval de la célèbre École espagnole de Vienne, en Autriche. La race a été fondée sur l'ancien Genet d'Espagne qui a légué son nom à cette fameuse école d'équitation. Le nom de Lipizzan dérive du haras de Lipica (Lipizza), en Slovénie, berceau de la race.

Des poulains foncés
Les poulains Lipizzans naissent foncés et leur robe s'éclaircit au fur et à mesure qu'ils vieillissent. Ils peuvent devenir gris vers sept ans, voire plus tardivement.

Un cheval compact

Le Lipizzan a une conformation compacte, avec des membres courts et forts. L'inclinaison de ses épaules le rend apte au travail sous la selle comme sous le harnais. Son action est relevée et il a de très bons pieds.

L'École espagnole

À l'École espagnole d'équitation, des étalons Lipizzans sont dressés à exécuter des mouvements de haute école. Chevaux et cavaliers doivent s'entraîner pendant des années.

La levade
est un air (mouvement) classique de haute école. Le cheval se cabre et s'équilibre sur ses postérieurs.

Fiche

- **Origine**
  Haras de Lipica, Slovénie.
- **Taille**
  1,55 m à 1,68 m.
- **Robes**
  Presque toujours grise, mais parfois baie.
- **Utilisations**
  Selle (presque exclusivement haute école), attelage.
- **Caractéristiques**
  Intelligence, docilité, longévité.

Le Morgan

Le Morgan est originaire du Massachussetts et du Vermont, des états de l'Est des États-Unis. La race est basée sur un étalon né en 1789, appelé Justin Morgan, du nom de son propriétaire. Robuste, il travailla à la ferme et disputa des courses sous la selle et le harnais.

Polyvalent

Aux États-Unis, les Morgans sont présentés en concours en classe « Park » ou « Pleasure ». Les « Park » Morgans ont une action très relevée. Les « Pleasure » Morgans ont des allures moins spectaculaires.

Mesurant entre 1,47 m et 1,57 m, le Morgan est bai, bai brun, alezan ou noir. C'est un cheval vigoureux, intelligent et alerte, mais docile et plein de bonne volonté. Très polyvalent, il est aussi facile à entretenir et à manipuler.

Le Criollo

Le Criollo descend des chevaux ibériques amenés en Amérique du Sud, au XVIe siècle, par les conquistadores. Il a évolué dans les plaines d'Argentine et c'est aujourd'hui l'une des races les plus saines du monde. Monture des gauchos, il travaille avec le bétail. On le trouve aussi au Brésil, en Uruguay, au Chili, au Pérou et au Venezuela.

Le Criollo est très frugal et supporte un climat aride. Très robuste, il peut vivre longtemps. En 1925, le professeur suisse Aimé Tschiffely fit le voyage de Buenos Aires, en Argentine, à New York, aux États-Unis, avec deux Criollos, Mancha et Gato, sur une distance de 16 000 km.

Un poney de polo

Le Criollo mesure de 1,42 m à 1,52 m et sa robe est souvent louvette avec les extrémités noires et une raie de mulet. Croisé avec le Pur-sang, il donne le fameux Poney de polo argentin.

Le Quarter Horse

Première race véritablement américaine, le Quarter Horse fut développé en Virginie au XVIIe siècle pour la selle et le travail à la ferme. Rapide et agile, c'est un parfait cheval de bétail. Il tire son nom des courses sur un quart de mile (402 m) qu'il disputait à l'époque des colons anglais.

Fiche d'identité

- **Origine**
  Virginie (États-Unis).
- **Taille**
  1,52 m à 1,63 m.
- **Robes**
  Toutes les robes simples.
- **Utilisations**
  Cheval de bétail, éq. western.

Le Quarter Horse est la race la plus populaire du monde. Les États-Unis comptent plus de trois millions de chevaux enregistrés. Agile et athlétique, doté d'un excellent tempérament, c'est un cheval de selle idéal qui excelle dans le travail avec le bétail, ainsi que dans toutes les disciplines de l'équitation western.

Le sliding stop

Les qualités d'un cheval de bétail sont la vitesse et l'agilité, les départs, les tournants et les arrêts foudroyants. En équitation western, le sliding stop (arrêt glissé) est une figure spectaculaire. Le cheval stoppe instantanément en glissant sur ses postérieurs spécialement munis de fers longs.

Le Pinto et le Paint Horse

Les termes Pinto et Paint désignent des chevaux à la robe pie. Ces sont aussi les descendants des chevaux ibériques importés en Amérique par les conquistadores.

« Pinto » dérive de l'espagnol *pintado*, qui signifie « peint ». Les robes sont de deux types principaux : *overo* (pie alezan, pie noir) lorsque la couleur domine sur le blanc, et *tobiano* (noir pie, alezan pie…) lorsque le blanc domine (ci-contre).

Chevaux indiens

Les chevaux bicolores étaient très prisés des Indiens d'Amérique, car leur robe favorisait le camouflage. Le Pinto est une race aux États-Unis, et un type ailleurs.

Le Palomino

Le Palomino est un type basé sur la robe plutôt qu'une race. Sa conformation est donc variable. Comme l'Appaloosa et le Pinto, le Palomino descend des chevaux ibériques introduits en Amérique, au XVIe siècle, par les conquistadores.

La robe palomino est obtenue en croisant des chevaux alezans avec des palominos, ou avec des crèmes ou des albinos. Au XVe siècle, en Espagne, les Palominos étaient les favoris de la puissante reine Isabelle.

Barrel racing

Les Palominos ont des types différents et sont donc très polyvalents. La robe palomino apparaît chez le Quarter Horse, qui se distingue dans les disciplines westerns comme les compétitions de Barrel racing, aux États-Unis (ci-dessus).

L'Appaloosa

L'Appaloosa a hérité son nom de sa région d'origine, la Palouse River, dans l'état de Washington, aux États-Unis. Il y fut élevé par les tribus des Nez Percé, au XVIIIe siècle, à partir du cheptel de chevaux ibériques importé par les conquistadores au XVIe siècle. La race a été améliorée par un apport de sang de Quarter Horse. C'est un cheval robuste, agile, athlétique et polyvalent.

La robe de l'Appaloosa peut varier à l'infini. On compte six types principaux : *leopard* (taches foncées sur fond blanc), *frosted* (robe foncée avec mouchetures blanches), *blanket* (robe sombre avec zone blanche), *marble* (rouannée avec marbrures sur fond sombre), *snowflake* (robe sombre à taches ovales blanches).

Fiche d'identité

- **Origine**
  État de Washington.
- **Taille**
  1,47 m à 1,57 m.
- **Robes**
  Voir ci-dessus.
- **Utilisations**
  Équitation western, loisirs.

Le Tennessee Walking Horse

Cette race fut développée aux XVIIIe et XIXe siècles dans les plantations du Sud des États-Unis. Les grands propriétaires terriens voulaient, en effet, une monture confortable pour parcourir leurs domaines. Ce cheval est doté de trois allures particulières, le « flat walk », le « running walk » et le « rocking chair » canter, toutes aisées et confortables pour le cavalier.

Aux États-Unis, le Walker est à la fois un cheval de selle polyvalent et un cheval d'exhibition. Il mesure entre 1,52 m et 1,63 m. La robe est baie, bai brun, alezane ou noire. Il est réputé pour son excellent caractère.

Le Selle américain

Le Selle américain a été fondé au Kentucky, aux États-Unis, au XIXe siècle. Il a généralement trois ou cinq allures. Le cheval à trois allures va au pas, au trot et au canter avec des foulées relevées, tandis que celui à cinq allures utilise en plus le « slow gait » et le « rack », des allures latérales à quatre temps.

La robe est souvent baie, bai brun ou alezane. Il mesure entre 1,52 m et 1,63 m. Ce cheval est surtout réservé aux exhibitions. Le port de sa queue est relevé par anglaisage. Il porte des fers lourds. C'est un bon cheval de selle et d'attelage.

Rack spectaculaire

Le rack (ci-dessus) est une allure rapide à quatre temps dans laquelle chaque pied est levé très haut. Les talons et paturons des antérieurs sont protégés par des cloches des coups qu'il pourrait se donner avec ses postérieurs.

Le Missouri Fox Trotter

Cette race fut développée au XIXe siècle en Arkansas et au Missouri, aux États-Unis, dans le but d'obtenir une monture confortable, apte à couvrir vite de grandes distances. Elle possède une allure unique, le « fox trot ». Les antérieurs vont au pas, les postérieurs au trot.

Le Missouri Fox Trotter est un grand cheval qui toise entre 1,63 m et 1,73 m. Il a le pied sûr et un excellent caractère. Toutes les robes sont admises, mais l'alezane est la plus répandue.

Un grand confort

L'allure du Fox Trotter est douce et confortable. Il peut parcourir de longues distances à la vitesse de 8 km/h et aller deux fois plus vite sur courtes distances. C'est un bon cheval de loisir et d'exhibition.

Le Standardbred

Le Standardbred est le cheval le plus rapide du monde en course de trot attelé. Il est soit trotteur conventionnel, soit ambleur. La race, qui vit le jour aux États-Unis au XIXe siècle, est en grande partie fondée sur un Pur-sang qui avait des ancêtres Trotteurs du Norfolk.

Ce Trotteur américain toise environ 1,57 m. Il est habituellement bai, bai brun ou alezan. Plus lourd que le Pur-sang, il est rapide et possède une grande résistance. Il peut couvrir 1,6 km (1 mile) en 1 minute et 54 secondes.

Le Mustang

Les Mustangs sont des chevaux sauvages qui, pendant des siècles, ont parcouru librement les plaines de l'Ouest des États-Unis. Ils étaient les descendants des chevaux ibériques des conquistadores, importés en Amérique au XVIe siècle, et qui s'étaient échappés. Aujourd'hui, la race bénéficie d'une protection.

Le Mustang mesure entre 1,37 m et 1,52 m. Toutes les robes apparaissent. Il est rapide, agile, fort et très résistant. Bien que son tempérament soit variable, domestiqué, c'est un bon cheval de selle et d'endurance.

Chassés

Les cow-boys capturaient les Mustangs pour en faire des chevaux de bétail. Ils furent aussi utilisés par les Indiens, mais les éleveurs les chassèrent sans pitié.

L'Australian Stock Horse

L'Australian Stock Horse est originaire de la Nouvelle-Galles du Sud, en Australie. Issu du poney Basuto d'Afrique du Sud et d'autres chevaux importés (Ibériques, Barbes, Arabes, Pur-sang), il travaille sur les immenses ranches.

Cheval de selle

L'Australian Stock Horse est aussi un excellent cheval de selle polyvalent. Rapide et agile, il saute très bien. On le voit aussi dans différentes épreuves de rodéo.

Toisant entre 1,47 m et 1,63 m, l'Australian Stock Horse peut avoir toutes les robes simples. Plus puissamment bâti que le Pur-sang, il est fort et très résistant. Son endurance hors pair lui permet de travailler au ranch toute la journée.

Les poneys

Les poneys sont plus petits et plus trapus que les chevaux. Ils ont généralement un passage de sangle plus large et des membres courts qui portent souvent des fanons. Leurs crins sont très touffus. Sûrs de pied, ils ont aussi un tempérament plus affirmé.

Le Dartmoor

Durant des siècles, des petits poneys ont vécu en liberté dans le Dartmoor (Devon), en Angleterre. Ces landes, où la nourriture est pauvre et le climat rude, ont produit un animal fort et résistant. Au cours du temps, la race a été améliorée par l'Arabe, le Pur-sang et le Welsh de montagne.

Le Dartmoor est un excellent poney de selle pour les enfants. Suffisamment fort pour porter du poids, il a de bonnes allures, un bon tempérament et saute bien. Sa taille avoisine 1,27 m et sa robe est baie ou bai brun.

Dans les landes

Le Dartmoor a tellement été métissé qu'il ne reste plus guère de poneys indigènes en liberté. La plupart sont désormais élevés dans les haras. Pour supporter les vents qui balaient les landes en hiver, les derniers poneys libres se couvrent d'un pelage épais et hirsute.

L'Exmoor

Ce poney provient de la région de l'Exmoor, dans le Sud-Ouest de l'Angleterre. C'est l'une des races les plus anciennes du monde. Elle remonte à l'ère glaciaire. L'Exmoor est aujourd'hui considéré comme une race rare.

Avec ses 1,27 m à 1,30 m, l'Exmoor est assez fort pour porter un adulte. Il est bai, bai brun ou louvet avec le tour des yeux, le museau, l'intérieur des membres et le ventre plus clairs.

Le Connemara

Le Connemara est originaire des landes de l'Ouest de l'Irlande, où ses ancêtres vivent depuis le XVIe siècle. Puis des poneys natifs furent croisés avec des chevaux ibériques, des Barbes, des Arabes, des Welsh Cobs et des Pur-sang. Il en résulte un poney de selle sain et fort, avec de bonnes allures et du talent à l'obstacle.

Le Connemara est gris, isabelle, bai, bai brun, noir, rouan ou alezan, et mesure de 1,32 m à 1,47 m. Robuste et intelligent, il peut être monté par les enfants et les adultes. Croisé avec le Pur-sang, il produit d'excellents chevaux de compétition.

Le New Forest

Depuis le XIe siècle, des poneys ont vécu dans la New Forest (Hampshire), en Angleterre. Au cours du temps, d'autres races ont été introduites, comme l'Arabe et le Barbe, formant une race métissée. C'est un poney rapide, doté d'une action basse et correcte.

On distingue deux types de New Forest, l'un mesurant jusqu'à 1,35 m et l'autre de 1,37 m à 1,47 m. D'une conformation étroite, ils sont faciles à monter pour les enfants. Toutes les robes simples apparaissent.

Poney de forêt

Une bonne partie de la New Forest est constituée de landes et de marais. La population est autorisée à y garder des poneys, mais les meilleurs viennent des élevages.

Le Welsh de montagne (Section A)

Le Welsh de montagne parcourait déjà les collines du pays de Galles, en Grande-Bretagne, avant le temps des Romains. C'est l'une des plus jolies races de poney. Robuste et fort, doté d'une grande endurance, il sert à la selle comme à l'attelage.

Le Wesh Section A ne mesure pas plus de 1,22 m. Très fort pour sa taille, il évoque un Arabe miniature. C'est un excellent poney de selle pour les enfants, intelligent et sûr de pied. Les robes sont simples.

Le Welsh (Section B)

Le Welsh Section B a été obtenu en croisant le Section A avec le Section D. Il compte aussi l'Arabe parmi ses ancêtres. À l'origine, il était utilisé par les fermiers pour le transport et pour rassembler les moutons sur les collines. Le type moderne existe depuis le début du XXe siècle.

Le Welsh Section B mesure de 1,27 m à 1,37 m. Les robes sont simples. Plus utile sous la selle à cause de sa taille plus importante, il a hérité le caractère et la gentillesse du Welsh de montagne.

Compétition

Plus grand que le Welsh de montagne, le Welsh Section B peut être monté par des enfants plus âgés. Il participe à des compétitions comme les pony-games. C'est aussi un bon sauteur.

Le Welsh de type Cob (Section C)

À l'origine, ce poney a été créé en croisant le Section A avec le Section D. Plus petit que le Welsh Cob, il est néanmoins plus trapu que le Welsh Section B. Autrefois, il fut utilisé à toutes sortes de travaux à la ferme ainsi que dans les carrières d'ardoises du Nord du pays de Galles. De nos jours, il sert à la randonnée aussi bien qu'à l'attelage.

Ce poney ne dépasse pas 1,37 m. En dépit de sa petite taille, le Section C est très fort, et assez robuste pour vivre à l'extérieur toute l'année. Les robes sont simples et il est doté d'un bon tempérament.

À l'attelage

Avec une action rapide, le Welsh de type Cob est idéal pour l'attelage mais c'est aussi un excellent poney de selle pour les enfants et les adultes légers, doué pour le saut.

Le Welsh Cob (Section D)

Le Welsh Cob fut développé entre le XIe et le XIXe siècle, par métissage du Welsh de montagne avec des chevaux espagnols, des trotteurs et des Arabes. Il servit à toutes sortes de tâches : travail à la ferme, selle et attelage en ville.

Le Welsh Cob mesure entre 1,47 m et 1,57 m. Toutes les robes simples sont admises. Avec son trot rapide et relevé, c'est un cheval idéal pour l'attelage, mais qui peut aussi être monté. Il a du talent pour le saut.

Le Fell

Cette race, vieille d'environ 2 000 ans, et en grande partie basée sur le Frison, est originaire du Cumbria, en Angleterre. Le Fell a été utilisé comme animal de bât pour transporter le minerai de plomb des mines vers les embarcadères, et pouvait parcourir jusqu'à 380 km par semaine.

Ce poney toise seulement 1,42 m, mais il peut porter une charge de 100 kg. Il est fort, résistant, sûr de pied et énergique. Sa robe est presque toujours noire ou bai brun et les marques blanches doivent être très réduites.

Bon poney de selle

Avec ses épaules inclinées, le Fell est plus apte à être monté que le Dales, et c'est une monture familiale idéale. Utilisé en randonnée, il se distingue aussi sous le harnais. C'est un poney prisé des compétitions d'attelage.

Le Dales

Ce poney provient du Durham, du nord du Yorkshire et du Northumberland, en Angleterre. Il fut aussi utilisé comme poney de bât pour transporter le minerai de plomb. Cette race, qui a aussi près de 2 000 ans, compte le Welsh Cob et le Clydesdale parmi ses ancêtres.

Le Dales est davantage un poney d'attelage que le Fell. Il est plus grand (environ 1,47 m) et d'une constitution plus solide. Sa robe est généralement noire. Il peut aussi être utilisé sous la selle.

Le Highland

Le Highland existe en Écosse depuis très longtemps. C'est le plus grand des poneys britanniques. Il était autrefois élevé pour les travaux agricoles et forestiers et la chasse aux cervidés. On distinguait trois types : les deux petits, insulaires, et le grand, continental. De nos jours, ces différences n'existent plus.

Puissamment bâti et très fort, le Highland ressemble à son ancêtre, le poney celtique qui figure sur les peintures rupestres préhistoriques. Il peut avoir une raie de mulet et des zébrures sur les membres. Ses épaules sont massives et ses pieds sains et durs. D'un tempérament aimable, il peut vivre très longtemps.

Fiche d'identité

- **Origine**
  Écosse, Royaume-Uni.
- **Taille**
  1,32 m à 1,47 m.
- **Robes**
  Grise, louvette, baie, noire.
- **Utilisations**
  Équitation de loisir, attelage.

Champion
Cet étalon Highland, champion de sa race, possède une queue et une crinière caractéristiques, aux crins longs et abondants.

Crinière typique

La crinière du Fjord est noire au milieu et blanc argenté sur les côtés. La tradition veut qu'on la lui coupe en croissant pour qu'elle soit dressée.

Le Fjord

Le Fjord est une race ancienne qui descend en grande partie du Cheval de Przewalski, dont il a conservé de nombreuses caractéristiques primitives. C'est un poney fort, au pied sûr, résistant, très endurant et tout à fait rustique.

Le Fjord était la monture des Vikings quand ils faisaient la guerre et, au cours de leurs navigations, ils l'introduisirent en Écosse et en Islande. Il était utilisé pour travailler dans les fermes de montagne et servait sous la selle et au bât. Il mesure entre 1,32 m et 1,47 m.

L'Islandais

Considéré comme un petit cheval plutôt que comme un poney, l'Islandais mesure entre 1,30 m et 1,37 m. Il résulte du cheptel importé par les colons, Vikings et Celtes en particulier, au IXe siècle. La race est restée pure pendant 1 000 ans. L'Islandais est monté et attelé.

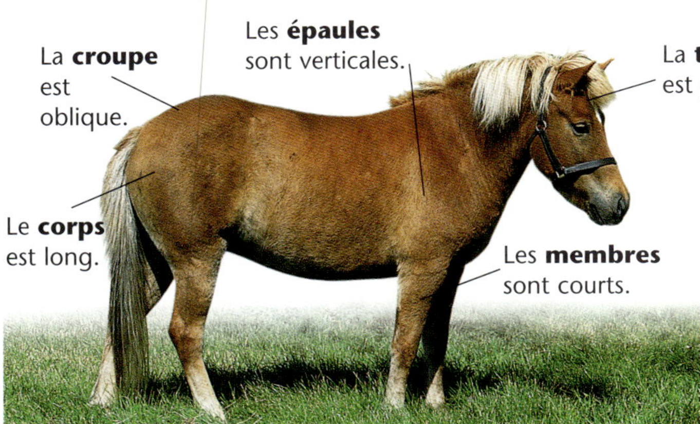

En plus des allures ordinaires, l'Islandais peut aller à l'amble et au tølt, une sorte de pas à quatre temps très rapide. Il participe à des compétitions réservées aux chevaux à allures particulières.

Au grand air

Bien que l'hiver en Islande soit très rude, les Islandais vivent à l'extérieur en semi-liberté. Sûrs de pied, ils sont capables de se déplacer sans difficulté sur les terrains accidentés et montagneux.

Le Haflinger

Ce poney est élevé dans les montagnes autrichiennes depuis plus de 200 ans. Tous les Haflingers nés en Autriche portent une marque traditionnelle, un H orné d'un edelweiss, l'emblème national. Aujourd'hui encore, ce poney sert d'auxiliaire agricole et forestier. Sous la selle, c'est une monture idéale pour toute la famille.

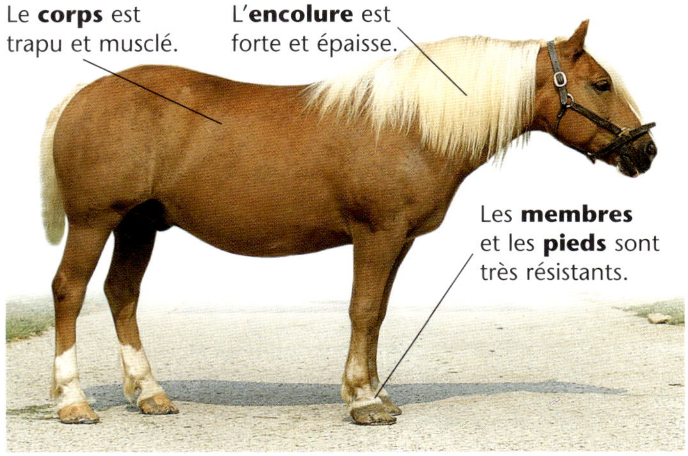

Le Haflinger est robuste, rustique et peut vivre longtemps. Il commence à travailler vers 4 ans et peut continuer jusqu'à près de 40 ans, deux fois plus que la moyenne. Doté d'un tempérament docile, il est facile à manipuler.

Fiche d'identité

Origine
Tyrol, Autriche.

• **Taille**
1,35 m à 1,47 m.

• **Robes**
Alezane crins lavés, palomino.

• **Utilisations**
Loisir, randonnée, attelage.

En hiver, les Haflingers sont attelés à des traîneaux. Leurs harnais sont décorés pour Noël.

Les races américaines récentes

Certains étalons transmettent tous leurs caractères à leur descendance. Cette qualité s'appelle la prépotence. De tels chevaux peuvent fonder une nouvelle race. Une fois la race établie, on ouvre un livre généalogique (*stud book*) et les chevaux qui correspondent au standard y sont inscrits.

Exhibition d'attelage
Le Shetland américain, attelé à une voiture d'exhibition, est une attraction populaire aux États-Unis. Certains de ces poneys sont aussi montés en concours hippique.

Shetland américain

Il est très différent du Shetland des Îles britanniques. La race fut fondée dans les années 1880 par métissage de Shetlands légers avec des poneys Hackneys. Le résultat est un poney d'attelage de type Hackney.

Rocky Mountain

Ce Poney des Rocheuses est sans doute la race la plus récente. Elle fut fondée à partir d'un étalon originaire du Kentucky, Old Tobe. Le *stud book* ne fut ouvert qu'en 1986. Bien qu'il existe d'autres robes, la plus prisée est la brun chocolat, avec les crins clairs. Le Rocky Mountain est robuste et supporte des hivers rudes.

Une allure particulière
Le gracieux Rocky Mountain possède la particularité de pouvoir aller à l'amble. À cette allure, très confortable pour le cavalier, les membres se déplacent par paires latérales. Il peut ainsi atteindre près de 25 km/h.

Fiche d'identité

Rocky Mountain
- **Taille**
  1,47 m à 1,52 m.
- **Robes**
  Principalement chocolat avec les crins clairs.

Shetland américain
- **Taille**
  Jusqu'à 1,17 m.
- **Robes**
  Toutes les robes simples.

Poney des Amériques
- **Taille**
  1,17 m à 1,32 m.
- **Robes**
  Toutes les robes de l'Appaloosa.

Poney des Amériques

La genèse de ce poney se déroula dans l'Iowa, dans les années 1950, et repose sur le croisement d'un étalon Shetland avec une jument Appaloosa. Le poulain qui naquit devint le fondateur de la race. Le Poney des Amériques est petit, trapu, gentil et docile, et ses robes sont celles de l'Appaloosa.

Pour les enfants
Ce poney, petit et facile à manipuler, est idéal pour les enfants qui débutent l'équitation.

Le Cheval de la Caspienne

C'est sans doute la plus ancienne race du monde et, selon certains spécialistes, il serait l'ancêtre de l'Arabe. Depuis la Préhistoire, il vit sur ce qui correspond au territoire de l'Iran actuel. La race fut redécouverte au milieu du XXe siècle. Il est élevé en Europe, en Amérique, en Australie et en Nouvelle-Zélande.

Le Cheval de la Caspienne est un véritable petit cheval. D'une conformation légère, il a un pelage et des crins fins et soyeux. Pour sa taille, 1,02 m à 1,22 m, il est très rapide. Sa robe est généralement baie ou alezane.

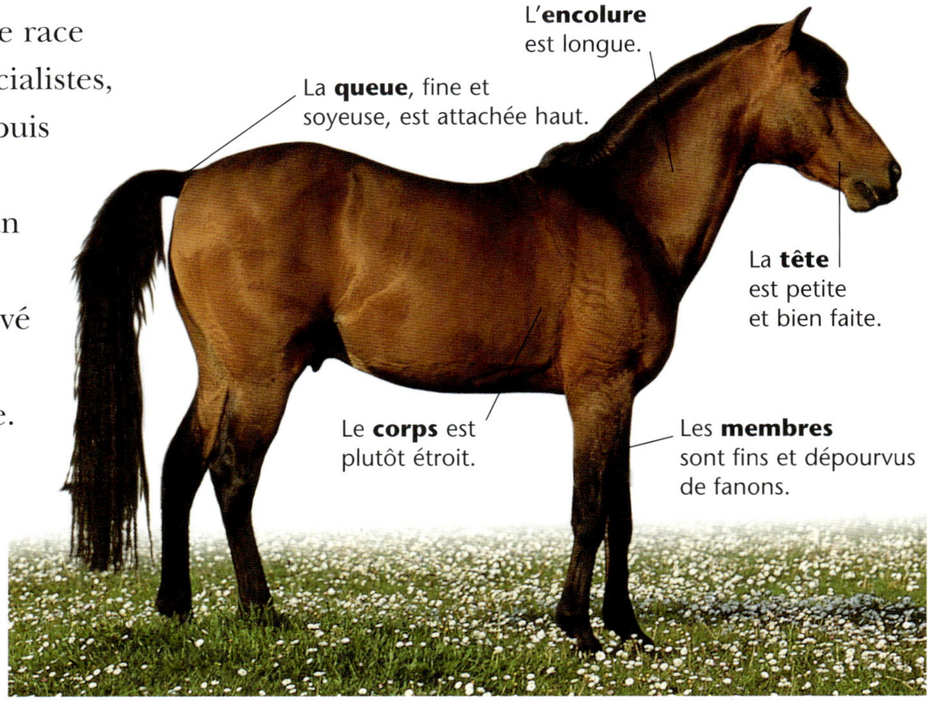

Le Chincoteague et l'Assateague

Les îles de Chincoteague et d'Assateague, au large des côtes de Virginie, aux États-Unis, abritent des poneys sauvages depuis le XVIe siècle. Selon la légende, ils pourraient descendre de Barbes rescapés d'un naufrage.

Ces poneys ont survécu sur ces îles pendant des centaines d'années sans subir aucun métissage. Toutes les robes apparaissent mais les pie sont courantes. Leur taille avoisine 1,22 m.

Foire aux poneys

Une fois par an, les poneys d'Assateague sont amenés sur l'île de Chincoteague où les jeunes animaux sont vendus. Parfois rebelles, ils peuvent être difficiles à manipuler. Certains sont cependant utilisés sous la selle.

Le Basuto

Ce poney a hérité son nom de la région d'Afrique du Sud où il fut développé entre le XVIIe et le XIXe siècle. Il a pour ancêtres l'Arabe, le Barbe et le Pur-sang. Fort et résistant, il fut utilisé par les Britanniques durant la guerre des Boers.

Le Basuto toise environ 1,47 m. D'une grande vigueur, il peut être monté tous les jours sur des kilomètres. C'est un poney de randonnée populaire. La robe est baie, bai brun, grise ou alezane.

Poney de bétail

Les éleveurs du Lesotho, en Afrique du Sud, se servent du Basuto pour parcourir leur propriété et garder leurs troupeaux. Autrefois, il participa à des courses, des matchs de polo et servit dans la cavalerie. C'est un poney de selle populaire.

Le Boer

Le poney Boer fut développé au XIXe siècle en Afrique du Sud. Il a les mêmes ancêtres que le Basuto, mais la race n'ayant pas eu à endurer de rudes conditions climatiques, il est souvent plus grand et montre plus de qualité. Connu sous le nom de Boerperd dans sa région natale, le Nord-Est de l'Afrique du Sud, il était utilisé à la ferme comme cheval polyvalent.

Le Boer mesure de 1,40 m à 1,60 m. Les robes sont simples et le palomino apparaît. Certains possèdent cinq allures et, outre le pas, le trot et le galop, peuvent pratiquer le *slow gait* et le *rack*. Le Boer est un cheval d'endurance réputé.

Le Poney australien

Des poneys furent importés en Australie au début du XIXe siècle, mais le Poney australien n'accéda au statut de race qu'au XIXe siècle. Parmi ses ancêtres, figurent le Hackney, le Shetland, l'Arabe, le Pur-sang et le Welsh de montagne, auquel il ressemble.

Le Poney australien mesure entre 1,22 m et 1,42 m. C'est un magnifique animal, doté d'une action aisée et régulière. D'une nature docile et équilibrée, il est facile à manipuler, ce qui en fait un poney très prisé des enfants. Toutes les robes simples sont admises.

Le Falabella

Le petit Falabella tient son nom de la famille qui a créé la race, près de Buenos Aires, en Argentine, au début du XXe siècle, à partir de très petits Shetlands et de petits Pur-sang. La race fut fixée grâce à une sélection rigoureuse des plus petits géniteurs et à des croisements consanguins. Fragile, il présente des faiblesses de conformation. Animal de compagnie avant tout, il ne peut pas être monté, mais il est parfois attelé.

Minuscule

Le poulain Falabella ne mesure que 41 cm, mais il grandit rapidement. La jument le porte treize mois, deux mois de plus que les autres races de chevaux et de poneys.

Le Falabella mesure de 71 à 86 cm au garrot et toutes les robes sont admises. En théorie, c'est un cheval miniature plutôt qu'un poney. Il a une ossature fine et les membres minces. Il est intelligent et amical.

Le Shetland

Le Shetland est le plus petit des poneys britanniques. Il peuple les montagnes et les landes désolées des îles Shetland, au nord-est de l'Écosse, depuis quelque 10 000 ans. Très résistant, il est le plus fort de tous les poneys et les chevaux au regard de sa taille.

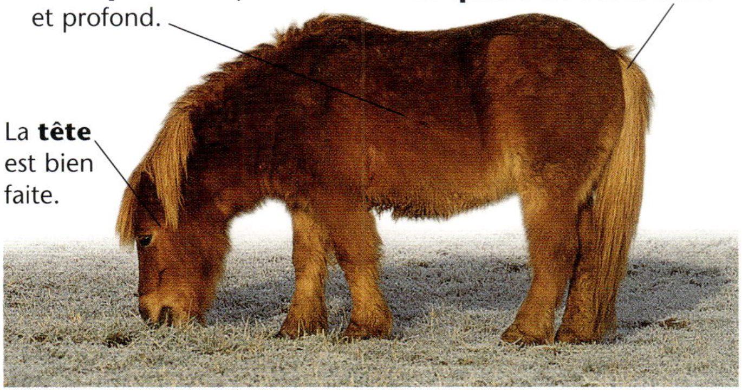

Le Shetland mesure jusqu'à 107 cm au garrot. Toutes les robes existent. Bien qu'il puisse faire preuve de caractère, le Shetland est une excellente monture pour les enfants.

Résistants

Sur leurs îles natales, les Shetlands résistent à la neige et aux vents violents grâce à un pelage d'hiver très épais. Ils sont aussi capables de survivre avec une nourriture très pauvre.

Le Hackney

Le poney Hackney est une version plus petite du Hackney. La race fut fondée au XIXe siècle à partir du Fell, des Welshs et du Trotteur du Yorkshire. Ce poney était très robuste et le Hackney moderne est fort, résistant et très vigoureux. Son corps est compact, ses membres longs et puissants, et il porte son encolure très haut. Sa taille varie de 1,27 m à 1,42 m et la robe est baie, bai brun ou noire.

Une action spectaculaire

L'action relevée du poney Hackney est très spectaculaire et déclenche des tonnerres d'applaudissements lors des concours. Il y a un siècle, les marchands l'utilisaient pour livrer leurs marchandises. Aujourd'hui son rôle se limite aux exhibitions d'attelage.

S'occuper d'un poney

Sociable

Les chevaux et les poneys sont des animaux grégaires. Ils n'aiment pas la solitude et ne sont vraiment heureux qu'en la présence de congénères. Néanmoins, quand cela n'est pas possible, d'autres animaux peuvent leur tenir compagnie. Si ton poney est seul, rends-lui de fréquentes visites et fais en sorte qu'il fasse partie de ta vie familiale.

Amical

Les poneys apprécient les visites, même si ta présence ne les détourne pas longtemps de leur activité principale : brouter ! S'ils viennent vers toi, prends garde à ne pas te faire marcher sur les pieds et, si tu as des friandises, assure-toi que chacun aura sa part.

Les poneys sont très gourmands. Mais, même si tu as les mains vides, ils seront contents de te voir si tu leur parles et les caresses.

Copains d'autres espèces

Dès qu'ils ont fait connaissance, la plupart des animaux domestiques peuvent s'intégrer à un **groupe**. Généralement, les chevaux s'entendent bien avec d'autres espèces : chiens, chats ou animaux de la ferme.

Au sein d'un groupe, il y a toujours un individu dominant. Si le groupe est limité à deux poneys, ils deviendront bons amis.

Chats et chevaux s'entendent bien. Un **chat** est un bon copain pour un poney à l'écurie ou à l'extérieur.

Chèvres, moutons ou même **vaches** sont des compagnons appréciables pour un cheval solitaire.

Répondre à ses besoins

À l'état sauvage, les chevaux trouvaient tout ce qu'il leur fallait : nourriture et eau, protection contre les intempéries, exercice et compagnie. Depuis qu'ils ont été domestiqués par l'homme et travaillent pour lui, ils ne peuvent plus se débrouiller tout seuls. C'est donc à l'homme de le faire en leur offrant les meilleures conditions de vie possibles.

Obligatoire

Un poney qui vit à l'écurie doit faire de l'exercice tous les jours. Si tu n'as pas le temps de le monter, tu dois le libérer dans un paddock, ou le longer, pour qu'il se détende et reste en forme. L'exercice entretient sa circulation ; son cœur et ses poumons fonctionnent mieux et ses os et ses muscles restent forts.

S'abriter

Un poney qui vit dehors doit pouvoir se protéger du soleil et des insectes en été, de la pluie, de la neige et du vent en hiver. Si les arbres et les haies denses offrent une certaine protection, la meilleure solution reste toutefois de construire un abri couvert.

De l'herbe à brouter

Tous les chevaux devraient avoir accès à un herbage pour brouter, au moins une partie de la journée. Il leur faut pouvoir bouger, se rouler et galoper librement. C'est ainsi qu'ils seront heureux et calmes.

Une écurie adaptée

Si le poney doit rester à l'écurie, celle-ci doit être construite selon certains critères. Elle doit être lumineuse, bien ventilée et disposer d'un drainage correct pour que la litière reste la plus sèche possible. La porte doit aussi être assez haute pour qu'il ne se cogne pas la tête.

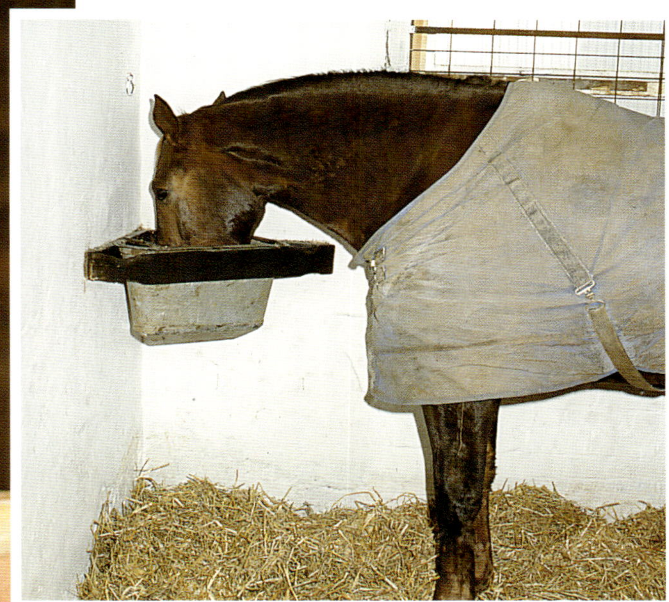

Des repas réguliers

Un poney à l'écurie doit être nourri régulièrement. La quantité d'aliments nécessaire dépend de l'individu et du travail auquel il est soumis, mais il faut toujours lui donner du foin pour remplacer l'herbe qu'il brouterait s'il était au pâturage.

Les litières

La litière procure au poney un matelas chaud, sec et confortable sur lequel il peut se coucher sans se cogner ou se blesser. Elle soulage aussi ses membres et ses pieds en lui évitant d'avoir à se tenir longtemps debout sur un sol dur. Il existe plusieurs types de litière. Quelle que soit celle que tu choisis, tu dois en étendre au moins 15 cm d'épaisseur.

La **paille** est faite de tiges sèches de blé, d'orge ou d'avoine. Elle est bon marché mais certains poneys s'en gavent et se rendent malades.

L'**aubiose**, issu du cœur tendre du chanvre, reste cher. Il est l'idéal pour les poneys allergiques à la poussière.

Le **tapis de caoutchouc** est très cher, mais le nettoyage du box plus rapide. Il faut quand même le recouvrir d'un peu de litière.

Les **copeaux de bois** sont vendus en sacs sous vide. Dépoussiérés, ils conviennent aux poneys souffrant de problèmes respiratoires.

Le **papier déchiqueté** est bon marché, mais certains poneys y sont allergiques. Mouillé, il devient désagréable à manipuler.

Pour aller chercher ton poney au pré, il te faudra parfois marcher !

Choisir son mode de vie

Les différents modes de vie que tu peux envisager pour ton poney offrent chacun des avantages et des inconvénients. Si tu le gardes à l'écurie, cela te demandera beaucoup de travail. Cela te coûtera aussi plus cher, mais tu l'auras toujours sous la main. Un poney au pré exige moins d'attention, mais tu devras consacrer plus de temps à le préparer. Dans l'idéal, il faudrait le mettre à l'écurie la nuit, en hiver, et le jour, en été le laisser dehors le reste du temps.

L'hiver

En hiver, le pré (ou le paddock) peut devenir boueux. Aussi ton poney sera humide et sale, ce qui n'est bon ni pour ses membres ni pour ses pieds. Cependant, les poneys qui restent dehors souffrent moins de problèmes respiratoires.

Avant de monter

S'il est pratique de préparer un poney qui vit à l'écurie pour le monter, il en va tout autrement pour un poney au pré. Il faut aller le chercher, l'attraper et le brosser avant de pouvoir le seller.

Attraper un poney

Certains poneys sont difficiles à attraper. Il est dangereux pour ton poney que sa longe traîne par terre, aussi tâche de ne jamais le laisser s'échapper une fois pris. S'il est rebelle, mène-le avec un filet.

À l'écurie, ton poney dépend entièrement de toi pour l'approvisionner en eau et en nourriture.

Des horaires réguliers

Un poney à l'écurie doit être nourri à des heures régulières. Même si tu lui donnes des aliments concentrés, il doit recevoir du foin plusieurs fois par jour. Le foin lui apporte les fibres dont il a besoin et qu'il trouverait s'il broutait dehors.

Nettoyer le box

Si ton poney est à l'écurie, il te faudra retirer les crottins régulièrement et nettoyer son box entièrement au moins une fois par jour. C'est un travail pénible qui demande du temps.

Un pansage léger

Un poney qui vit à l'intérieur n'aura besoin que d'un pansage léger avant le travail pour le rendre présentable. Dans le cas d'un poney au pré, il te faudra le brosser soigneusement pour ôter la boue souillant sa robe avant de le seller, sinon les frottements du harnachement pourraient le blesser.

De l'eau tous les jours

Si la pâture, ou le paddock, ne dispose pas d'un abreuvoir automatique, il te faudra transporter de l'eau tous les jours. Par temps chaud et s'il y a plusieurs poneys, cela nécessitera de nombreux allers et retours.

Choisir son lieu de vie

Si tu es nouveau propriétaire, le mieux est de laisser ton poney en pension dans un centre équestre, où des gens compétents pourront t'aider. Prestations et tarifs sont variables. Tu peux aussi trouver un pré à louer chez un agriculteur, ou avoir la chance de pouvoir garder ton poney chez toi.

À l'américaine

Certains centres équestres ont adopté le modèle américain : des box spacieux, disposés de chaque côté d'une allée centrale sous un grand hangar. Pratiques par mauvais temps, ils nécessitent une bonne ventilation.

L'écurie traditionnelle

Dans ce type d'écurie, les box sont alignés et s'ouvrent directement sur une cour. Les chevaux voient ce qui se passe. Sur la façade, un auvent prolonge le toit et protège les chevaux du soleil ou de la pluie.

Transformer un bâtiment

Modifier un bâtiment en écurie peut nécessiter une autorisation des services de l'Urbanisme. Si tes parents souhaitent faire construire, il leur faudra obtenir un permis.

Une pâture et un abri

Si tu disposes d'un pré pour ton poney, il faudra y prévoir un abri. En plus de lui assurer une protection, tu pourras t'en servir pour y déposer tes affaires, panser ton poney, le harnacher et le nourrir en hiver. N'y range pas ton harnachement.

Chez un agriculteur

Bien que les agriculteurs n'apprécient pas toujours la présence d'équidés sur leur terre, tu en trouveras peut-être un près de chez toi qui acceptera de te louer un pré et/ou une écurie. Il pourra sans doute aussi t'approvisionner en foin et te permettre de monter dans un champ.

Des écuries à la maison

Si tu veux garder ton poney à l'écurie chez toi, il faudra préparer ton projet soigneusement. L'écurie n'a pas besoin d'être parfaite mais sa conception doit répondre à certaines exigences : être confortable et sans danger pour ton poney.

Un bâtiment reconverti

Chez toi, si tu as la chance de disposer d'un bâtiment pouvant servir d'écurie, il doit être en bon état, avoir une toiture étanche, un sol sain et une ventilation correcte.

Écuries en kit

Il existe des écuries en bois que l'on peut acheter et monter chez soi, sur une surface plane et ferme qu'il faut prévoir. En général, on coule une dalle en ciment. L'emplacement choisi devra être étudié attentivement avant les travaux.

Autour de l'écurie

Si tu souhaites garder ton poney chez toi, outre un box, il te faudra prévoir un endroit pour stocker les aliments, le foin et la litière. Le fumier devra être entassé dans un coin suffisamment éloigné de la maison. Il faudra aussi prévoir un local pour ranger couvertures et harnachement, et si tu ne disposes pas d'un paddock, trouver un pré pour la détente quotidienne.

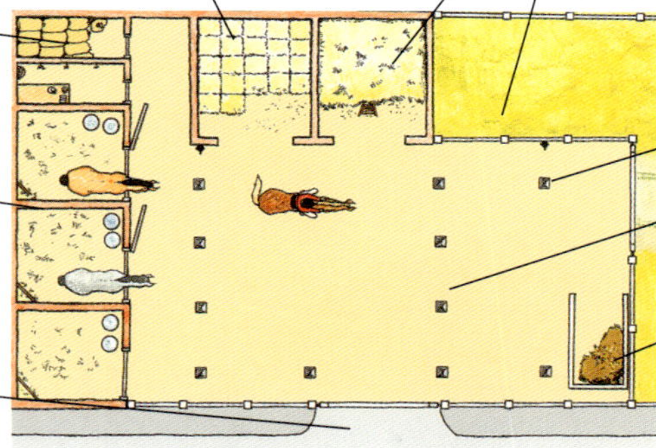

L'équipement de l'écurie

Dans ton projet d'écurie, de nombreux éléments sont à prendre en compte. Pour un poney, le box doit mesurer au moins 3 x 3 m. Les portes et le plafond doivent être suffisamment hauts pour qu'il ne se cogne pas la tête s'il se cabre. Il doit y avoir une arrivée d'eau et, si possible, d'électricité. L'éclairage et les interrupteurs doivent être installés hors de portée du poney.

Les anneaux
Des anneaux, scellés dans les murs intérieur et extérieur, sont très utiles pour attacher le poney et suspendre un filet à foin.

Les portes
Le battant supérieur, qu'il faut laisser ouvert tout le temps pour une bonne ventilation, permet au poney de voir ce qui se passe dehors.

L'abreuvoir automatique
Idéal. Il doit être relié au système de plomberie existant mais t'économisera du temps et le transport de seaux d'eau.

Les fenêtres
Le haut doit s'ouvrir vers l'intérieur pour laisser entrer l'air mais pas la pluie, et les vitres doivent être protégées par des grilles.

La mangeoire
Tu peux aussi nourrir ton poney dans un seau posé à terre, mais, avec une mangeoire, il ne gaspillera pas ses aliments.

Les verrous
Certains poneys parviennent à tirer les verrous. Mieux vaut prévoir un mousqueton pour les bloquer.

Le drainage
Un sol en béton, ou en briques, légèrement incliné, offre un bon drainage. Un sol en terre battue peut être une alternative.

Les loquets
Ils se fixent au bas des portes. De plus, ils peuvent être ouverts avec le pied quand on a les bras chargés.

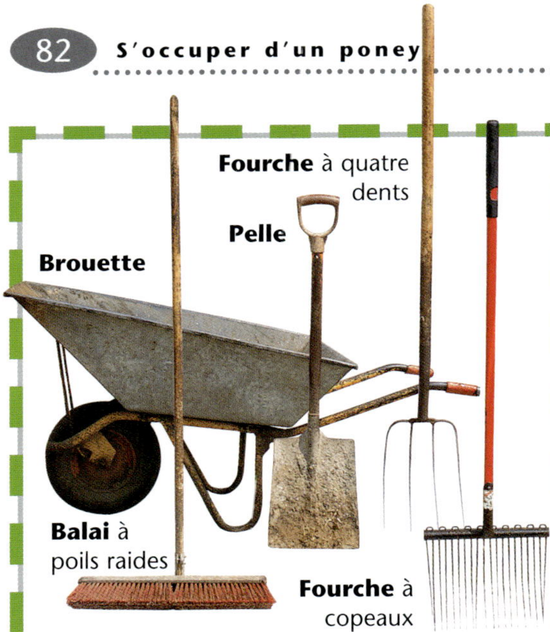

Les outils

Le nettoyage des écuries requiert quelques outils de base : une fourche et une pelle pour ôter les crottins et la litière souillée, un balai et une brouette pour transporter le fumier.

L'entretien des écuries

L'entretien de l'écurie demande de l'organisation dans la gestion du travail quotidien. Il faut bien sûr nettoyer les box et distribuer la nourriture et l'eau, mais aussi veiller à maintenir l'ordre et la propreté dans les locaux et dans la cour, entretenir l'équipement et gérer les réserves d'aliments et de litière.

Le nettoyage du box

Un box doit être curé à fond quotidiennement. Dans l'idéal, il faudrait aussi retirer les crottins plusieurs fois par jour. La marche à suivre est la même qu'il s'agisse de paille ou de copeaux. Tu peux aussi ne curer le box qu'une fois par semaine, en retirant les crottins et en rajoutant de la litière propre tous les jours.

Dans la brouette
À l'aide de la pelle, ramasse le tas de copeaux souillés que tu as balayés au milieu du box et charge-le dans la brouette. Recommence jusqu'à ce que le sol soit bien propre.

1 Commence par retirer tous les crottins en surface avec la fourche à copeaux et mets-les dans la brouette.

2 Entasse ensuite les copeaux propres le long des murs du box en retirant au fur et à mesure les crottins qui restent.

3 La couche de copeaux qui reste sur le sol est sale. Retire-la avec la fourche à copeaux ou la pelle.

4 Lorsque tu as ôté presque tous les copeaux humides, tu peux balayer le sol et faire un tas avec ce qui reste de litière sale.

Réserve de litière

Les bottes de pailles doivent être stockées au sec, de préférence dans une grange à foin où l'air peut circuler et éviter qu'elles ne moisissent. Les bales de copeaux peuvent rester à l'extérieur, si possible sous une bâche imperméable.

Bien tenu

Le tas de fumier doit être proprement tenu. Dans l'idéal, il faudrait le diviser en trois sections : une pour le fumier frais quotidien, une pour le laisser pourrir et une pour le fumier décomposé et prêt à être utilisé dans le jardin ou ailleurs.

Eau propre

Les chevaux et les poneys doivent toujours avoir accès à de l'eau propre. À chaque fois que tu vas à l'écurie, vérifie le seau et, au besoin, rajoute de l'eau. Si l'eau est sale, jette-la et rince le seau avant de le remplir. Nettoie-le de temps en temps en frottant l'intérieur pour le garder bien propre.

5 Si possible, laisse le sol sécher avant de remettre la litière en place. Mets-en une bonne épaisseur le long des murs.

6 Pour remettre des copeaux propres, tu auras peut-être à ouvrir une nouvelle bale. Utilise des ciseaux ou un couteau à bout rond.

7 Les bales de copeaux sont très compactées ; tu n'en auras sans doute pas besoin d'une entière. Étale les copeaux avec une fourche à dents.

Une belle pâture

Une pâture doit être nivelée et bien drainée. On doit y trouver des zones abritées, ainsi qu'un abri de pré. En outre, elle doit être correctement clôturée, disposer d'un point d'eau, d'un accès sécurisé et d'une barrière solide pouvant être cadenassée. Il ne doit y avoir aucune plante toxique dans l'herbe ou dans les haies.

Une clôture sûre

Les clôtures en poteaux lisses de bois sont idéales, mais restent chères. Haies et murs en pierre pourront être doublés par des clôtures électriques. Ces dernières sont les plus appropriées et les plus faciles à installer pour les chevaux, mais il faut les désherber et les vérifier souvent.

Nourrissante

Dans une pâture idéale, on doit trouver un mélange de graminées (ray-grass, phléole, dactyle et pâturin) et de plantes (pissenlit, chicorée sauvage, trèfle rampant). Les pâtures fertilisées aux nitrates, trop luxuriantes, sont déconseillées pour les chevaux.

Les plantes toxiques

Vérifie que ta pâture ne contient pas de plantes toxiques. Si tu en trouves, il faut les arracher et, si possible, les brûler. Si ton pré est près d'un jardin, assure-toi que ton poney ne peut pas attraper de plantes telles que le rhododendron, le faux acacia, le troène ou toute autre haie. La plupart des arbustes à feuillage persistant sont toxiques.

Le point d'eau

L'eau des cours d'eau ne convient pas, car elle peut être polluée. L'idéal est d'installer un abreuvoir automatique ou un baquet et de le remplir régulièrement. Baquets, seaux et abreuvoirs doivent être récurés régulièrement pour ôter les dépôts.

Un accès cadenassé
Sauf si le pré est bien surveillé, mieux vaut cadenasser la barrière pour se prévenir contre les voleurs.

Solide

La barrière du pré, en bois ou en métal, doit te permettre d'entrer et de sortir avec ton poney sans danger. Elle doit être bien fixée sur un solide poteau de soutien, s'ouvrir et se fermer sans traîner sur le sol et ne pas venir te percuter lorsque tu passes la porte.

Mauvaise pâture

Une mauvaise pâture, c'est un pré couvert de crottins, parsemé de mauvaises herbes, aux clôtures en piètre état, avec une barrière retenue par de la corde.

Des zones de refus
Un pré parsemé de zones de refus, où l'herbe est trop coriace, et de zones dénudées, a été surpâturé. Il a besoin d'être broyé et laissé au repos avant d'être à nouveau utilisé.

Un pré bourbier
Piétiné par des chevaux trop nombreux, un pré mal drainé peut rapidement se transformer en bourbier en hiver. Il devient alors impropre au pâturage.

Des crottins partout
Un pré parsemé de crottins doit être nettoyé. Les crottins empêchent la croissance d'une herbe de qualité et renferment des œufs de parasites qui infestent les chevaux.

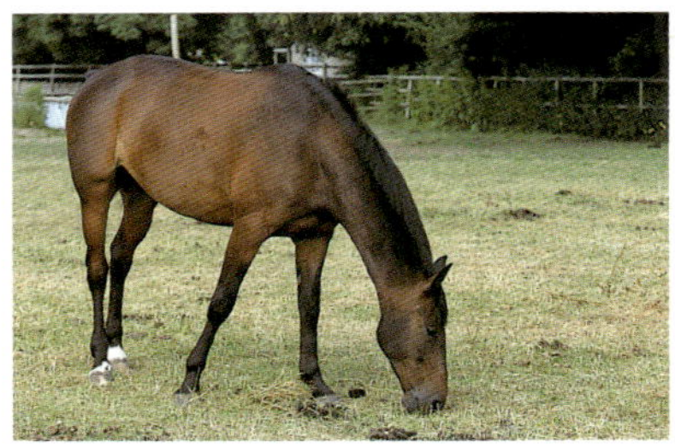

Des fils barbelés
Il ne faut jamais mettre des chevaux dans un pré clôturé avec des fils de fer barbelé. Ils risquent de se blesser gravement, surtout si les fils pendent et sont rouillés.

Rhododendron

Cytise laburnum (faux acacia)

If

Fougère aigle

Chêne et glands

Laurier

L'entretien des pâtures

Pour rester nourrissante, la pâture doit être entretenue. Les chevaux ont tendance à brouter certaines zones jusqu'à les dénuder et à en dédaigner d'autres contenant de mauvaises herbes et de l'herbe coriace. La pâture devra aussi être fertilisée avec un engrais ou de la chaux et nivelée au printemps si l'hiver a été humide.

Toxique

Le séneçon jacobée est une grande plante aux feuilles très découpées, qui donne des bouquets de petites fleurs jaunes semblables à des marguerites. Il est très toxique. Si tu en repères, arrache-le et détruis-le. Mets un peu de sel sur l'emplacement des pieds pour tuer toute racine.

Retirer les crottins

Laisser les crottins dans le pré est néfaste pour l'herbe et favorise la prolifération des vers parasites. Si la pâture est petite, il est facile de retirer les crottins tous les jours à l'aide d'une pelle et d'une brouette. Dans le cas d'une grande pâture, le mieux sera d'y passer la herse pour éparpiller les crottins ; le soleil les dessèchera et détruira les œufs de parasites.

Le pâturage en rotation

Permettre, dans la mesure du possible, à d'autres espèces (moutons, chèvres, vaches) de brouter dans les pâtures des chevaux évite la prolifération des parasites. En effet, ceux-ci ne peuvent se développer que dans le système digestif des chevaux.

Le broyage

La pâture a besoin d'être broyée en été et/ou en automne. On attelle le broyeur à un tracteur. Il fauche et broie les plantes envahissantes (orties et ronces) et autres mauvaises herbes. Cela contrarie leur croissance et empêche les graines de se disséminer tout en encourageant le développement des graminées qui produisent une herbe nourrissante.

Les pierres

Les petites pierres peuvent se loger sous les pieds des chevaux et provoquer des boiteries ; les grosses représentent un danger potentiel lorsqu'ils galopent à travers le pré. Ils peuvent trébucher dessus, se froisser les tendons et même tomber. Il faut en retirer le plus possible.

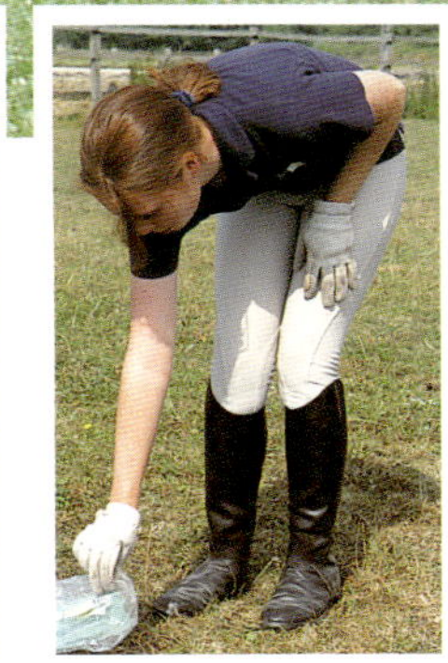

Les déchets

Si le pré est situé près d'une route, il est probable que des déchets y seront jetés. Un sac en plastique peut entraîner la mort de ton poney s'il le mange, les canettes en métal ou le verre provoquer de sérieuses coupures. Il peut aussi se prendre les pieds dans de la corde et se blesser. Nettoie le pré tous les jours.

Au pré

Pour lâcher un poney au pré, on lui enlève généralement son licol pour éviter qu'il s'accroche dans une haie ou dans la clôture. Toutefois, dans le cas d'un individu difficile à attraper, on pourra lui laisser. Si ton poney s'énerve à l'idée de rejoindre un autre poney dans le pré, tâche de le calmer pour qu'il ne tire pas.

En sécurité

En menant ton poney vers le pré, il se peut que les autres chevaux ou poneys qui y sont déjà se rassemblent, curieux, à la barrière. Dans ce cas, demande à quelqu'un d'ouvrir la barrière et de les repousser gentiment pour que tu puisses entrer avec ton poney en toute sécurité.

1 Après avoir refermé la barrière, mène ton poney sur quelques mètres à l'intérieur du pré. Place-le face à la barrière et défais la boucle de son licol.

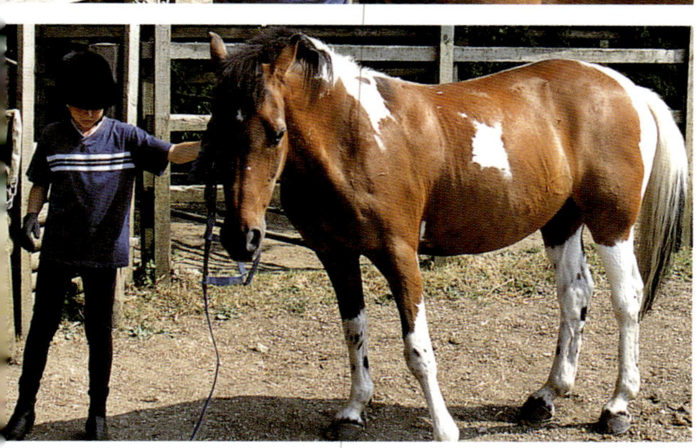

2 Retire-lui son licol gentiment et laisse-le s'éloigner. S'il s'énerve et se retourne pour partir au galop, écarte-toi de son passage pour qu'il ne te bouscule pas.

Les friandises
Bien que l'abus de friandises puisse inciter ton poney à mordiller, il sera plus facile à attraper si tu lui en apportes parfois.

Mener

On mène un cheval ou un poney en se plaçant sur sa gauche. Tiens la longe de la main droite, près de sa tête, paume vers le bas, et prends l'extrémité dans ta main gauche. Regarde devant toi et marche un peu en avant de son épaule.

Maîtriser

Si ton poney fait un écart, essaie de le maîtriser en le faisant tourner autour de toi. Ne le laisse jamais s'échapper ; il pourrait en prendre l'habitude. Laisse glisser ta main droite le long de la longe et ramène-le vers toi pour qu'il tourne. N'enroule jamais la longe autour de ta main, s'il tire fort, il risque de te tracter derrière lui.

Attraper

Certains chevaux et poneys sont plus faciles à attraper que d'autres. Si le tien est difficile, approche-le avec le licol derrière ton dos et la main tendue avec une friandise ou un seau de granulés. S'il se sauve, ne le poursuis pas. Attends qu'il revienne.

1 Approche le poney de face, une friandise en évidence dans ta main pour qu'il puisse la voir.

2 Donne-lui la friandise et passe la longe autour de son encolure avant qu'il n'ait le temps de fuir.

3 Enfile-lui le licol en laissant la longe autour de son encolure au cas où il déciderait de s'éloigner.

4 Attrape fermement la têtière en glissant ton bras sous sa tête et fais-la passer derrière ses oreilles. Maintiens le montant du licol en place avec l'autre main.

5 Attache le licol en l'ajustant correctement. Il ne doit être ni trop lâche, ni trop serré. Passe le bout de la lanière dans la boucle pour qu'il ne dépasse pas. Ton poney est prêt pour sortir de la pâture.

Nourrir son poney

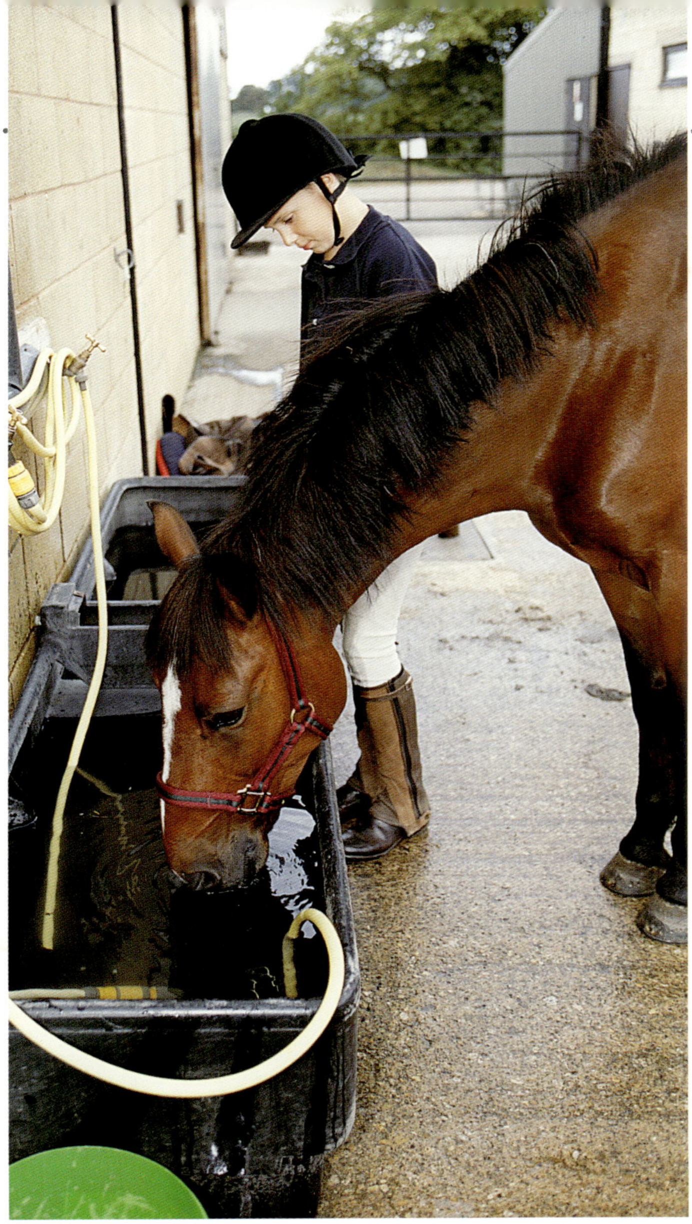

Quelques règles

Les chevaux et les poneys ont un intestin très développé mais un petit estomac. Ils doivent manger beaucoup, par petites quantités. Il faut également veiller à ce qu'ils ne mangent pas trop d'aliments concentrés à la fois.

De l'eau propre à volonté

Les chevaux doivent toujours disposer d'eau propre à volonté. Si l'accès libre n'est pas possible, propose de l'eau à ton poney régulièrement avant de le nourrir. En effet, s'il boit beaucoup après avoir mangé, il peut avoir des problèmes digestifs.

Règles à suivre

Distribue souvent de petites quantités et ne donne que des aliments sains et propres.

Calcule la ration de ton poney en fonction de son travail.

Donne-lui du foin de prairie de qualité en quantité.

Laisse ton poney brouter quelques heures par jour.

Ne fais pas travailler ton poney tout de suite après son repas.

Introduis un nouvel aliment progressivement dans son régime.

À l'écurie, offre-lui des aliments appétissants, comme des carottes ou des pommes.

Donne à manger à heures fixes tous les jours.

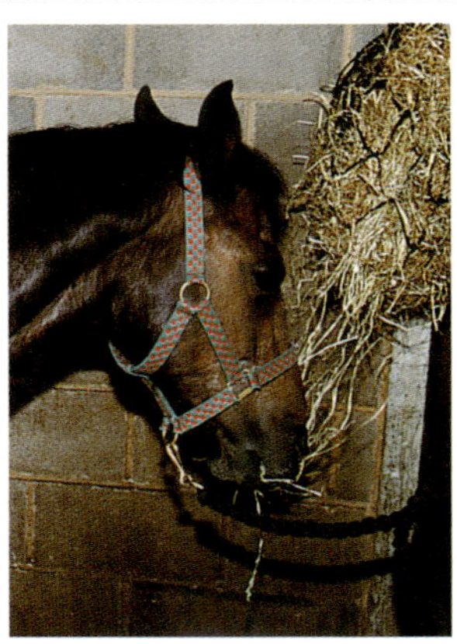

Bien le nourrir

Tu dois donner à ton poney sa ration d'aliments concentrés en petites quantités à intervalles réguliers au long de la journée. Détermine un planning et suis-le. Les chevaux ne font pas la différence entre la semaine et le week-end. Nourris-les toujours aux mêmes heures.

Les différents aliments

Le foin et l'herbe constituent l'essentiel du régime alimentaire des chevaux et des poneys. Dans une bonne pâture, ils se nourrissent seuls. En revanche, un animal qui travaille aura besoin d'un apport en aliments concentrés.

Un nœud facile à défaire

Fais une boucle avec la longe et passe-la dans l'anneau. Tords la base de la boucle plusieurs fois.

Fais une seconde boucle avec le pendant de la longe et fais-la passer à travers la première boucle.

Serre le nœud en tirant sur l'extrémité attachée. Pour défaire le nœud, il suffit de tirer l'extrémité libre.

Remplir un filet à foin

Le foin posé au sol peut être piétiné, sali et gâché par les chevaux ; l'idéal est donc d'utiliser un filet. Pour le remplir, ouvre-le en grand. Prends une bonne brassée de foin et enfonce-la au centre. Si tu as du foin en petits ballots, compte le nombre de tranches que tu y mets pour avoir une idée de la quantité que tu donnes.

La bonne quantité
Pour être sûr de ce que tu donnes à ton poney, pèse le filet à foin.

Attacher un filet à foin

Le filet à foin doit être suspendu assez haut pour que le poney ne puisse pas marcher dessus ni s'y prendre les pieds. Le mieux est de le fixer avec un nœud facile à défaire.

1 Passe la corde du filet à travers l'anneau du box et tire dessus pour soulever le filet jusqu'à la bonne hauteur.

2 Glisse la corde dans une maille du fond du filet et remonte-là jusqu'à l'anneau.

3 Fais à nouveau passer le bout de la corde à travers l'anneau et fixe-la par un nœud facile à défaire.

Les aliments concentrés

Les chevaux ont des besoins bien spécifiques et doivent recevoir une nourriture équilibrée. Dans le commerce, on trouve des aliments concentrés à base de céréales, granulés ou floconnés, adaptés à chaque type de poney ou de cheval en fonction de son travail.

Granulés prêts à l'emploi

Mélange floconné prêt à l'emploi

Son

Maïs floconné

Orge floconné

Pulpe de betterave (à tremper)

Pulpe de betterave trempée

Luzerne hachée déshydratée

Avoine aplatie

Stocker les aliments

Il faut entreposer les aliments dans un endroit frais et sec, à l'abri des rongeurs. Dans les grandes écuries, les sacs sont vidés dans des conteneurs métalliques. Le foin doit être stocké au sec dans une grange bien aérée.

Les compléments

Les chevaux ont besoin d'un apport en sel, sous forme de pierre à lécher. En hiver, un peu d'huile de foie de morue leur procurera des vitamines essentielles. Ils adorent les carottes, les navets et les pommes. Attention ! en grande quantité, ces dernières donnent des diarrhées.

Pierre à lécher
En sel pur ou minéralisé, les poneys aiment les lécher ou les croquer, au pré ou au box.

Huiles végétales
Les poneys ont besoin d'un apport en lipides dans leur ration. Tu peux ajouter une cuillerée à soupe d'huile de tournesol à celle de ton poney.

Équilibré

Tous les chevaux et les poneys n'ont pas le même taux métabolique. Certains prospèrent avec une faible ration, tandis que d'autres restent minces en mangeant beaucoup. Si ton poney est compliqué, adresse-toi à une personne compétente, car il faut de l'expérience pour déterminer un régime adapté. En règle générale, les poneys ont tendance à l'embonpoint et mieux vaut limiter leur ration.

Estimer le poids du poney

Tu peux estimer le poids de ton poney à l'aide de l'une de ces deux formules simples. Mesure son périmètre thoracique (PT) en cm, juste derrière le garrot (avec un mètre ruban souple) et sa hauteur au garrot (HG) en cm avec une toise.
Formule de Crevat : Poids vif (en kg) = 80 (PT)3
Institut national de la recherche agronomique :
Cheval de selle au travail :
Poids vif = 4,3 PT + 3 HG – 785

Trop gros ou trop maigre ?

À taille égale, un poney trapu, tel que le Highland, sera plus lourd qu'un poney de type Pur-sang, à la constitution plus légère. Aussi, tu dois considérer le poids de ton poney en fonction de son type. Il est important pour sa santé que son poids soit correct. Un poney maigre aura froid. Un poney gras sollicitera trop ses articulations et son cœur.

Un poney maigre
Un poney dont on peut voir les côtes et dont les hanches pointent sous la peau est trop maigre. Il peut souffrir d'un problème de dents, de sous-alimentation ou avoir des vers.

Un poney gras
Un poney dont on ne peut pas sentir les côtes, aux épaules grasses et au ventre arrondi, est trop gros. Les poneys gras sont sujets à la fourbure.

Le poids idéal
Les lignes extérieures d'un poney au poids idéal doivent être arrondies. On ne doit pas voir saillir ses os mais on doit pouvoir les sentir en tâtant avec les doigts.

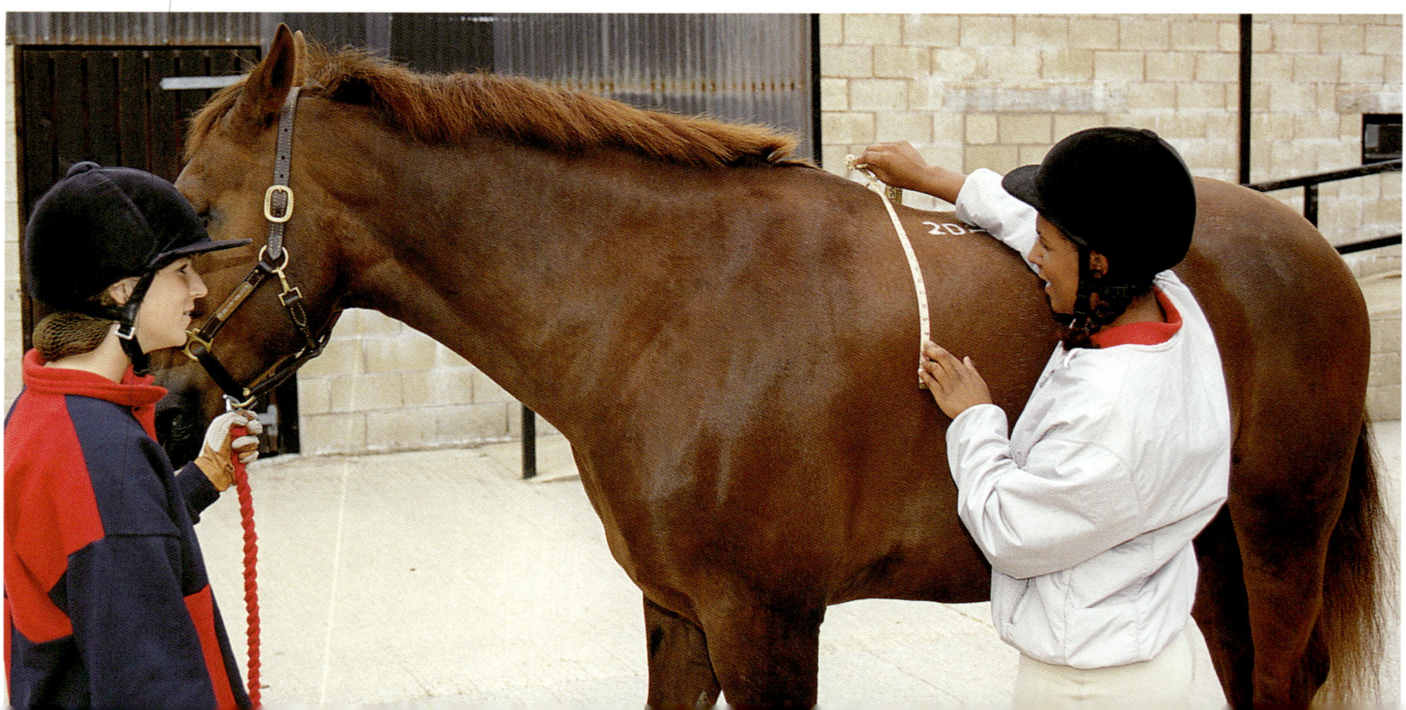

La ration

Le seul moyen d'être sûr de la quantité de nourriture que mange ton poney est de la peser. Estime ses besoins (en kg) en multipliant son poids par 2,5 et en divisant le résultat par 200. Selon son travail, détermine la proportion d'aliments concentrés et de foin et pèse-les.

Un paddock de jeûne

L'herbe printanière luxuriante est trop riche pour de nombreux poneys qui se gavent et risquent la fourbure. Bien que cela semble cruel, mieux vaut parfois les mettre dans un paddock pauvre en végétation où ils ne trouveront qu'une maigre pitance. On peut aussi limiter leur temps de pâture en les laissant à l'écurie plus longtemps.

La muselière

Pour empêcher un poney de se gaver, on peut lui mettre une muselière. De grosses ouvertures sur le devant lui permettent de respirer et de petits trous dans le fond de boire et de brouter un peu. Elle est maintenue par une courroie passée à travers les anneaux du licol.

Tremper le foin

Les poneys qui souffrent d'allergie à la poussière et de problèmes respiratoires doivent recevoir du foin qui a été trempé. On peut placer le filet à foin un moment dans une poubelle remplie d'eau. Attention ! Mouillé, le filet peut être très lourd.

Peser le foin

Pour savoir exactement ce que mange ton poney, il est essentiel de peser son filet à foin. On trouve des balances à ressort spéciales dans le commerce. Suspends ta balance dans un endroit pratique de l'écurie. Si tu donnes du foin mouillé à ton poney, pèse-le avant de le mettre à tremper.

Soins et pansage

Le matériel de pansage

Le pansage est l'entretien de la robe de ton poney. Il inclut le brossage de ses poils, de sa queue et de sa crinière, le curage de ses pieds et le nettoyage de ses yeux, de ses naseaux et de sa région anale. Chacune de ces tâches requiert un instrument différent. En utilisant les instruments appropriés, tu gagneras en temps et en efficacité.

À quoi sert le pansage ?

Un poney en bonne santé qui travaille doit être pansé tous les jours pour maintenir sa peau propre et saine. En règle générale, tous les poneys doivent être brossés régulièrement pour ôter la boue et les taches et entretenir leurs crins. Plus présentable, un poney propre est aussi plus agréable à manipuler et risque moins de te salir.

Le kit de pansage

Dans l'idéal, ta mallette de pansage devrait contenir tous les outils ci-dessous. Tu peux cependant les acheter au fur et à mesure.

La **brosse dure**, ou bouchon, a des poils raides pour décoller la boue séchée.

La **brosse douce** a des poils courts et souples pour débarrasser la robe du poney de la poussière et du sébum.

L'**étrille en plastique** sert à ôter la boue, les poils morts et les taches.

L'**étrille métallique** n'est pas utilisée sur le poney, elle sert à nettoyer les autres brosses.

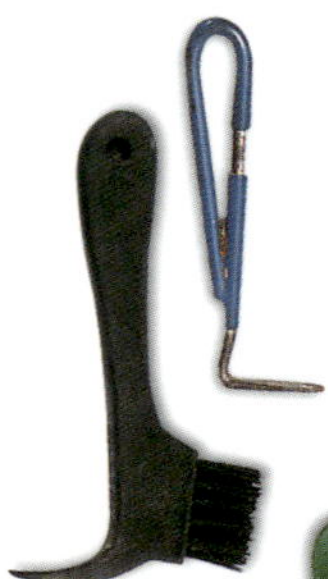

Le **cure-pied** (avec ou sans brosse) sert à désincruster la saleté et les cailloux des sabots.

Le **bouchon à eau** s'utilise humide pour aplatir et faire tenir les crins en place.

Le **peigne** sert surtout à épiler la crinière ou la raccourcir, et pour séparer les crins avant de les tresser.

L'**onguent à sabot** est une graisse qui s'applique sur la corne des pieds pour la nourrir et l'embellir.

L'une des **éponges** sert à nettoyer les yeux et le nez, l'autre la région anale.

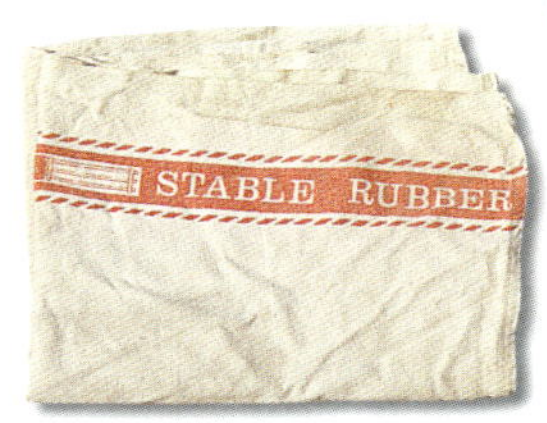

L'**époussette** est un chiffon que l'on utilise à la fin du pansage, pour ôter les dernières traces de poussière.

Le pansage quotidien

La toilette d'un poney qui vit dehors peut se limiter à un brossage au bouchon de temps en temps. En revanche, il faut panser méticuleusement et quotidiennement un poney qui vit à l'écurie et qui travaille dur, car sa peau doit rester saine. Les brosses s'utilisent toujours dans le sens du poil.

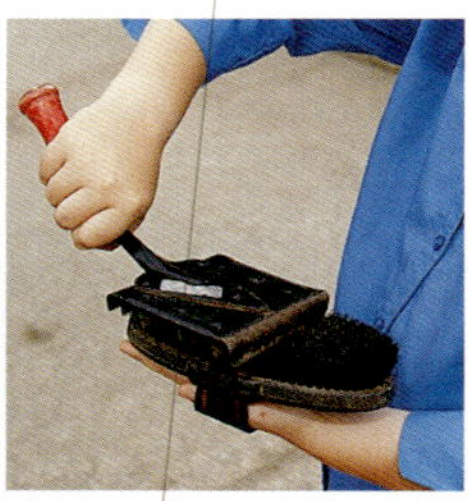

Frotte la brosse douce sur l'étrille métallique tous les deux ou trois coups.

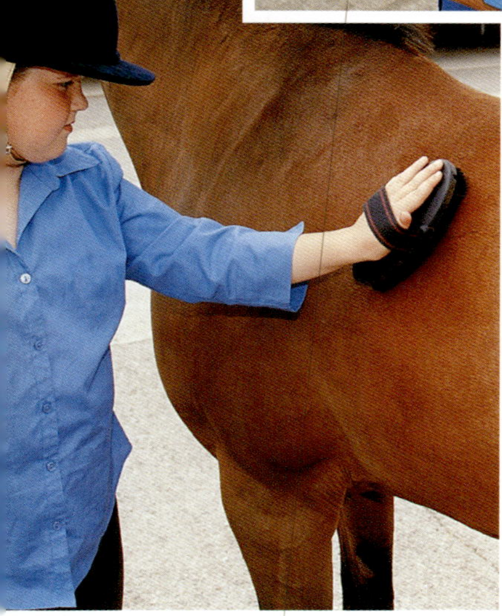

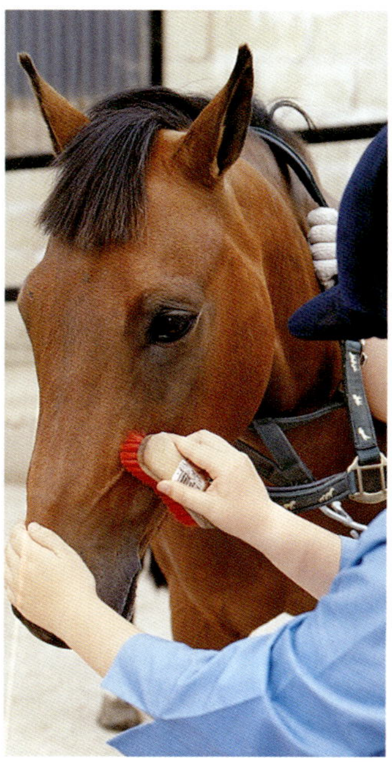

1 Avant d'attaquer le pansage, attache le poney. Commence en haut de l'encolure de son côté gauche. Passe la brosse douce sur tout son corps.

2 Retire le licol de sa tête et boucle-le autour de son encolure. Brosse gentiment sa tête avec une brosse douce ou une brosse spéciale.

3 Attrape la queue en restant sur le côté du poney. Libère les mèches une par une et brosse-les avec la brosse douce. Défais les nœuds avec tes doigts.

Le pansage

Le pansage léger consiste à brosser la robe et les crins du poney pour retirer les taches et les copeaux ou les brins de paille. Le pansage en profondeur se pratique après l'exercice. S'il fait froid, laisse la couverture sur l'avant ou la croupe du poney.

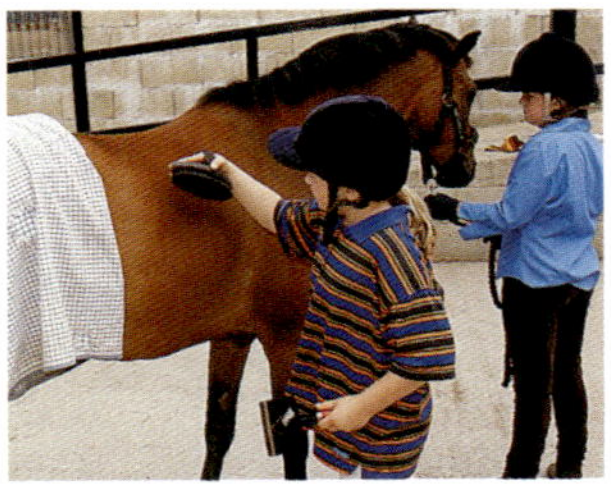

Rabats la couverture sur la croupe pendant que tu brosses son avant-main des deux côtés. Fais de même sur son arrière-train avec la couverture vers l'avant.

Une bonne toilette

Le coin des yeux, le museau et les naseaux, ainsi que la région anale, doivent être nettoyés avec une éponge humide tous les jours s'ils sont sales. Utilise des éponges différentes pour sa tête et sa queue et ne les mélange pas !

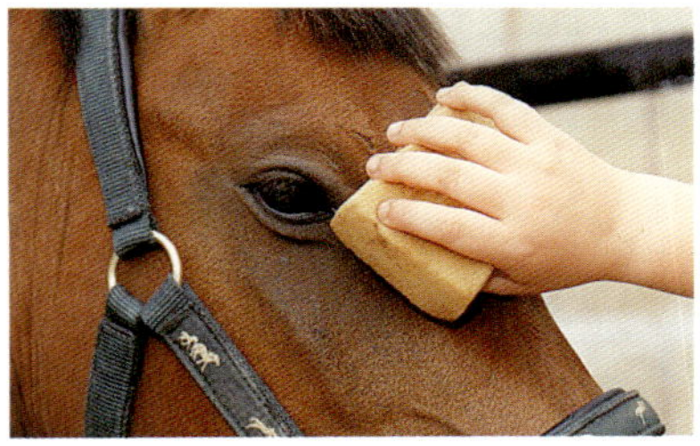

1 Mouille l'éponge et essore-la. Essuie le coin des yeux vers le bas.

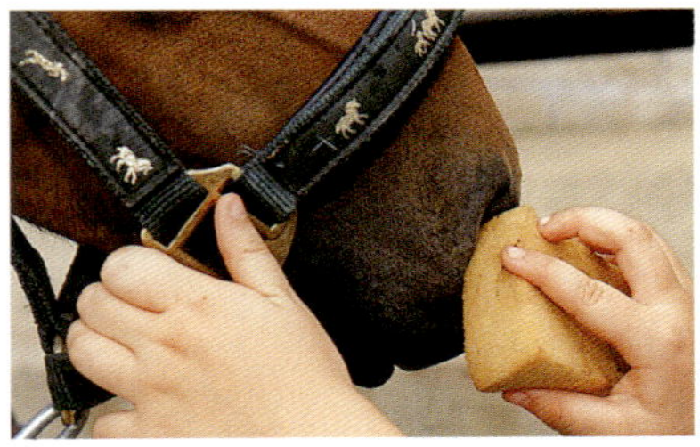

2 Rince l'éponge et nettoie le tour de la bouche et les naseaux du poney.

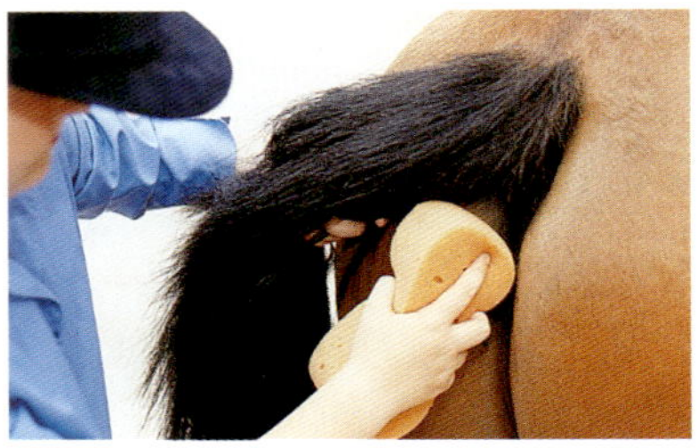

3 Avec une autre éponge, lave la région anale et le dessous de la queue.

4 Pour nettoyer et démêler la crinière, brosse-la d'abord méticuleusement avec une brosse douce. Passe ensuite la brosse à eau sur les crins pour les aplatir.

5 S'il reste de la boue séchée sur les membres, tu peux utiliser une étrille en plastique ou en caoutchouc à la place de la brosse dure. Ne frotte pas trop fort.

6 Finalement, passe l'époussette en coton sur tout le corps du poney. Ce chiffon retire les dernières traces de poussière et les crins morts qui restent et fait briller la robe.

L'entretien des pieds

L'entretien des pieds est l'une des tâches les plus importantes que le propriétaire doit effectuer. Tu dois vérifier et curer les pieds de ton poney avant et après le travail pour qu'ils restent sains. Les jours où tu ne montes pas, nettoie-les au moins une fois. Régulièrement, le maréchal-ferrant doit venir les parer, et les ferrer si tu le fais travailler beaucoup.

Quand faire venir le maréchal-ferrant ?

Si ton poney travaille, fais venir le maréchal-ferrant toutes les 4 à 6 semaines pour le parer ou le ferrer. En effet, quand la corne devient trop longue, elle se casse, entraînant des boiteries.

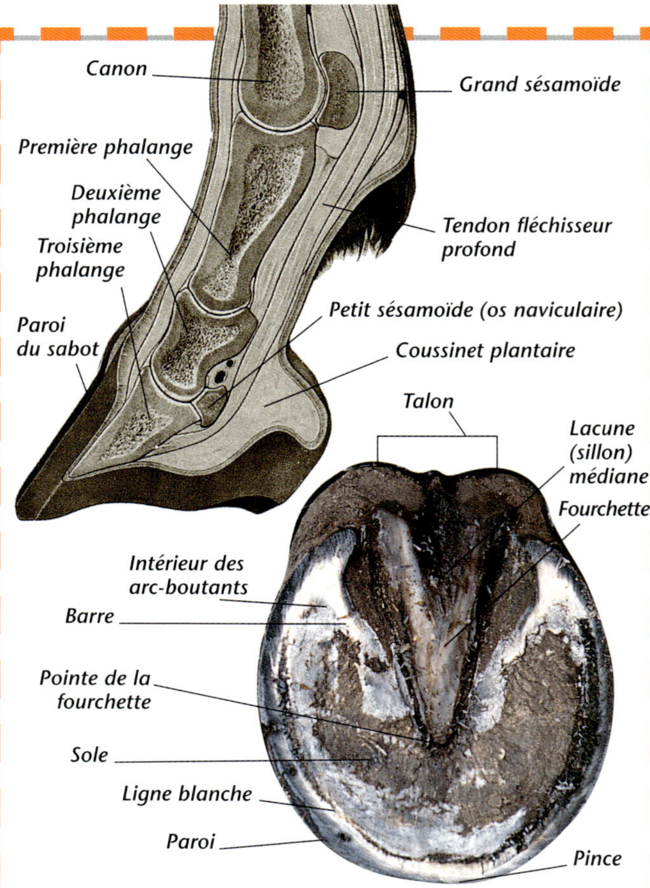

La structure du pied

La paroi externe du pied d'un cheval est faite de corne lamellée insensible (lamelles kéraphyleuses). À l'intérieur du sabot, les os sont maintenus par un tissu sensible, le tissu feuilleté (ou podophyleux). Les deux tissus sont interconnectés. La fourbure est l'inflammation du tissu sensible.

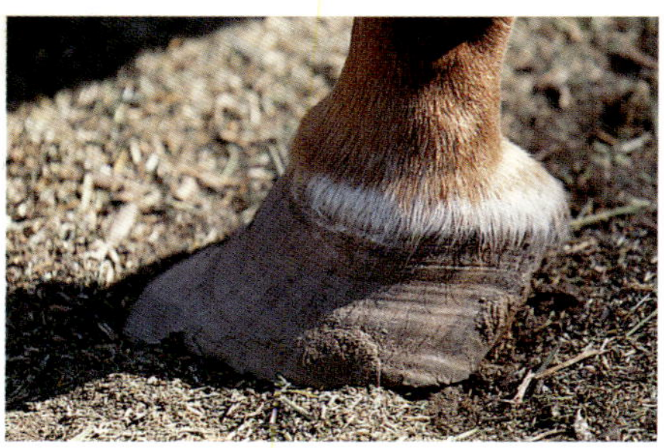

Sabot trop long
Lorsque la corne est trop longue, la pince du sabot se redresse et le poids du poney bascule sur ses talons. Cela entraîne des défauts d'aplomb, longs à corriger par la suite, et perturbe son équilibre.

Clous saillants
Lorsque les fers n'ont pas été changés depuis longtemps et que la corne a poussé, les rivets (extrémités des clous qui maintiennent le fer) font saillie sur la paroi. Le poney peut se blesser ou perdre son fer.

Des cailloux sous les sabots

Il arrive que des cailloux se logent sous les sabots du poney, dans les lacunes latérales situées de chaque côté de la fourchette. En s'incrustant, ils peuvent endommager le pied et provoquer douleur et boiterie. Enlève-les avec le cure-pied.

Comment soulever et curer les pieds

Tu dois demander les pieds de ton poney avec assurance. Descends ta main le long de ses membres fermement, sans le chatouiller. Sers-toi toujours du cure-pied du talon vers la pince en prenant soin de bien dégager les lacunes latérales et médiane, et examine la fourchette.

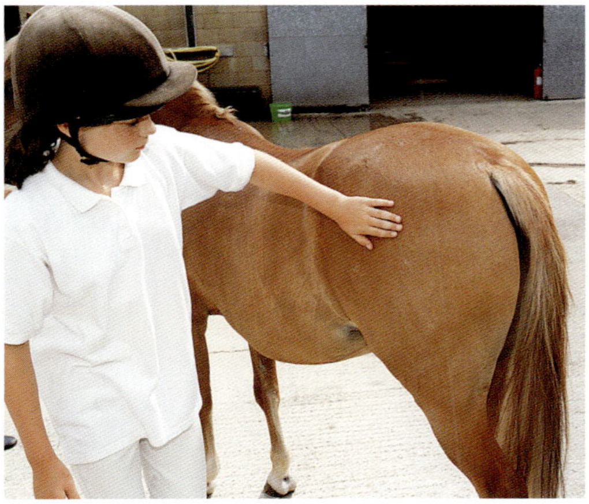

1 Pour inspecter et curer les pieds postérieurs de ton poney place-toi contre sa hanche. Pose ta main sur sa cuisse et descends-la le long de sa jambe.

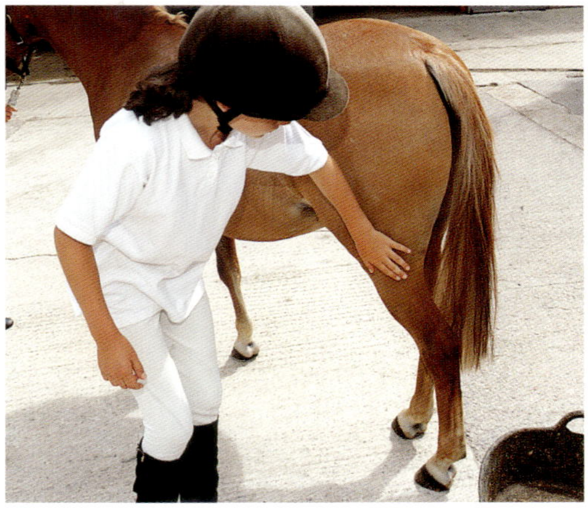

2 Descends tranquillement ta main à l'arrière de son postérieur. Si tu es nerveux, ton poney le sentira et pourra le devenir.

3 Continue jusqu'au niveau du jarret. Ne mets pas tes pieds trop près des siens pour qu'il ne te marche pas dessus.

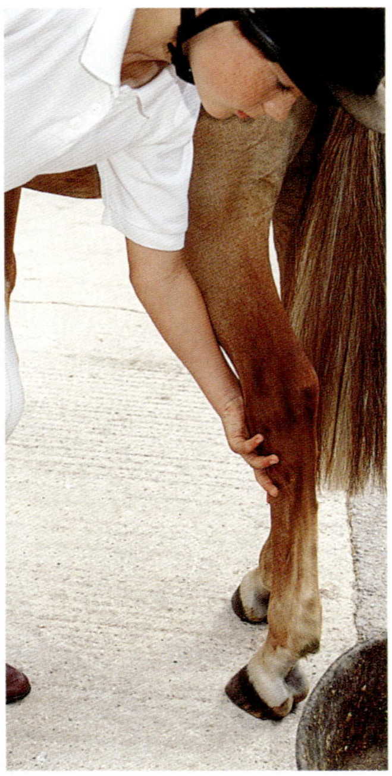

4 À partir du jarret, passe ta main à l'intérieur de sa jambe et descends le long du canon jusqu'au boulet.

5 Attrape le boulet fermement et soulève-le en disant « pied » ou « donne ». Ne te mets pas à genoux à côté du poney.

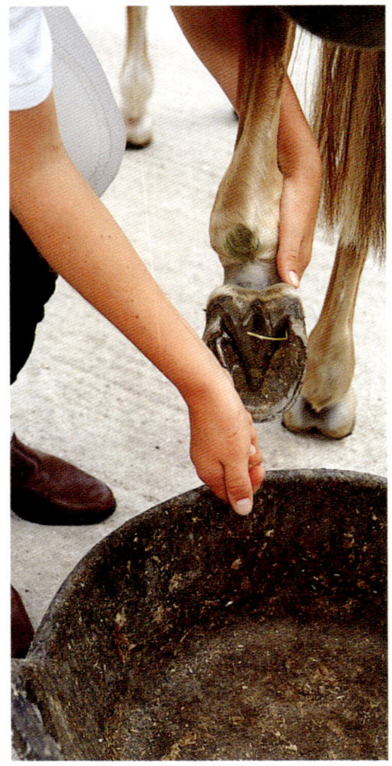

6 Maintiens le pied d'une main et nettoie-le avec le cure-pied de l'autre, du talon vers la pince.

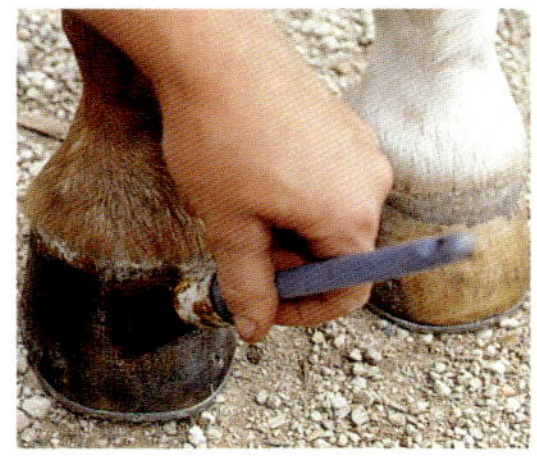

Graisser les pieds

Il existe différents onguents pour entretenir ou embellir la corne. Par temps humide, graisse les pieds lorsqu'ils sont secs, pour éviter d'attendrir la corne. Par temps sec, graisse les pieds après les avoir douchés, pour emprisonner l'humidité. Sers-toi d'un gros pinceau. Si la corne de ton poney est de mauvaise qualité, seul un régime approprié l'améliorera vraiment.

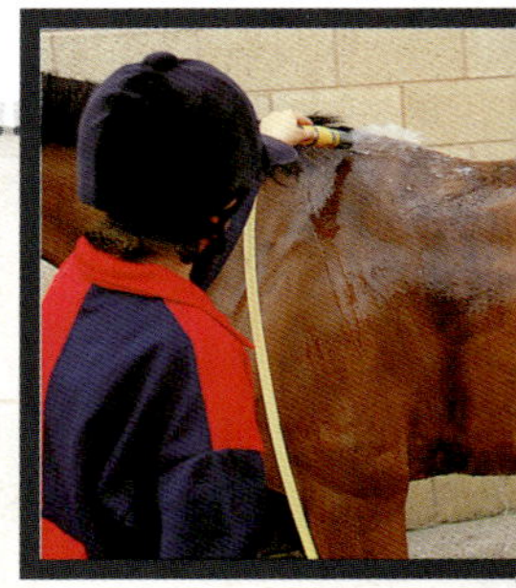

Laver un poney

Ne lave ton poney que si c'est absolument indispensable et choisis une journée chaude, ensoleillée et sans vent. Le lavage, qui débarrasse la robe de son sébum, rend le poney propre et brillant mais, jusqu'à ce que le poil graisse à nouveau, il risque aussi d'avoir froid et n'a plus de protection contre la pluie. Il aura peut-être besoin d'une couverture si le temps se rafraîchit.

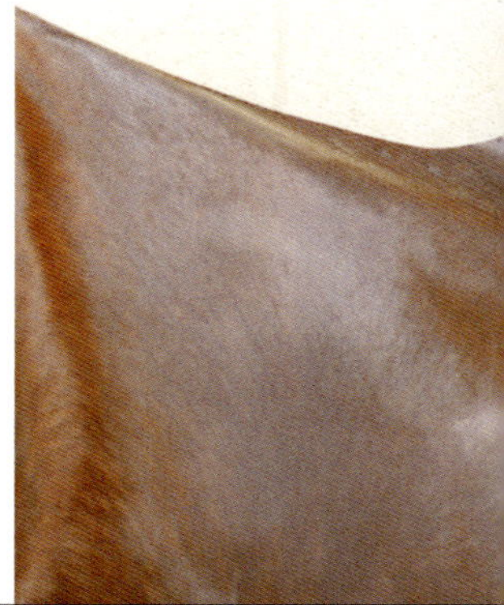

Baquet d'eau

Shampooing spécial chevaux

Couteau de chaleur

Éponge

Le matériel
Avant de commencer, pose tout ce dont tu as besoin à portée de main.

Bien le laver

Il ne faut jamais mettre de shampooing dans les yeux du poney. Lorsque tu laves son encolure et sa crinière, vérifie qu'il a la tête levée. Ne shampooine pas sa tête, essuie-la seulement avec une éponge humide et propre.

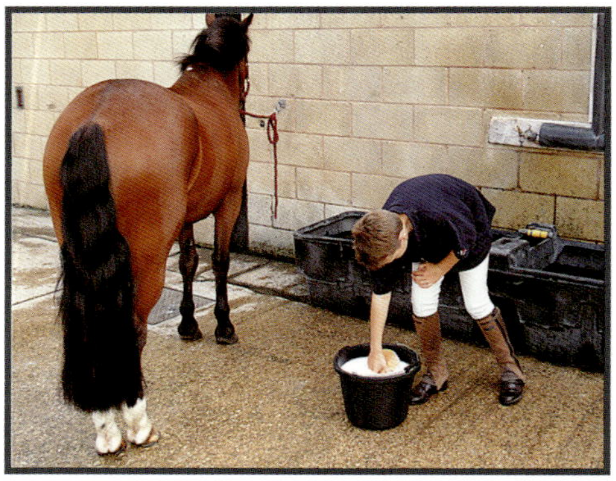

1 Attache ton poney dans la cour, dans un endroit où l'eau s'écoule. Remplis le baquet d'eau tiède et ajoute le shampooing.

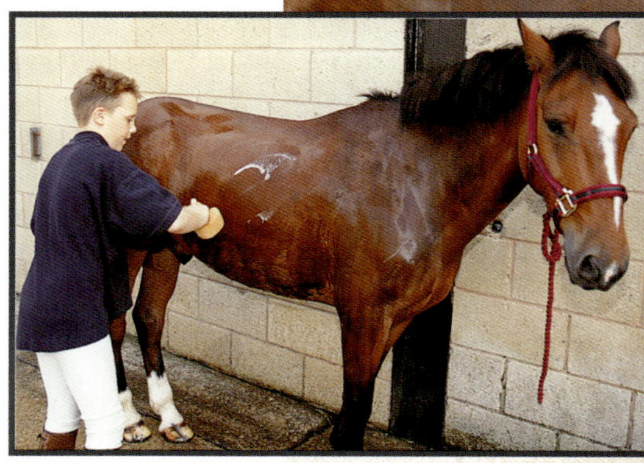

2 Trempe l'éponge dans l'eau et frotte sa robe en faisant de petits mouvements circulaires. Mouille toute la robe mais pas la tête.

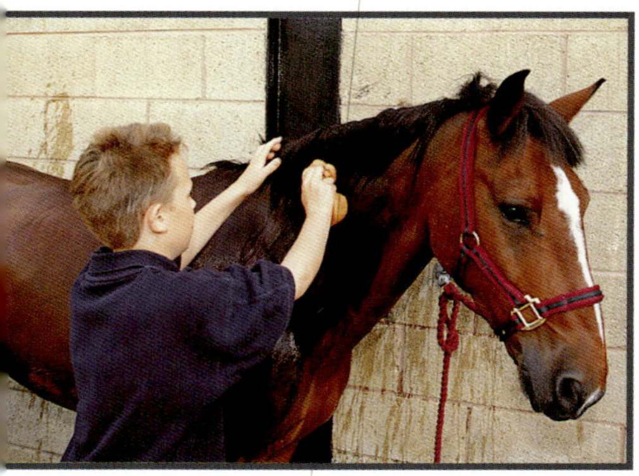

3 Lave la crinière avec l'éponge puis rince bien avec une autre éponge et plusieurs baquets d'eau. Si ton poney a l'habitude, tu peux utiliser le jet.

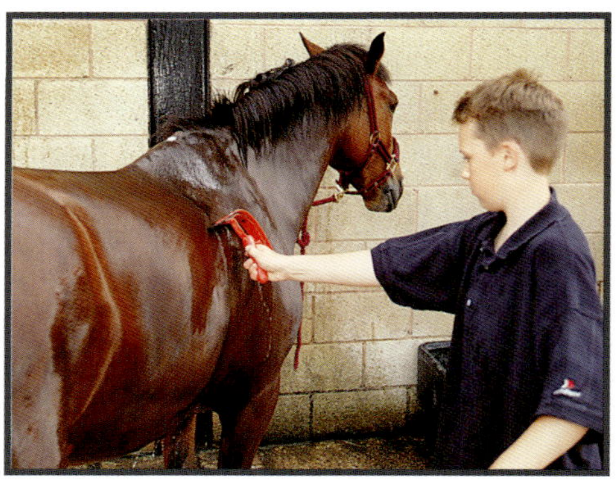

4 Après l'avoir bien rincé, essore l'eau avec le couteau de chaleur. Passe-le dans le sens des poils sur toute la robe. Si tu n'as pas de couteau de chaleur, sers-toi du tranchant de ta main.

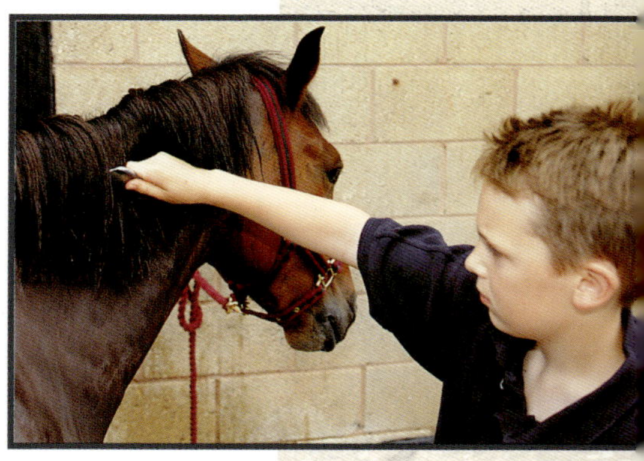

5 Démêle doucement la crinière à l'aide d'un peigne. Prends bien soin de défaire les nœuds avec tes doigts. Ne tire pas car tu pourrais arracher les crins.

Une douche bien méritée

Par temps chaud, lorsque ton poney revient du travail et qu'il a transpiré, tu peux le passer au jet, ou éliminer la transpiration à grande eau.

6 Pour qu'il sèche plus vite, essuie ton poney avec une vieille serviette éponge. Passe-la dans le sens du poil. Essore aussi la crinière avec la serviette et sèche son encolure au-dessous. N'oublie pas de sécher aussi ses membres.

1 Lave la queue avec l'éponge et l'eau tiède savonneuse, comme le reste du corps.

2 Plonge la queue dans l'eau savonneuse puis rince-la plusieurs fois à l'eau claire.

Laver la queue

Certains poneys, en particulier ceux aux crins clairs, ont besoin d'avoir la queue lavée souvent. Ils ne risquent pas d'attraper froid. Utilise un seau avec de l'eau et du shampooing. Soulève-le de façon à plonger le plus de queue possible dedans. Soutiens-le d'une main et remue la queue pour en extraire la saleté.

7 S'il fait chaud, le poney séchera naturellement au soleil. Par contre, si le ciel est couvert, mets-lui une chemise antitranspirante ou séchante et fais-le marcher dans la cour jusqu'à ce qu'il soit sec, pour qu'il n'attrape pas froid.

La tonte

En hiver, le poil des chevaux s'épaissit. Le travail les fait transpirer et leur santé s'en ressent. Pour éviter ce problème, on tond les zones à forte transpiration. Lorsqu'il ne travaille pas et même s'il vit à l'écurie, un poney tondu doit porter une couverture pour lui tenir chaud. La tonte est une opération délicate qui doit être faite par un adulte compétent.

La tête et l'encolure de ce cheval sont entièrement tondues.

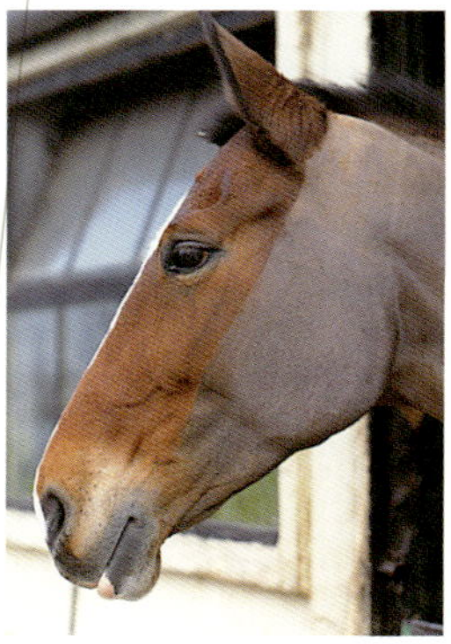

Tonte « bandit »
Le cheval est intégralement tondu à l'exception du dessus de la tête, pour être protégé de la pluie. Cette tonte convient à ceux qui ne supportent pas qu'on leur touche la tête.

Tonte de chasse
Le cheval est entièrement tondu sauf la zone de la selle et les membres, pour le protéger des frottements et des épines.

Tonte en bavette
Ce poney est tondu sur la tête, la gorge, le poitrail et les épaules. On tond ainsi ceux qui transpirent beaucoup sur l'encolure.

Tonte ventrale
Les poils sont tondus sur le ventre entre les antérieurs. On peut aussi les tondre sous l'encolure.

Tonte de club
Cette tonte est très utilisée pour les poneys actifs. Les poils sont coupés sur le ventre, la gorge et la partie inférieure du corps.

Différents types de tonte

Les différents styles reflètent l'exercice auquel l'animal est soumis. Un animal qui travaille beaucoup est tondu entièrement. Pour les autres, on épargne les zones de poil d'hiver, pour les protéger des intempéries et des égratignures.

Le matériel de tonte

Les tondeuses sont généralement électriques et possèdent différentes lames adaptées aux différents types de poils, fins ou épais. Il faut les nettoyer et les huiler régulièrement lors de l'utilisation.

Grosse tondeuse

Petite tondeuse

Épargnée, **la zone de la couverture** garde le cheval au chaud et au sec.

À la jonction **entre le flanc et la cuisse**, la ligne de tonte dessine un demi-cercle, suivant le sens des poils.

En haut de la jambe, la ligne de tonte est toujours inclinée d'avant en arrière.

La tonte en manteau

Cette tonte épargne précisément la zone de la couverture sur le dos du cheval. Elle protège les chevaux au poil fin du mauvais temps. Les membres ne sont pas tondus non plus. Alternative à la tonte de chasse, elle convient aussi aux chevaux très actifs. Pour tous les types de tonte, on dessine généralement à la craie le contour des zones qui ne seront pas tondues.

La tondeuse se passe à rebrousse poil, avec une pression homogène. Il faut la passer contre la peau en ligne droite.

Lame pour les poils fins

Lame pour couper les poils longs et épais

Pinceau pour nettoyer

Huile à lubrifier

La tondeuse

Il faut utiliser une tondeuse reliée à un coupe-circuit pour pouvoir couper le courant. Il vaut mieux porter des chaussures à semelle de caoutchouc. La robe du cheval doit être propre et sèche.

Choisir une couverture

Un cheval ou un poney qui a été tondu doit porter une couverture pour compenser la perte des poils d'hiver qui lui tenaient chaud. Les nuits rigoureuses, il se peut qu'il ait besoin d'une couverture supplémentaire. Pour être confortable, une couverture doit être suffisamment grande pour couvrir le ventre et l'attache de la queue. Les couvertures de pré, imperméables, peuvent être portées à l'extérieur.

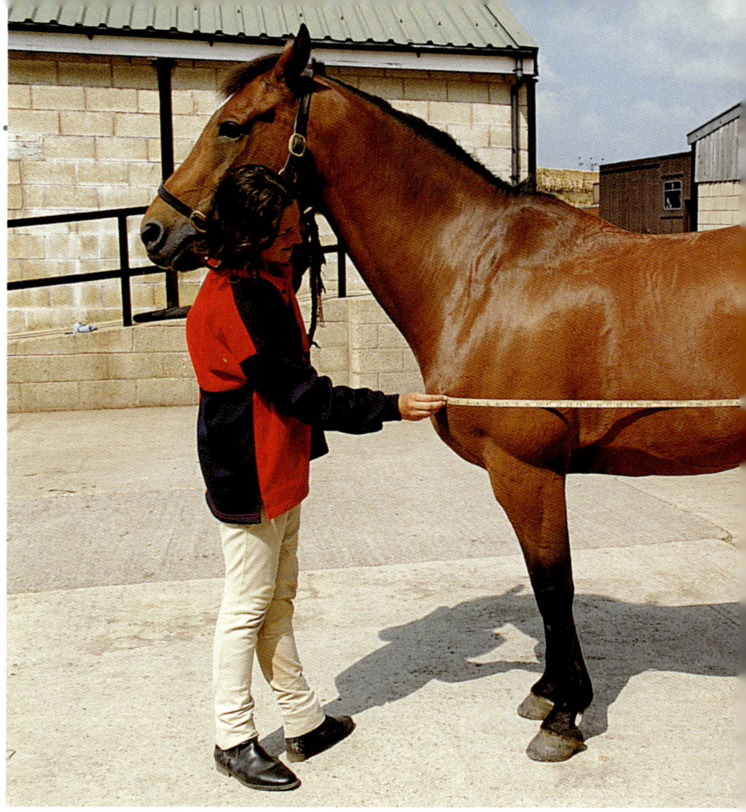

Mesurer une couverture

On prend les mesures d'un cheval à l'aide d'un mètre ruban. Généralement, la taille des couvertures correspond à la longueur du dos. Prends la mesure de ton poney de la base du garrot à la naissance de la queue.

Les types de couvertures

On trouve une grande variété de couvertures, de styles, de coupes et de tissus différents. Et, bien que la plupart des chevaux et des poneys n'aient besoin que d'une couverture pour le pré et une pour l'écurie, il existe des couvertures spéciales pour des usages particuliers. Certaines sont en matériau naturel, comme le coton, la laine ou le jute, d'autres sont synthétiques (nylon ou polyester). Toutes s'attachent sur le poitrail, avec une ou deux lanières réglables, et sont maintenues en place par une sangle simple ou des sursangles. Celles-ci, cousues sur le côté droit, se croisent sous le ventre et se fixent sur le côté gauche.

La chemise séchante sert à évacuer la transpiration et à éviter que le cheval attrape froid.

La couverture d'écurie tient chaud au cheval quand il est au box.

La couverture de pré est imperméable. Elle s'utilise dehors et peut être doublée de laine.

La chemise d'été est utilisée pour garder le cheval propre lors d'un voyage et pour un concours.

Le couvre-reins sert à protéger le dos du cheval du froid et de la pluie pendant le travail.

La couverture de pré intégrale protège aussi l'encolure du cheval par mauvais temps.

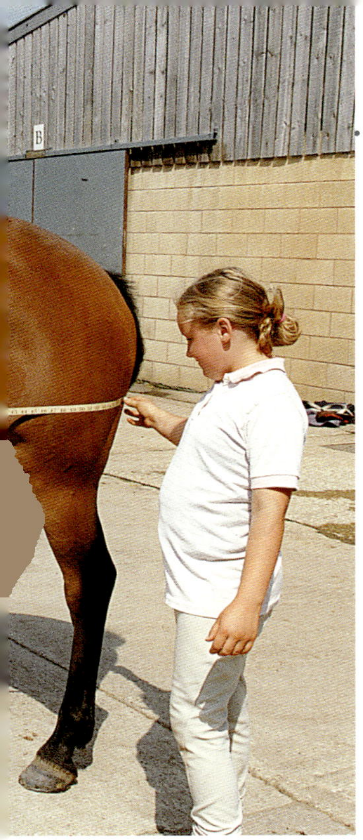

Mettre une couverture

Pour mettre une couverture à ton poney, pose-la gentiment, en avant de sa position correcte et ajuste-la en la glissant vers l'arrière, en respectant le sens du poil.

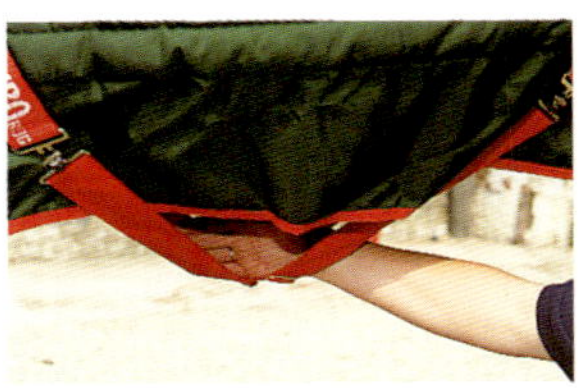

Les sursangles croisées

Elles s'ajustent grâce à des boucles coulissantes. Elles ne doivent pas frotter contre le ventre du poney. Il faut que tu puisses glisser ta main à travers.

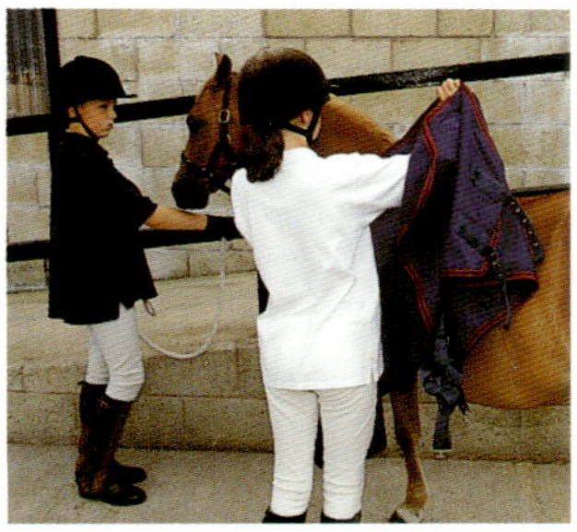

1 Attache ton poney. Apporte la couverture pliée en deux, partie arrière rabattue par-dessus la partie avant.

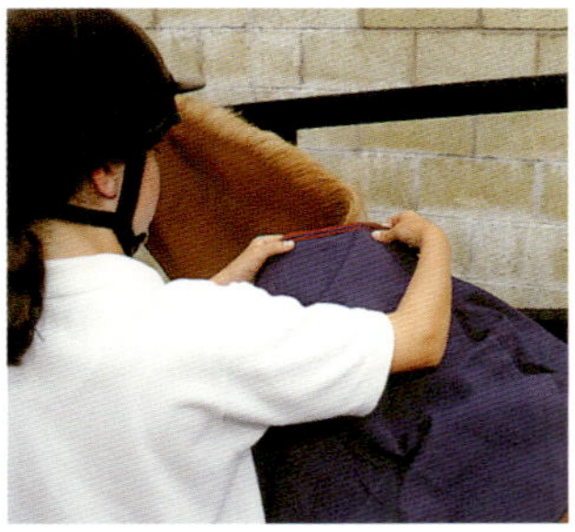

2 Tiens-la à deux mains et pose-la doucement sur le garrot de ton poney, en avant de sa bonne position.

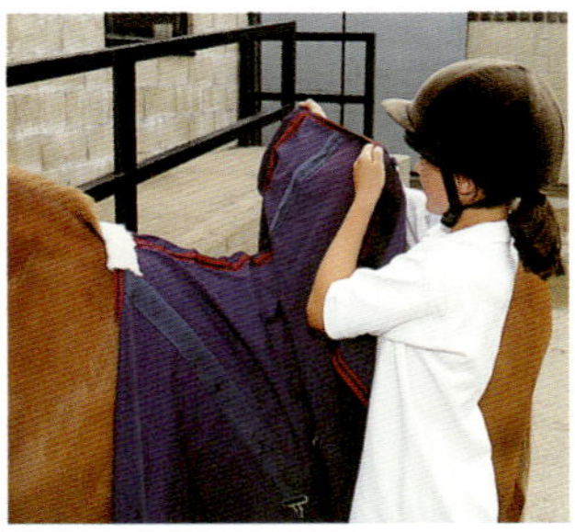

3 Déplie la partie arrière et étends-la sur la croupe de ton poney. Assure-toi qu'elle ne repose pas de travers.

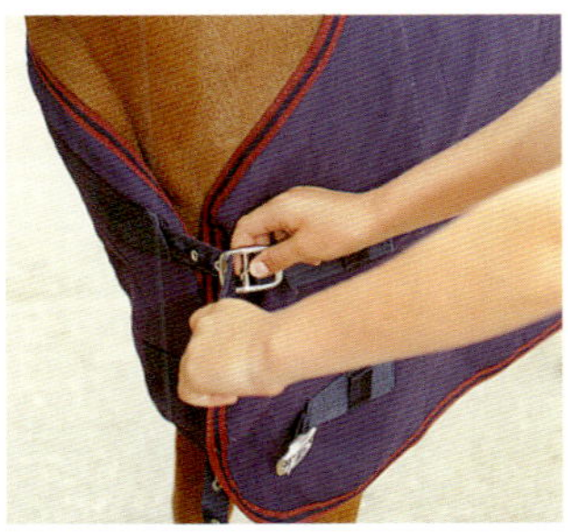

4 Boucle les lanières de poitrail, puis fais glisser la couverture vers l'arrière jusqu'à la bonne position.

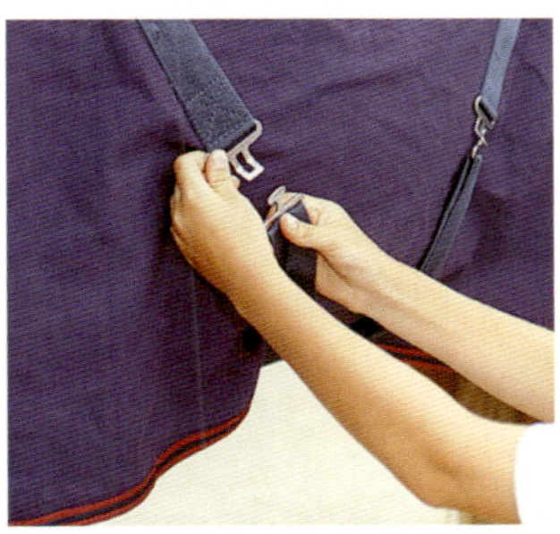

5 Défais les sursangles du côté droit. Passe du côté gauche, attrape-les sous le ventre du poney et attache-les.

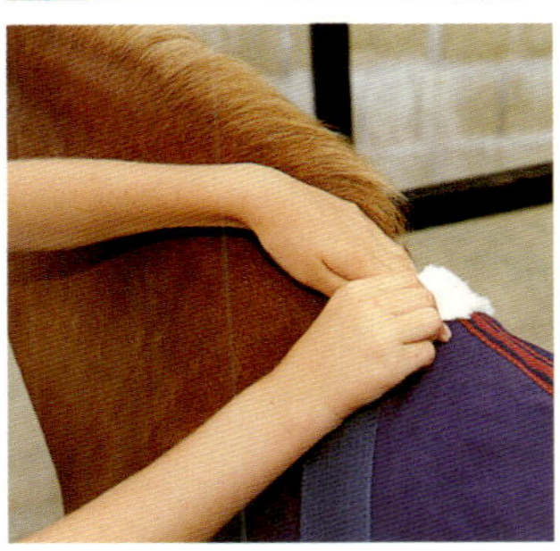

6 Pour finir, vérifie que la couverture n'est pas trop serrée au niveau du garrot ni des épaules.

Le surfaix

Une couverture peut être maintenue par un surfaix qui s'ajuste au niveau du passage de sangle. Certains surfaix sont munis d'un anneau qui empêche le cheval de rester coincé contre la paroi du box lorsqu'il se roule.

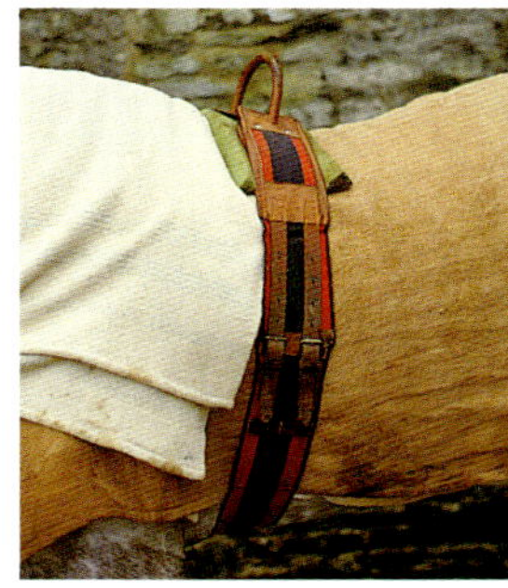

Surfaix

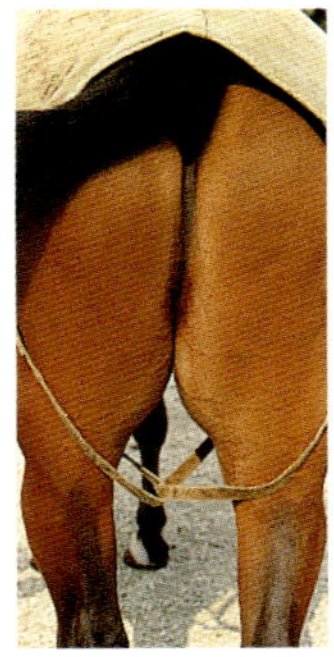

Courroies de cuisses

Les couvertures de pré sont aussi maintenues par des courroies de cuisses élastiques, passées l'une dans l'autre.

Retirer une couverture

Attache ton poney. Si la couverture est fixée avec un surfaix, défais-le. Défais également les lanières de poitrail, sursangles et courroies de cuisses avant d'ôter la couverture.

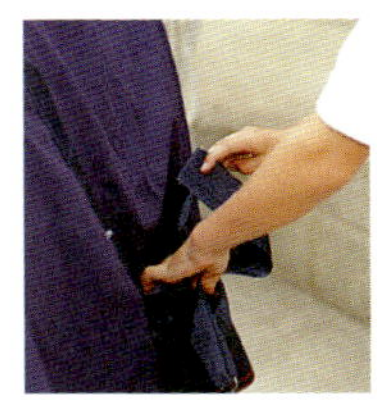

1 Détache les sursangles et raccroche-les à leur place du côté droit.

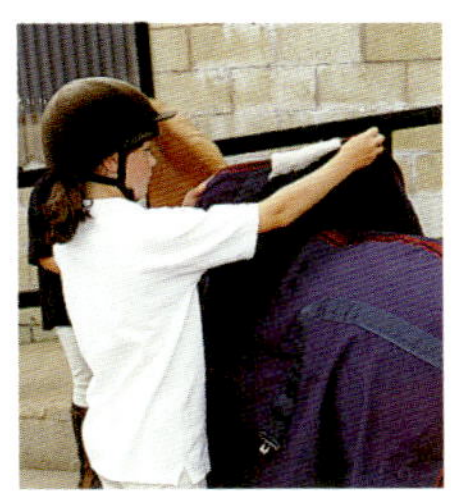

2 Défais les lanières de poitrail. Rabats l'avant de la couverture sur la croupe.

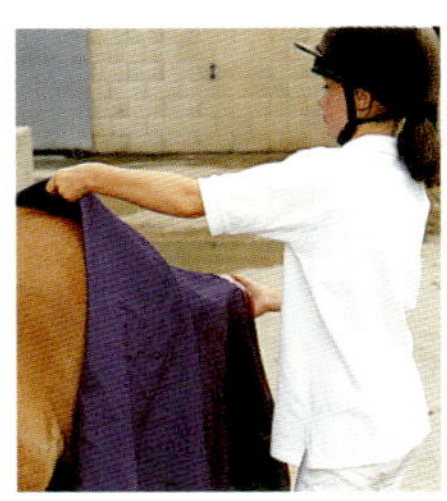

3 En tenant la couverture à deux mains, fais-la glisser le long de la croupe du poney.

La vie à l'écurie

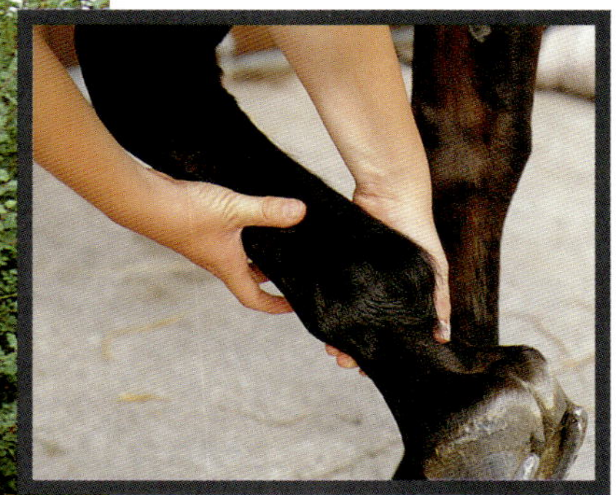

Lorsque tu rentres à l'écurie, **inspecte toujours les membres** de ton poney à la recherche de coupures ou d'épines. Palpe-les pour t'assurer qu'il n'y a pas de zones chaudes ou enflées.

Si tu n'es pas sur une route trop fréquentée, **desserre la sangle** d'un trou et laisse ton poney marcher rênes longues pour qu'il étende les muscles de son encolure.

Après le travail

Au retour, desselle ton poney, examine-le avec soin et cure ses pieds. Brosse les marques de boue ou de sueur. S'il fait chaud, tu peux les laver à l'eau. Mets-lui sa couverture ou une chemise séchante et s'il est fatigué et assoiffé, donne-lui un demi seau d'eau tiède. Tu pourras lui en redonner plus tard. À l'écurie, donne-lui du foin avant ses aliments concentrés. S'il vit dehors et s'il n'est pas en sueur, tu peux le libérer.

Après une promenade

Au cours d'une sortie, chevaux et poneys peuvent s'exciter et transpirer. Va au pas sur le chemin du retour pendant un bon kilomètre pour lui permettre de se calmer. S'il a beaucoup travaillé, descends, remonte les étriers, desserre la sangle et mène-le.

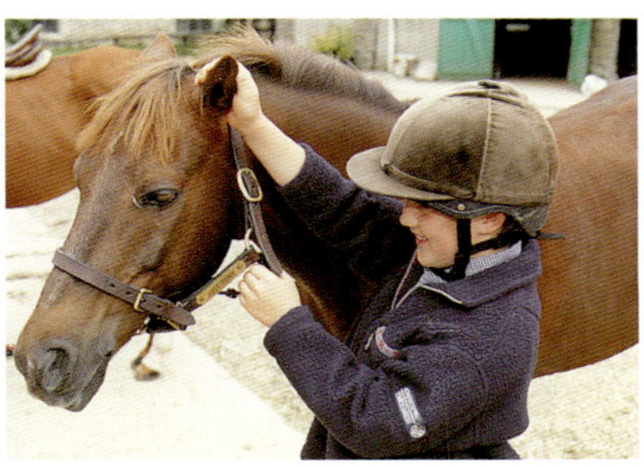

Un **poney fatigué et humide** peut avoir les oreilles froides.
Tu peux y restaurer la circulation en les prenant dans le creux de ta main et en les frottant doucement.

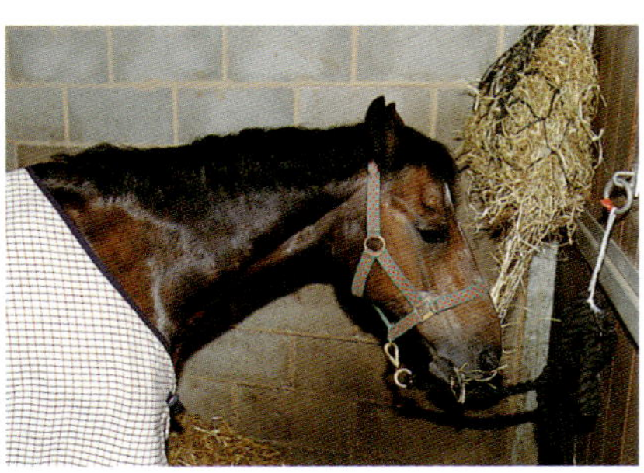

Si le poney est sec, brosse les traces de boue avant de lui mettre sa couverture. **S'il est humide**, place de la paille sous sa couverture.

La ferrure

Comme tes ongles, les sabots des chevaux et des poneys poussent et doivent être parés (coupés) toutes les quatre à six semaines. Si tu montes ton poney sur un terrain dur, comme une route, la ferrure lui évitera de s'user les pieds trop vite. La personne qui s'occupe de l'entretien des pieds des chevaux est le maréchal-ferrant. Il se déplace avec sa forge portative chez ses clients.

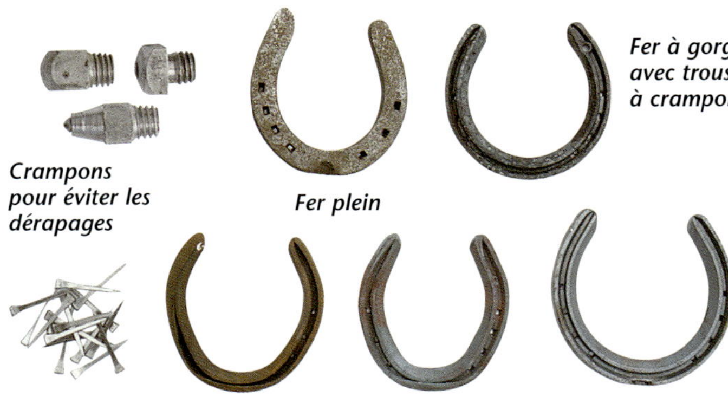

Crampons pour éviter les dérapages
Fer plein
Fer à gorge avec trous à crampons
Clous
Fer à gorge
Fer rolling (à rebord arrondi)
Fer à gorge biseauté

Les types de fer

La plupart des chevaux et des poneys sont ferrés avec des fers à gorge (rainurés). Plus légers que des fers pleins, ils ont une meilleure adhérence en terrain glissant. Pour corriger des défauts d'aplomb des pieds, le maréchal peut forger des fers spéciaux.

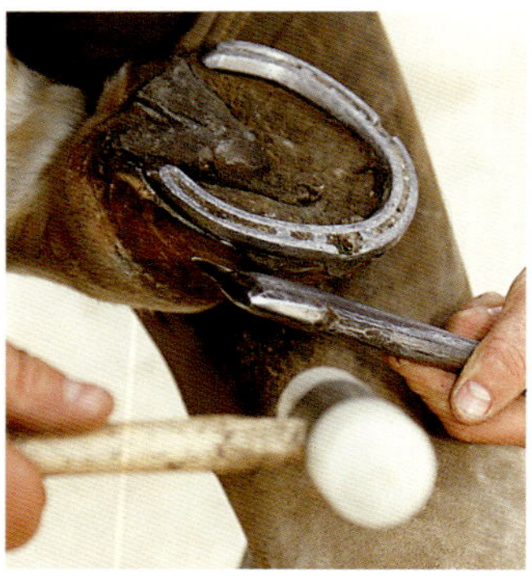

1 Le maréchal ouvre les rivets des clous qui fixent le fer au pied avec le burin et le maillet.

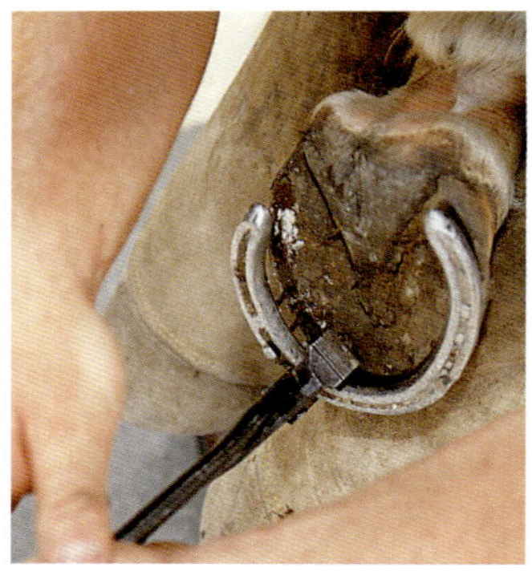

2 Après avoir coupé les rivets, il arrache le fer avec les tricoises, des talons vers la pince.

3 Il taille ensuite la paroi du sabot avec le rogne-pied pour retirer l'excès de corne.

Ferrure à chaud

Cette technique consiste à chauffer les fers dans une forge avant de les essayer au poney. La corne étant insensible, comme tes ongles, cela ne lui fait pas mal. Ton poney peut avoir besoin de nouveaux fers à chaque ferrure, mais si ceux-ci ne sont pas trop usés, le maréchal les réajuste et les réutilise.

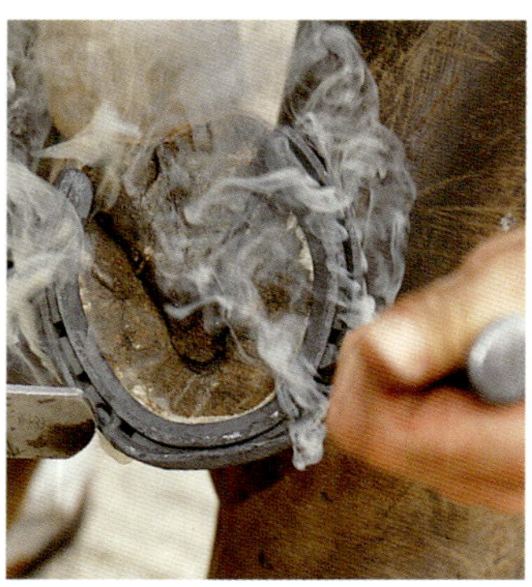

8 Le maréchal pose le fer sur le sabot. La chaleur brûle la corne, ce qui la fait fumer.

9 Lorsqu'il est satisfait de l'ajustement du fer, il le refroidit dans l'eau. Il est prêt à être cloué sur le sabot.

10 Il enfonce les clous avec la mailloche à travers les trous du fer en commençant à la pince et en allant vers le talon.

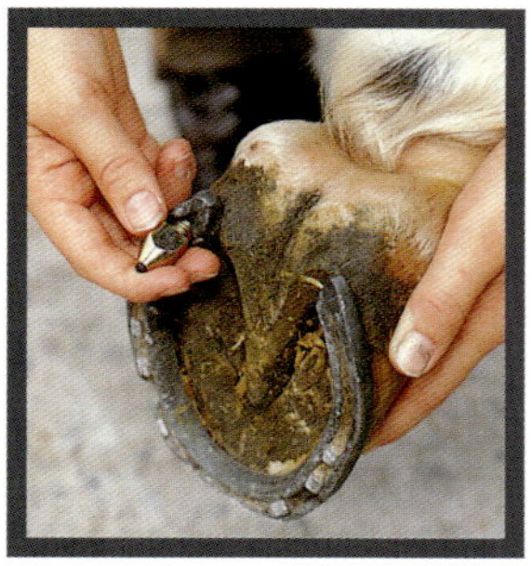

Mettre des crampons

Les crampons se vissent dans des trous prévus à cet effet aux éponges (talons) des fers.

Les outils du maréchal-ferrant

Pour parer et ferrer un cheval, le maréchal a une gamme d'outils spéciaux qu'il range généralement dans un coffre en bois. Il utilise aussi aussi une forge dans laquelle il chauffe les fers, une enclume pour les façonner au marteau, un tablier en cuir ou des chaps pour protéger ses jambes, et un trépieds pour poser les pieds du cheval.

4 Puis il égalise la paroi, la sole et la fourchette en rognant les inégalités avec la rénette.

5 Avec la râpe, il s'assure que la surface qui porte le poids du cheval est absolument lisse et nivelée.

6 Pendant ce temps, il chauffe au rouge le fer dans la forge. Il le manipule prudemment avec les tricoises.

7 Avec le marteau, il rectifie la forme du fer chauffé au rouge sur l'enclume. Si nécessaire, il le réchauffe.

11 Les clous ressortent du sabot et le maréchal les coupe avec la mailloche en tordant l'extrémité.

12 En appuyant le pied sur les tricoises, il tord et rabat l'extrémité des clous pour faire les rivets.

13 Il râpe autour du sabot pour éliminer les aspérités de corne et les bords coupants des rivets.

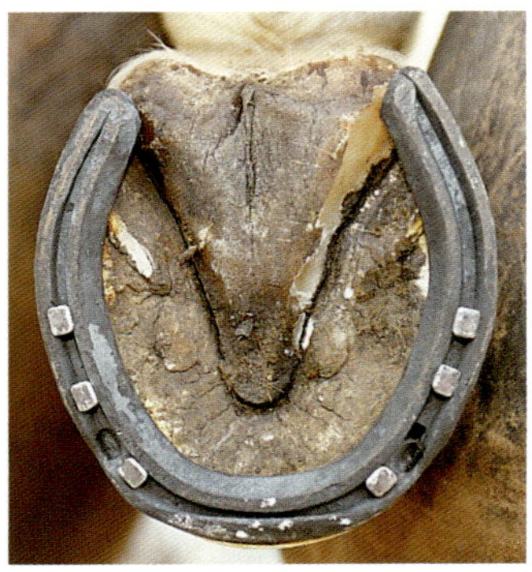

14 Terminé, le pied ferré est propre et net. Le fer est généralement fixé par six à huit clous.

Voyager

Si tu souhaites participer à des concours ou des pony-games avec ton centre équestre, il te faudra transporter ton poney dans un van. La plupart des chevaux s'en accommodent fort bien et apprennent à s'équilibrer dans le van en mouvement. Il y a cependant toujours un risque qu'ils se cognent les membres. Ils doivent porter des guêtres de transport, ainsi qu'une couverture pour avoir chaud et rester propres.

L'eau peut être transportée dans un grand bidon.

Eau et nourriture

Pendant le voyage, un filet de foin occupera ton poney. Prévois du foin pour le retour. Ne le suspends pas dehors, où il pourrait être sali par les gaz d'échappement. Si le voyage est long, emporte aussi de l'eau et un seau.

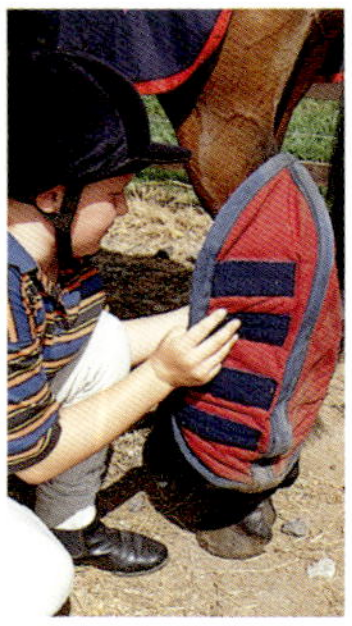

Les guêtres de transport
Conçues à la forme des membres et matelassées, elles s'ajustent facilement avec des bandes velcro.

Bien protéger

Pour protéger les membres de ton poney, tu peux utiliser des guêtres de transport spéciales ou des bandes. Les guêtres couvrent les membres du genou (ou du jarret) jusqu'à la couronne du sabot. Si tu lui poses des bandes, il faudra sans doute aussi lui mettre des protège-genoux (et jarrets) sur les articulations.

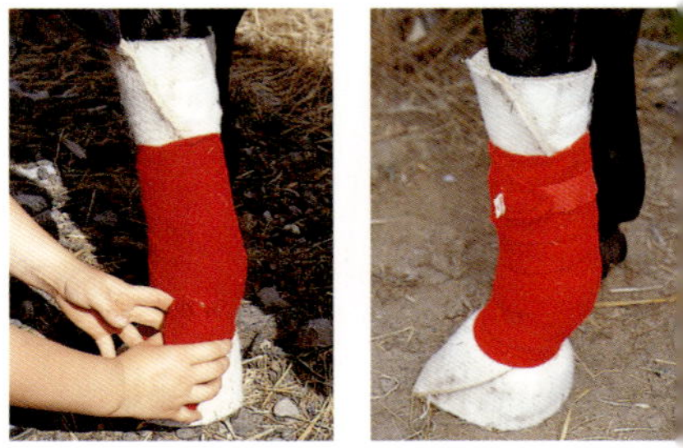

Les bandes de transport
Elles se posent sur un sous-bandage épais de la même façon que les bandes de repos ou de soin.

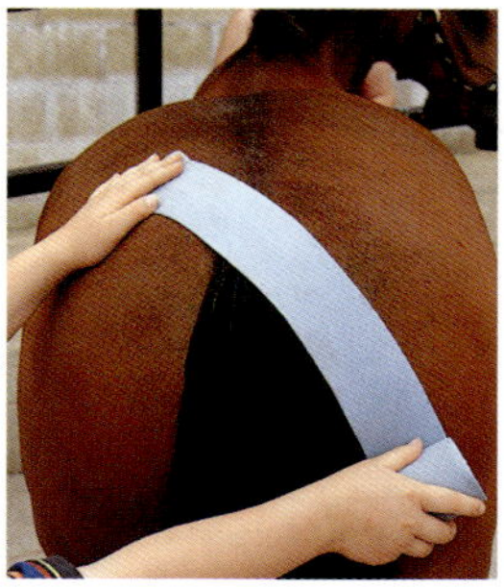

1 Pose l'extrémité de la bande en travers du haut de la queue du poney en la laissant dépasser.

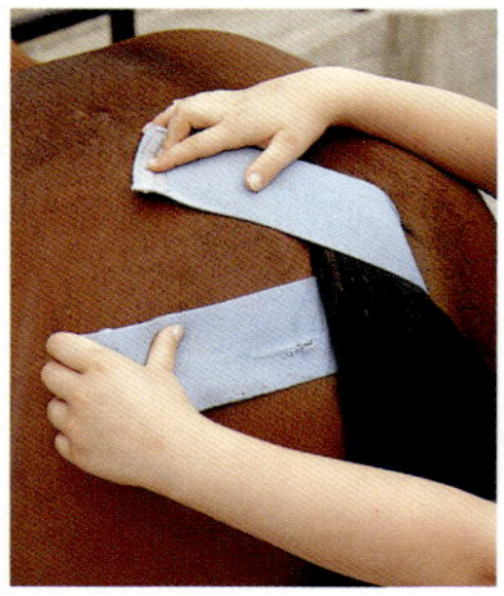

2 Passe la bande roulée sous la queue et rabats-la par-dessus en tenant l'extrémité.

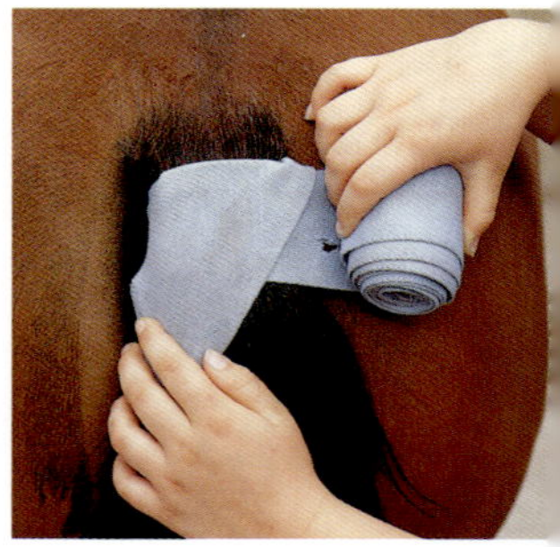

3 Après avoir fait deux ou trois tours, replie l'extrémité qui dépassait.

Bander la queue d'un poney

Avant le transport, il faut bander le haut de la queue de ton poney pour qu'il ne se frotte pas contre la barre du van ou la porte. La bande, assez serrée pour ne pas glisser, permet aussi de garder les crins propres. Pour que le bas de la queue ne se salisse pas, tu peux la replier et l'attacher avec un élastique.

Emporte avec toi

Le **harnachement** de ton poney, du savon à cuir, des éponges…

Ta **tenue** d'équitation.

Boissons et nourriture, pour ton poney et toi !

Les **documents** dont tu auras besoin.

Une **trousse de premier secours** pour vous deux.

Embarquer ton poney

La plupart des poneys montent la rampe d'un van sans souci. Mais si le tien montre de l'inquiétude, laisse-le prendre son temps. S'il hésite trop, demande à une personne compétente de t'aider.

Engage-toi sur le pont avec assurance.

Ne tire pas sur la longe de ton poney.

Récompense-le s'il rentre dans le van.

Sur le départ

Si ton poney voyage dans un van à deux places, embarque-le du côté gauche, le plus près du milieu de la route, il sera moins secoué. Attache-le court et fixe la barre (ou courroie) de queue.

Débarquer ton poney

Détache ton poney mais laisse la longe dans l'anneau pour qu'il pense qu'il est toujours attaché. Si le van a un pont avant, descends-le puis ôte la barre de poitrail. S'il n'y a qu'un pont arrière, fais-le reculer en demandant à quelqu'un de veiller à ce qu'il n'aille pas de travers.

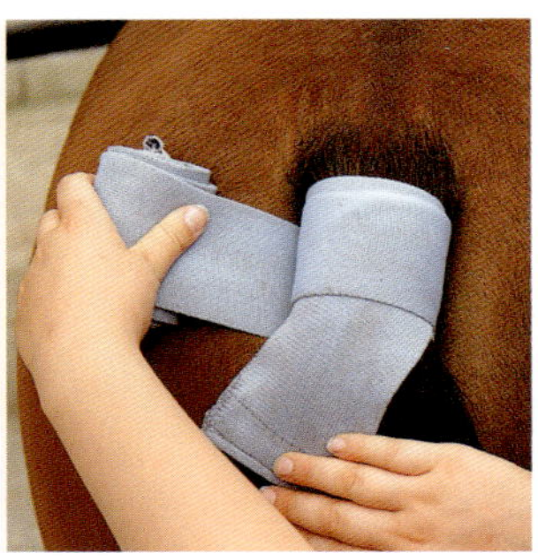

4 Enroule la bande par-dessus l'extrémité rabattue pour qu'elle ne glisse pas.

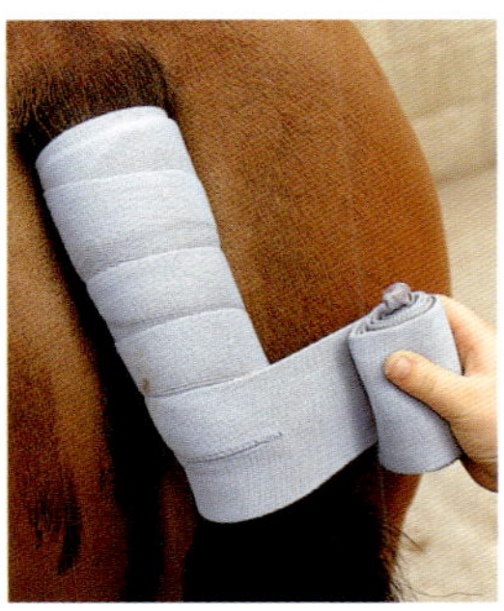

5 Continue à l'enrouler jusqu'au bout de la partie charnue de la queue.

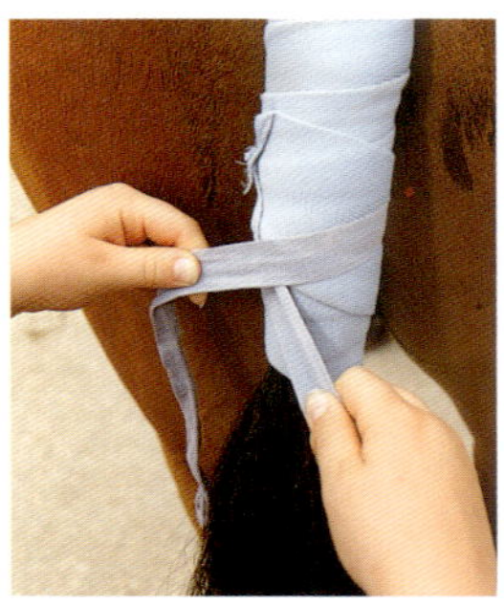

6 Croise les attaches, puis passe-les derrière la queue en les croisant à nouveau.

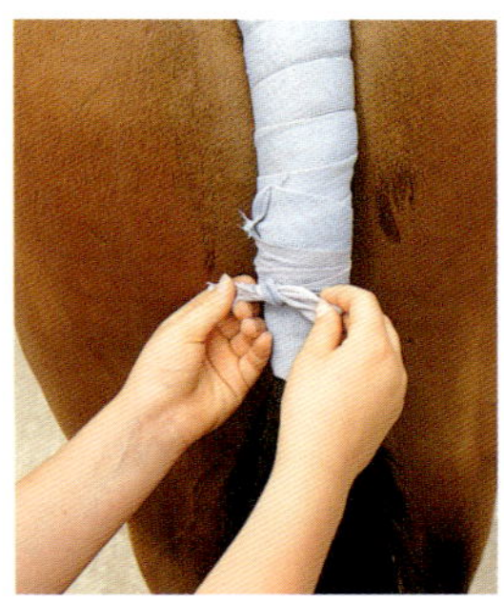

7 Noue les attaches pour maintenir la bande en faisant un nœud propre.

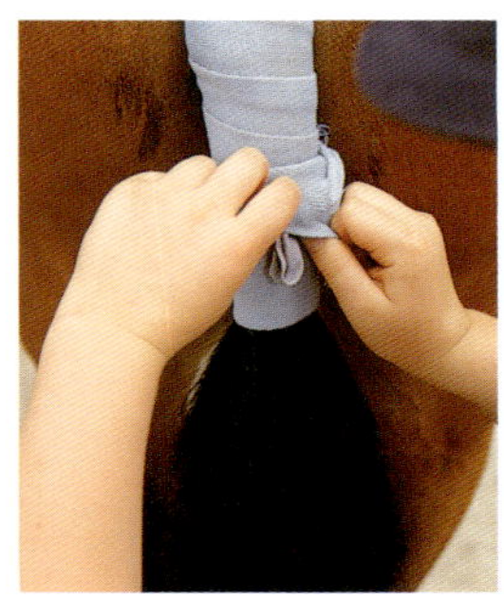

8 Enfin, rabats un tour de bande par-dessus le nœud pour éviter qu'il se défasse.

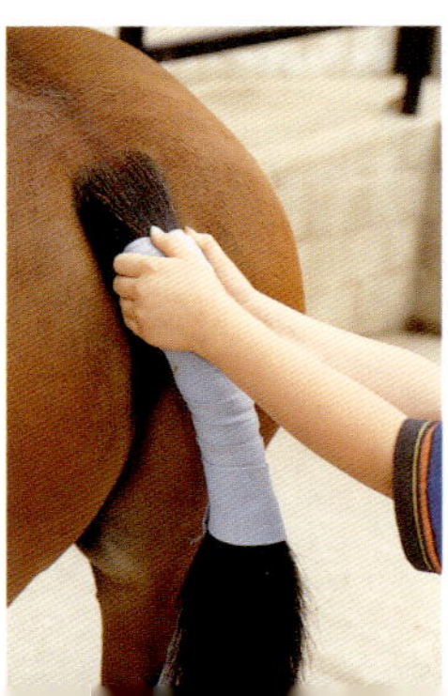

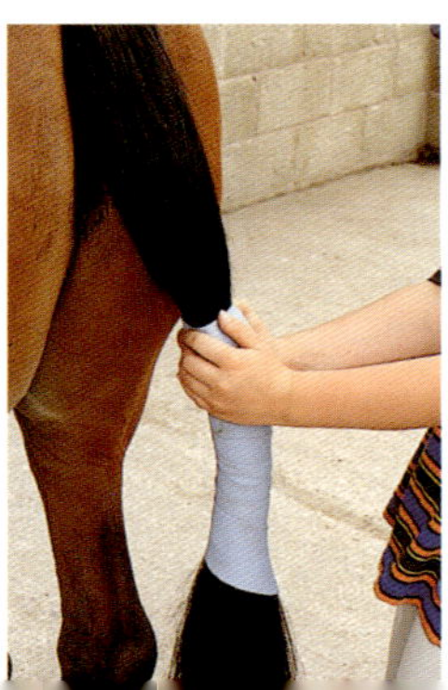

Défaire une bande de queue

Pour retirer une bande de queue, découvre le nœud, défais les attaches et fais glisser la bande vers le bas pour aplatir les crins.

Les soins saisonniers

Quand les conditions météo se font extrêmes, les chevaux ont besoin d'une attention particulière. En été, lorsqu'il fait chaud, ils recherchent l'ombre et fuient les insectes piqueurs qui leur rendent la vie infernale. Au cœur de l'hiver, la pâture n'offre plus rien à manger et le sol est souvent gelé ou boueux. Dans l'abreuvoir, l'eau gèle. Ce sont là quelques problèmes qu'il te faudra savoir résoudre.

Les coups de soleil

Les chevaux et les poneys qui ont des zones de peau roses sur le nez sont sujets aux coups de soleil. Les animaux qui vivent au box sont très exposés, car ils passent souvent la tête par la porte. Tu peux enduire le nez de ton poney d'une crème solaire à usage humain.

Le frontal chasse-mouches
Il se fixe au licol. Les franges, qui bougent avec le cheval, empêchent les mouches d'aller dans ses yeux.

Les insecticides
Il existe de nombreux produits insectifuges ou insecticides, que l'on pulvérise sur un chiffon ou directement sur la robe de l'animal, s'il est habitué au spray.

Les piqûres d'insectes

En été, chevaux et poneys souffrent énormément des insectes piqueurs. L'idéal est donc de les laisser à l'écurie dans la journée et de les mettre au pré la nuit. Si ce n'est pas possible, on peut les munir d'un bonnet ou d'un frontal chasse-mouches.

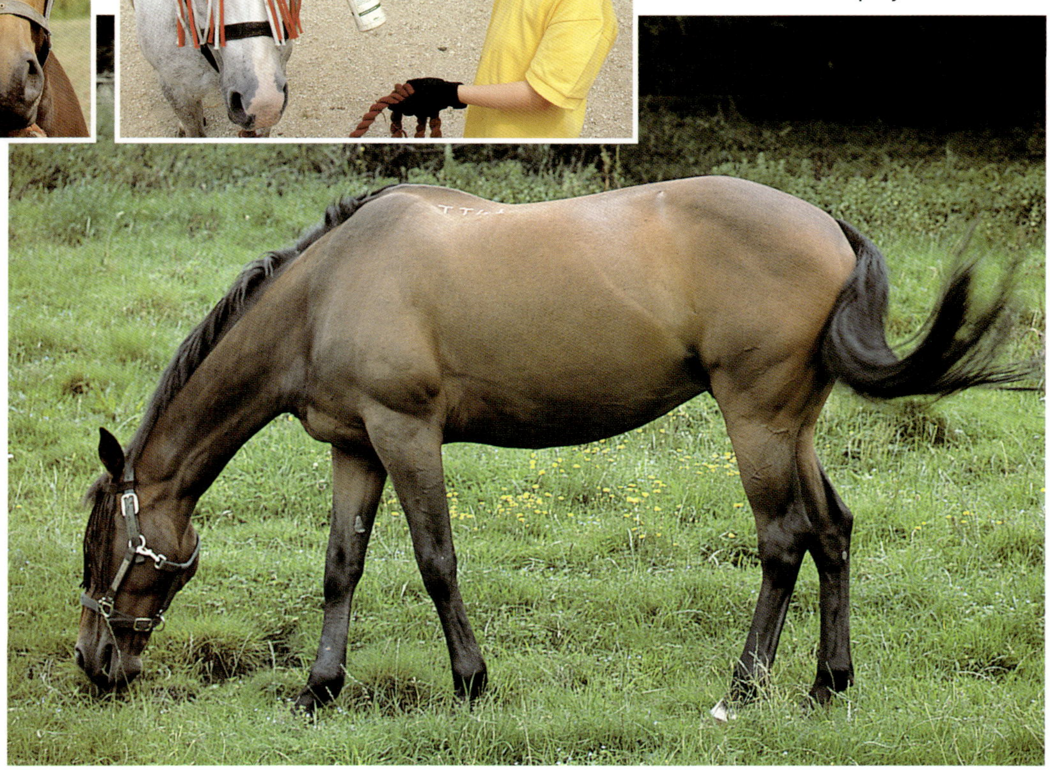

Les soins des membres

En hiver, tu dois faire très attention aux membres de ton poney. S'il patauge dans la boue et l'humidité, il pourrait avoir de la dermatophilose. Monter sur la glace est très dangereux, mais tu peux monter dans la neige, si tu enduis de graisse la sole de ses pieds.

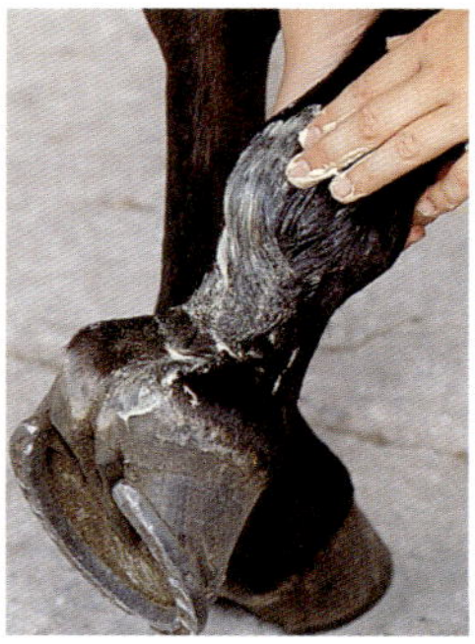

Appliquer de la vaseline
En mettant de la vaseline à l'arrière des paturons de ton poney, tu empêcheras l'humidité et la boue de s'y installer.

Graisser les pieds
Mettre de la graisse à pieds sur la sole empêche la neige d'y adhérer.

Bien au chaud
Un poney tondu n'aura pas froid en hiver s'il est correctement nourri et porte une couverture bien chaude. Mieux vaut toujours lui mettre une sous-couverture plutôt que de fermer le battant supérieur de la porte de son box.

Casser la glace
Si le temps est très rigoureux, l'eau des abreuvoirs extérieurs, et même de l'écurie, gèlera. Pour que ton poney ait toujours à boire, il te faudra casser la glace plusieurs fois par jour et si possible, y ajouter de l'eau chaude ; l'abreuvoir regèlera moins rapidement.

Manger en hiver

Non tondu, un poney rustique peut vivre dehors l'hiver s'il est bien nourri. En fonction de la pâture, du temps et de son travail, il aura besoin de foin et sans doute, de la fin de l'automne au printemps, d'un apport en aliments concentrés.

La santé du poney

Les signes de bonne santé

Un poney en bonne santé a les yeux vifs et la robe luisante. Il a bon appétit et s'intéresse à ce qui se passe autour de lui. Curieux de nature, il viendra voir ce que tu fais. Au pré, il restera avec ses compagnons. Un poney isolé des autres peut avoir un problème.

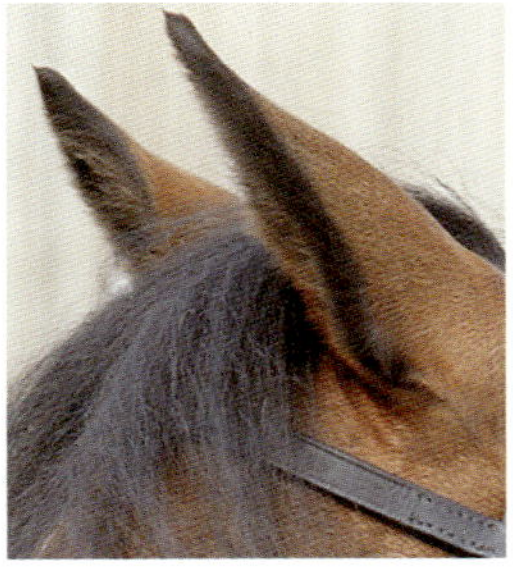

Les oreilles dressées
Les oreilles en arrière sont un signe de mauvaise humeur ; dressées, elles indiquent que le poney s'intéresse à son environnement. Mobiles, elles s'orientent pour capter le moindre bruit.

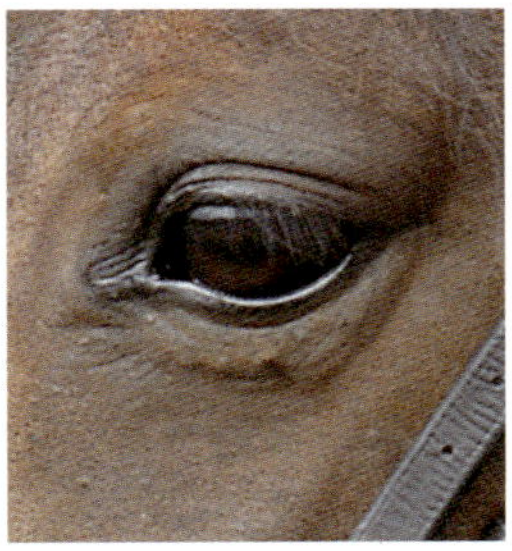

Des yeux vifs
Les yeux doivent être vifs et clairs, avec une pupille qui se dilate dans l'obscurité et se contracte à la lumière. Les yeux des poneys ne doivent pas couler.

Un nez sec
Le nez doit être sec. Certains animaux allergiques à la poussière peuvent présenter un léger jetage liquide, mais un mucus épais, verdâtre ou jaunâtre, est un signe d'infection.

Le surveiller

Un cheval ou un poney en bonne santé ne doit être ni maigre, ni gras. Des côtes saillantes, un ventre gonflé ou une toux peuvent être les signes d'un parasitisme. Sa respiration doit être calme et régulière. Au repos, il doit être tiède, avec des membres et des pieds frais. Ses crottins doivent être bien moulés et ne se briser qu'en atteignant le sol.

Les signes de mauvaise santé

Un poney qui se tient la tête pendante, l'air abattu, les yeux et la robe ternes, est probablement malade. Si tu pinces sa peau entre ton pouce et ton index et qu'elle ne revient pas immédiatement en place, il peut être déshydraté (manquer d'eau).

Plein de vie

Des chevaux ou des poneys au pré passent le plus clair de leur temps à brouter, à galoper et à jouer, surtout s'ils sont jeunes. Ils ont besoin de se dépenser pour rester en forme. Ils dorment environ quatre heures par jour. L'un d'eux monte toujours la garde pendant que les autres se couchent. Ils peuvent aussi somnoler debout.

Bilan de santé

Vermifuger et vacciner un cheval ou un poney régulièrement est essentiel pour le garder en bonne santé. Bien connaître son rythme respiratoire, son pouls et sa température habituels est aussi très important. En te familiarisant également avec son comportement normal, tu pourras vite repérer si quelque chose ne va pas et y remédier.

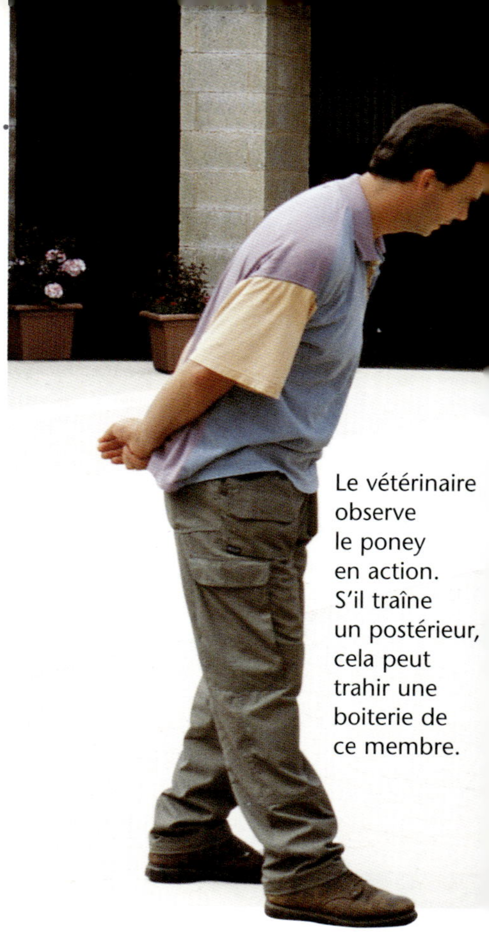

Le vétérinaire observe le poney en action. S'il traîne un postérieur, cela peut trahir une boiterie de ce membre.

La respiration et le pouls

Cherche le pouls de ton poney avec tes doigts sous sa mâchoire et compte le nombre de pulsations par minute. Le pouls d'un poney au repos est de 35 à 45. De même, son rythme respiratoire doit être de 10 à 20 respirations par minute.

Les boiteries

Si tu fais marcher ou trotter ton poney sur un sol dur, une personne à l'œil averti pourra dire de quel membre il boite. En cas de boiterie d'un antérieur, le poney abaisse la tête quand le membre sain vient à l'appui.

Les membres

Les membres de ton poney doivent être frais au toucher et ne pas présenter de bosses. Tu dois les palper de haut en bas chaque jour. Une zone chaude ou enflée est l'indication d'une blessure, même s'il ne semble pas boiter.

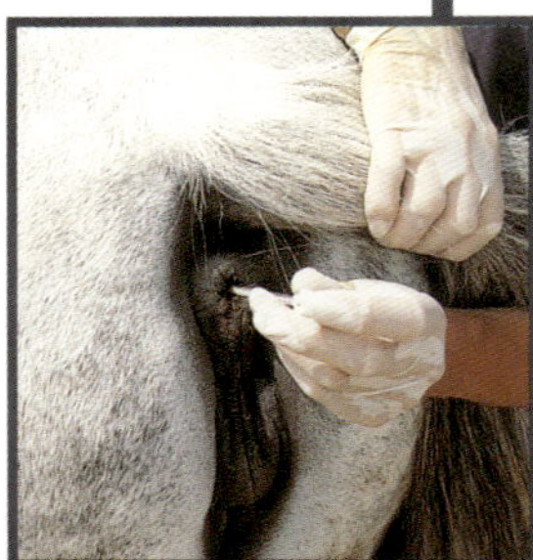

Maintiens le thermomètre deux minutes avant de le retirer pour lire la température. Ne le lâche surtout pas !

Prendre la température

Si tu penses que ton poney est malade, demande à un adulte de t'aider à prendre sa température. Elle se situe normalement entre 37,5° C et 38,5° C. Mets de la vaseline sur le bulbe du thermomètre et insère-le doucement dans son anus.

Le vermifuge

Les chevaux et les poneys doivent être vermifugés au moins quatre fois par an. Généralement, les vermifuges se présentent sous la forme d'une pâte, contenue dans une grosse seringue, que l'on dépose sur la langue de l'animal. Mais les poneys n'apprécient pas toujours leur goût…

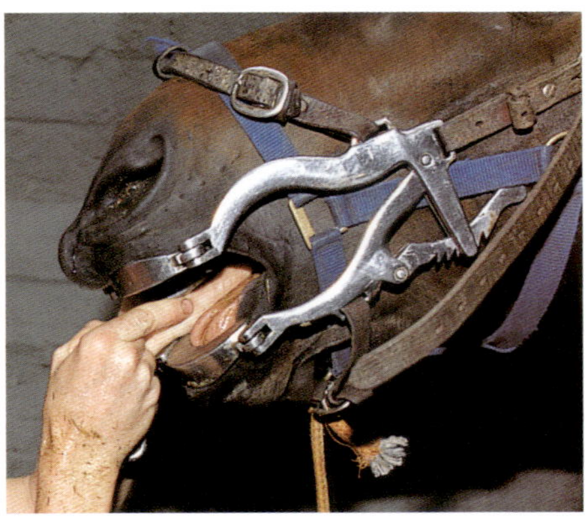

Le dentiste

Les molaires des chevaux s'usent souvent d'une façon irrégulière et ils peuvent avoir des problèmes pour mâcher. Fais vérifier les dents de ton poney par le vétérinaire une fois par an. Il ouvrira sa bouche avec un pas-d'âne et rasera les surdents gênantes.

Les soins d'urgence

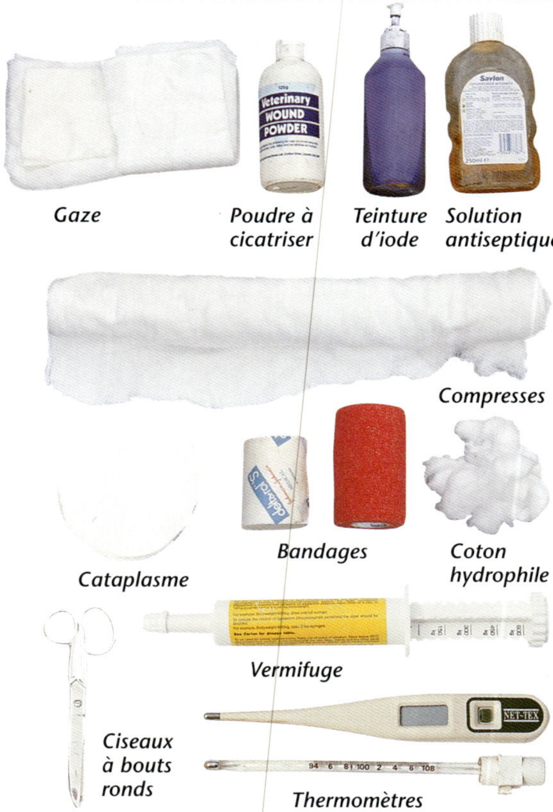

Gaze — Poudre à cicatriser — Teinture d'iode — Solution antiseptique — Vaseline — Compresses — Bandages — Coton hydrophile — Cataplasme — Vermifuge — Ciseaux à bouts ronds — Thermomètres

Il est très utile de savoir se débrouiller face aux petites blessures qui peuvent arriver au poney. Mais s'il montre des signes évidents de maladie, s'il boite ou se blesse, il faudra sans doute appeler le vétérinaire. Une intervention immédiate empêchera le problème de s'aggraver.

La trousse de secours

Elle doit toujours être à portée de main, rangée dans un endroit propre et sec. Remplace régulièrement les produits que tu as utilisés.

Éviter l'infection

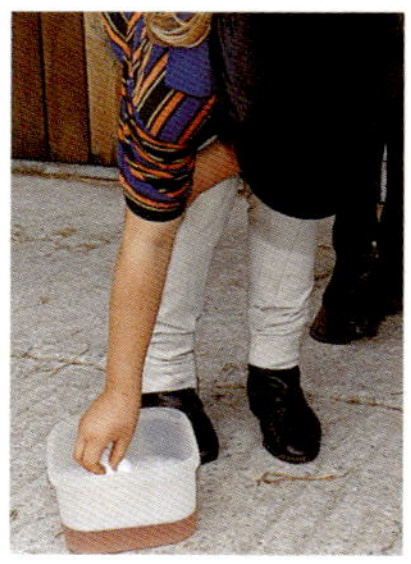

Utilise toujours du coton propre.

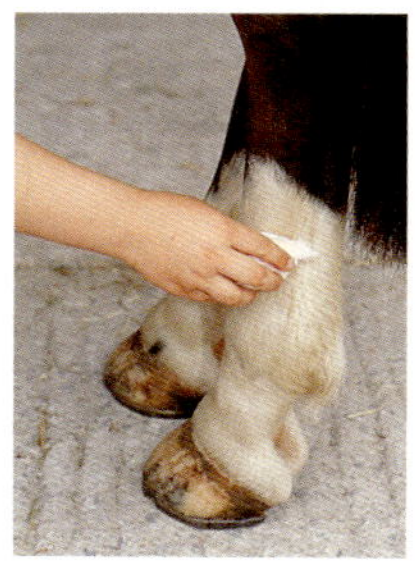

Nettoie la plaie du centre vers les bords.

Le nettoyage méticuleux d'une plaie est indispensable. Coupe les poils autour de la plaie. Verse de l'eau chaude dans un récipient propre et ajoute un antiseptique. Trempe le coton et nettoie la plaie. Change de coton jusqu'à ce qu'elle soit propre.
Si elle saigne beaucoup, se trouve près d'une articulation ou d'un tendon, appelle le vétérinaire.

Doucher

Doucher un membre blessé à l'eau froide limite le gonflement et la douleur. Mouille son membre avec un jet modéré, puis douche-le pendant environ 15 minutes. Arrête, laisse-le se réchauffer et recommence l'opération une ou deux fois.

Bander

Le bandage sert à soulager un membre blessé ou à le réchauffer. On le met par-dessus un sous-bandage fait de compresse épaisse. Pour poser un bandage, accroupis-toi mais ne t'agenouille pas derrière le poney.

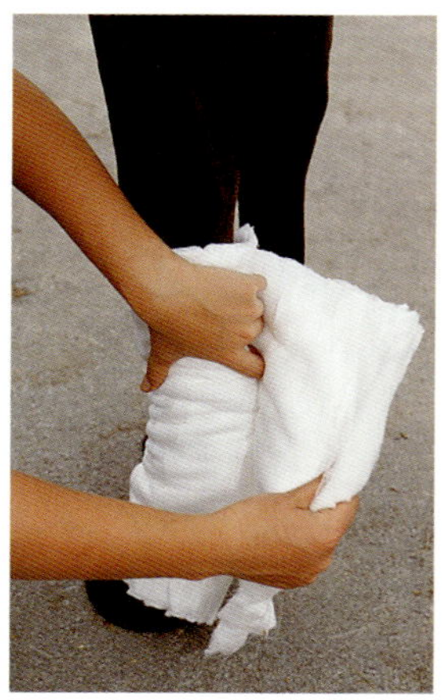

1 Bande le pansement puis enveloppe le membre dans le sous-bandage. Assure-toi qu'il repose bien à plat.

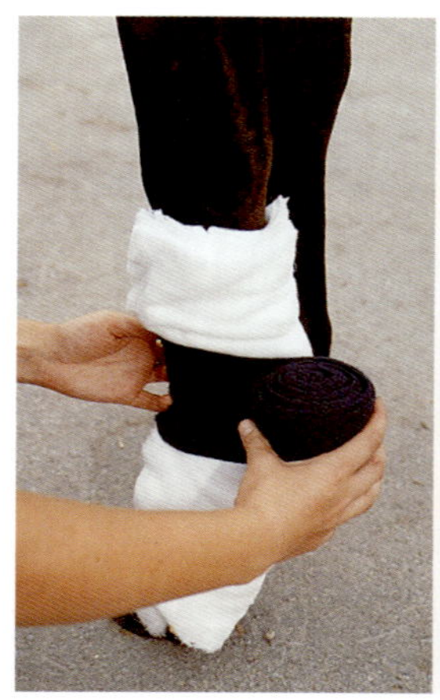

2 Commence à bander sous le genou ou le jarret. Maintiens le bout de la bande et sécurise-la en faisant plusieurs tours.

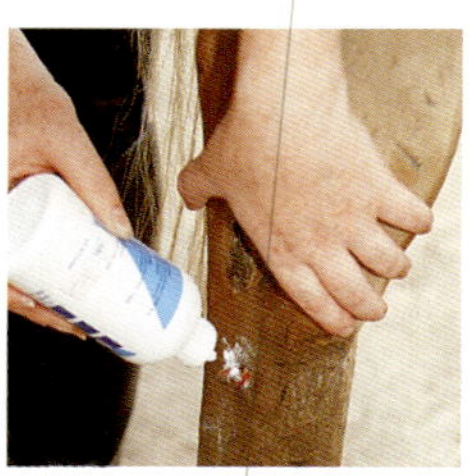

Désinfecter

Tu peux désinfecter les petites plaies et les égratignures avec une poudre antiseptique. Après avoir nettoyé la plaie, recouvre-la de poudre pour prévenir toute infection et empêcher les mouches de s'y poser.

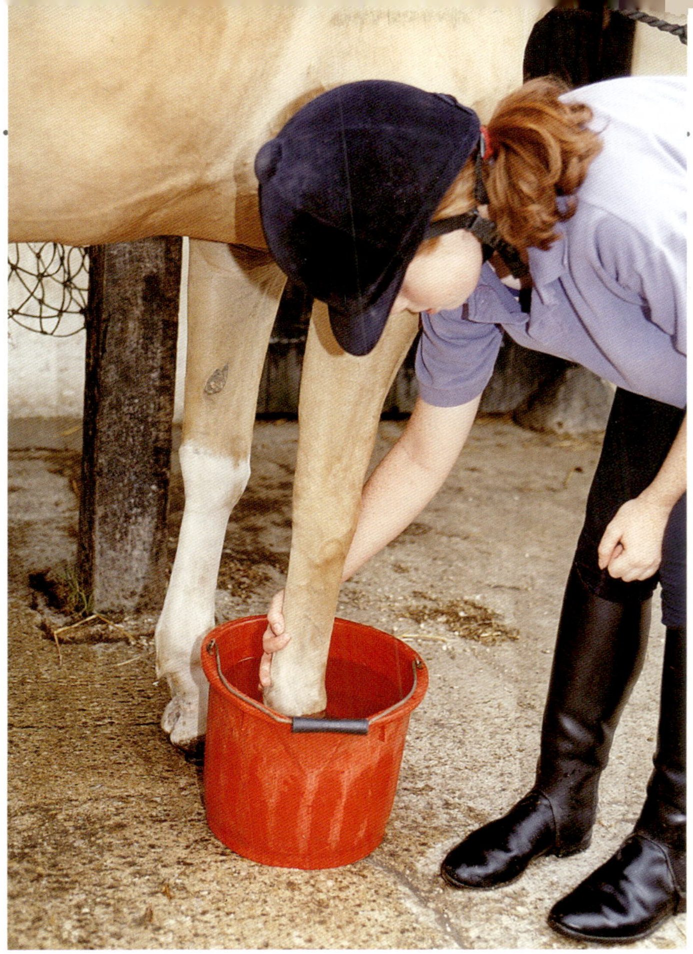

Bains de pied

Faire tremper le pied d'un cheval dans une bassine d'eau tiède additionnée de sel d'Epsom aide à drainer l'infection d'un sabot. Cette opération doit être répétée deux fois par jour pendant 10 à 15 minutes. À moins que ton poney soit calme, demande l'aide d'un adulte compétent.

Poser un cataplasme

Chauds, les cataplasmes aident à drainer l'infection d'une plaie ou d'un abcès tandis que froids, ils réduisent les gonflements. On trouve des cataplasmes tout prêts dans le commerce.

1 Coupe le cataplasme à la taille requise et trempe-le dans l'eau chaude ou froide. Presse l'excès d'eau sans le plier.

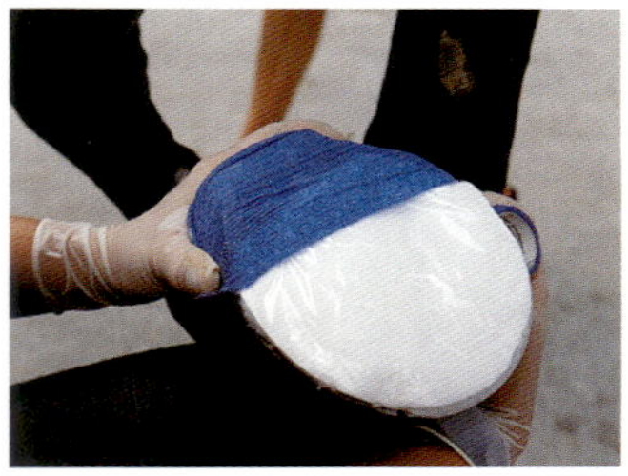

2 Place le cataplasme sur la sole du poney et commence à bander le pied pour le maintenir en place. Utilise une bande extensible.

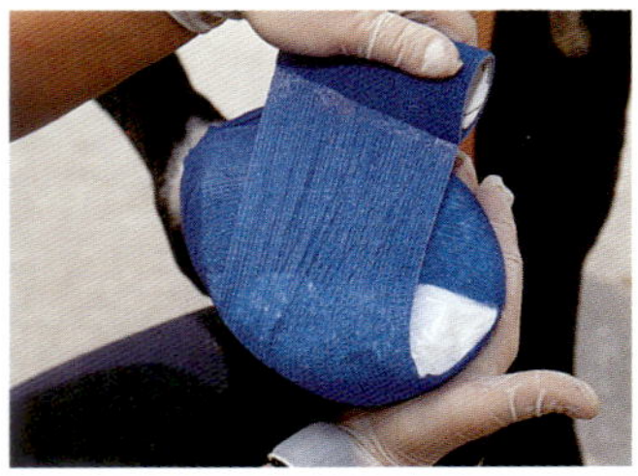

3 Bande en dessinant un huit de chiffre autour du pied. Lorsque tu as fini, enveloppe le pied dans une grosse compresse ou un sac.

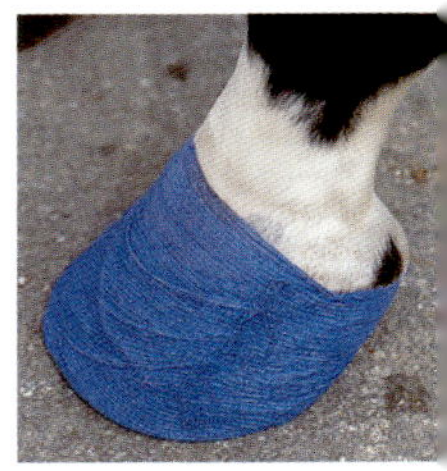

Cataplasme bien posé.

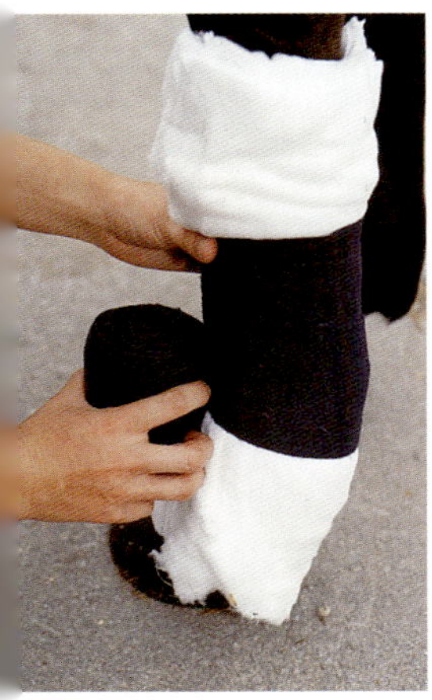

3 Bande en descendant et recouvre le boulet et le paturon jusqu'à la couronne du sabot. Serre bien la bande.

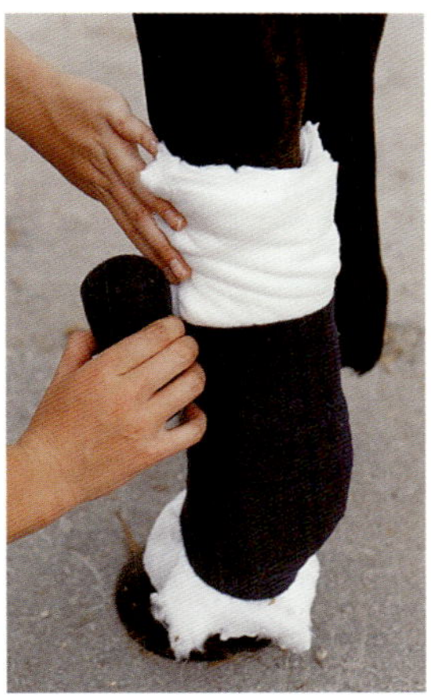

4 Au niveau de la couronne, commence à bander en remontant le long du membre du poney.

5 Lorsque tu arrives à la fin de la bande, tu dois te trouver à l'endroit où tu as commencé à bander.

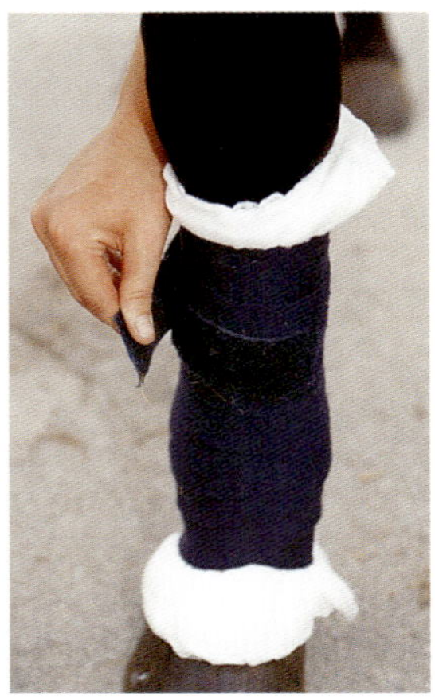

6 Fixe proprement le bandage avec de la bande velcro ou de l'adhésif, à l'extérieur du membre du poney.

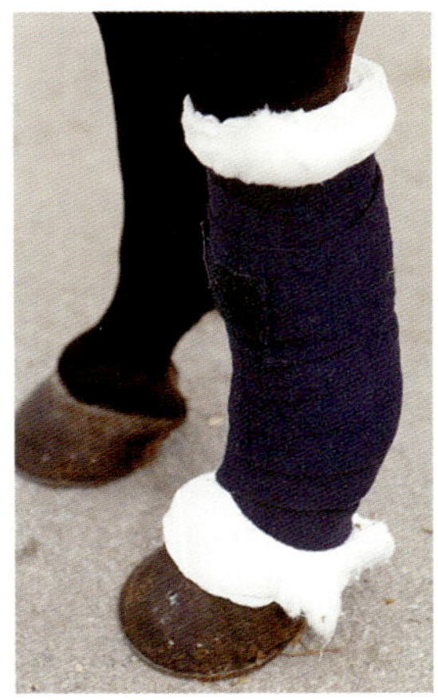

7 Le bandage achevé doit tenir fermement sans être trop serré. Le sous-bandage doit dépasser en haut et en bas.

Problèmes courants

Même le cheval le mieux entretenu peut souffrir occasionnellement de problèmes mineurs. Quand tu auras appris à les identifier, tu pourras y remédier simplement. Tout comportement anormal, zone de peau irritée, enflée, ou signes de boiterie, doit attirer ton attention. Les coliques et la fourbure sont les problèmes les plus graves que tu pourras rencontrer. Les deux peuvent être la conséquence d'une alimentation trop riche.

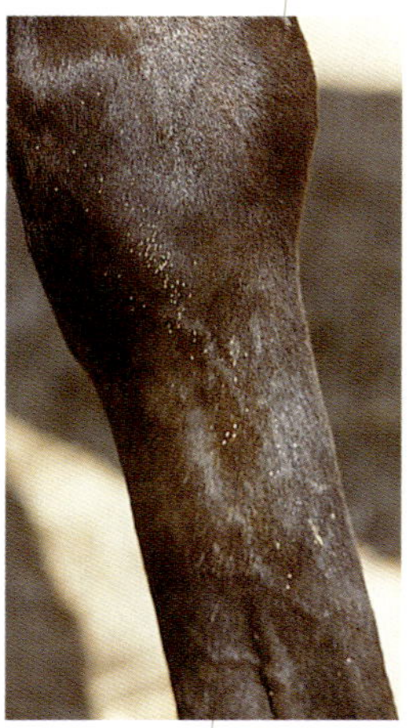

Gastrophiles

Les gastrophiles, de grosses mouches, pondent en été de minuscules œufs dans les poils des chevaux. Si ton poney se lèche, les larves se développent dans sa bouche et son estomac. Un vermifuge au début de l'hiver détruit les larves.

Le poney qui se frotte

En été, les chevaux, piqués par les insectes, se grattent souvent la crinière et la queue et peuvent se mettre la peau à vif. Une lotion au benzoate de benzyle calmera les démangeaisons. Tu peux aussi protéger ton poney avec une chemise intégrale légère.

Allergie

Certains poneys sont allergiques à la salive de moucherons piqueurs. Ils s'écorchent à force de se gratter. Les zones les plus sensibles sont la crinière et la queue.

Les moucherons piquent tôt le matin et le soir. Le meilleur moyen de limiter les démangeaisons est de le laisser au box à ces moments de la journée.

Pour le soulager, frotte de la lotion au benzoate de benzyle sur les racines de ses crins.

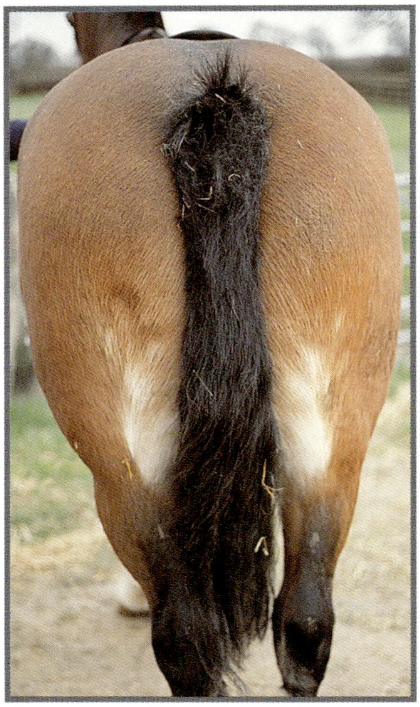

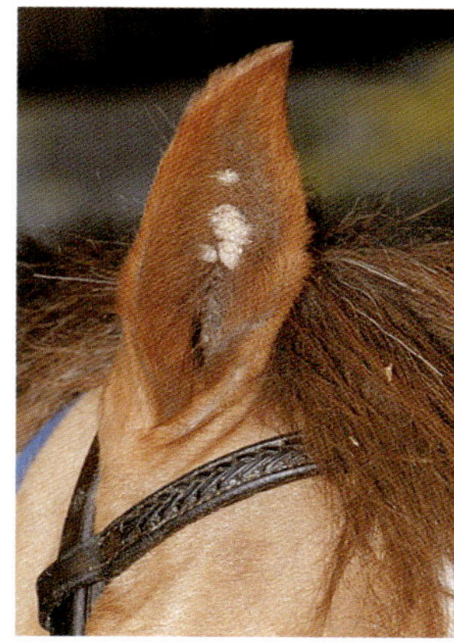

Les plaques
Il arrive que des plaques blanchâtres se forment dans les oreilles des chevaux. Bénignes, elles ne nécessitent pas de traitement.

La gale des oreilles
La gale dans les oreilles entraîne la sécrétion d'un cérumen épais et brun. Il faut traiter le poney avec un produit approprié.

Les oreilles

Si ton poney secoue la tête, se gratte les oreilles ou que celles-ci coulent, c'est qu'il a un problème. Il peut souffrir de gale des oreilles ou d'une infection. Dans tous les cas, mieux vaut le faire examiner par le vétérinaire.

Les coliques

Les coliques sont des douleurs abdominales d'origine digestive assez communes qui peuvent être très graves. Le poney qui en souffre se roule. Il peut se coucher et se relever fréquemment et suer si les douleurs sont intenses. Au premier signe, appelle le vétérinaire d'urgence.

La **dermatophilose** (gale de boue) doit être traitée par le vétérinaire.

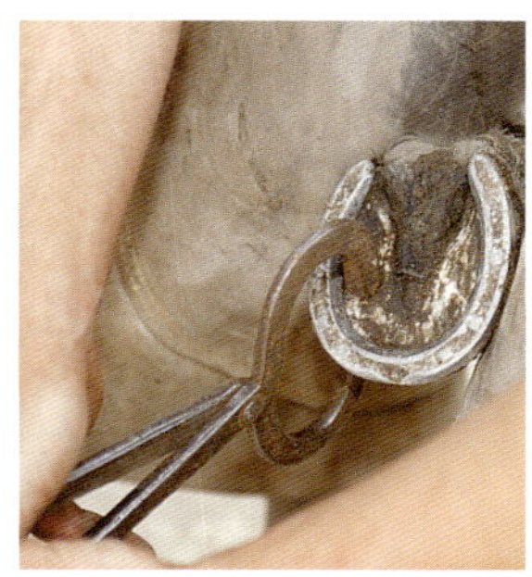

La **pince à souder** sert à diagnostiquer une boiterie par pression.

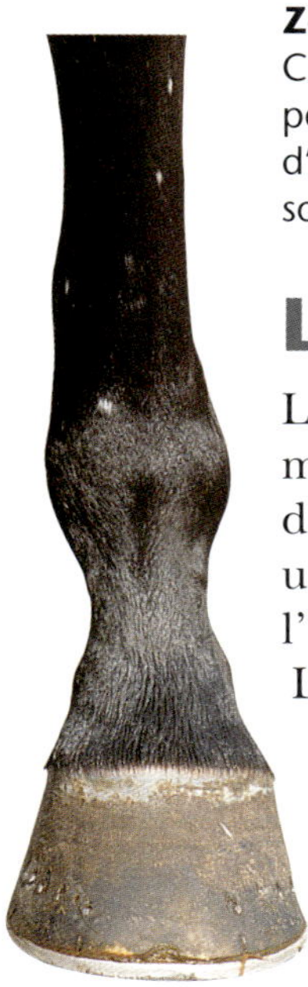

Zone enflée sur un membre
Cette bosse au membre de ce cheval peut être le résultat d'un choc ou d'une entorse. Doucher le membre soulage la douleur.

Les lésions

Les zones enflées, dures ou molles, peuvent trahir la lésion d'un ligament ou d'un tendon, un coup, une excroissance, de l'arthrite ou un autre problème. Le membre peut être chaud et le poney peut boiter. Mieux vaut toujours s'adresser au vétérinaire.

Autres maladies

Localisée sur les membres, la dermatophilose est un problème hivernal dû à l'humidité. La fourbure, inflammation très douloureuse des sabots des antérieurs, résulte d'une alimentation trop riche. L'animal se campe sur ses talons pour soulager la douleur. Il faut appeler le vétérinaire.

Soigner son poney

Si ton poney est malade ou blessé et qu'il doit garder le box, ne modifie pas sa routine quotidienne. Panse-le tous les jours et garde-le au chaud sous des couvertures. Assure-toi qu'il dispose toujours d'eau propre. S'il ne peut pas sortir du tout, coupe-lui un peu d'herbe fraîche de temps en temps (sauf contre-indication du vétérinaire), mais ne lui donne jamais de gazon tondu.

Donner un médicament à un poney

Les médicaments se présentent sous plusieurs formes. Poudres, liquides et pilules (écrasées entre deux cuillers) peuvent être mélangés à la nourriture, dans un aliment appétissant comme de la luzerne déshydratée, que tu auras humidifiée et qui masquera le goût. Un liquide pourra aussi être introduit directement dans la bouche du poney avec une seringue.

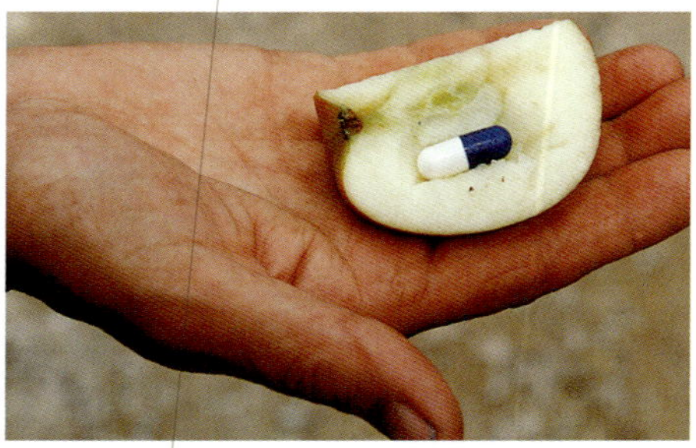

On peut **cacher** une gélule dans un morceau de pomme. Fais une fente dans un quartier et mets la gélule dedans pour masquer son odeur.

La poudre peut être mise sur une **tartine de mélasse**. Plie la tartine pour cacher la poudre et coupe-la en morceaux.

La convalescence

Un poney confiné dans un box très longtemps s'ennuiera beaucoup, particulièrement lorsqu'il se sentira mieux. Pour l'occuper, divise sa ration de foin en plusieurs filets. Rends-lui de nombreuses visites et apporte-lui des friandises. Certains apprécient la radio.

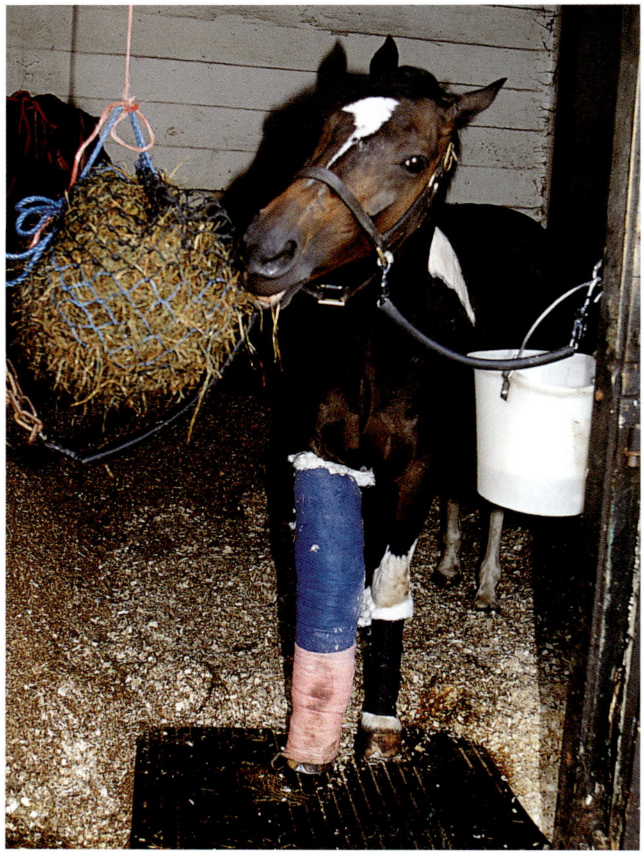

Des jouets

Si ton poney a le droit de se déplacer un peu, peut-être trouvera-t-il amusant de jouer avec un ballon. Tu peux acheter des jouets spécialement conçus pour les chevaux, qu'ils ne peuvent pas crever s'ils les mordent ou les piétinent.

Le ballon à suspendre est un jouet d'écurie. Tu peux l'enduire de mélasse.

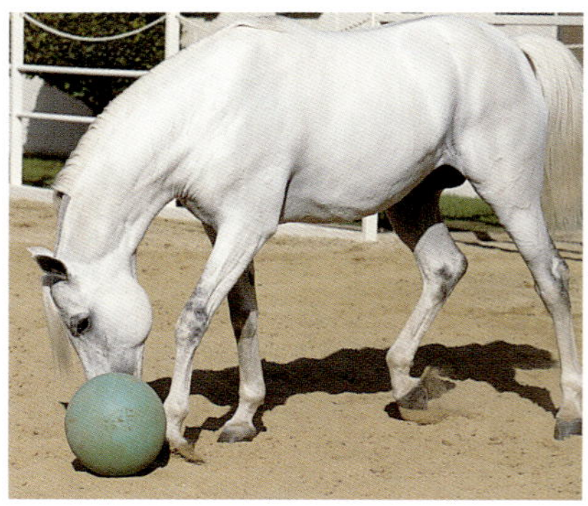

Un ami chat

Un cheval ou un poney qui doit rester confiné à l'écurie pendant une longue période, sans autre compagnie équine, pourra apprécier la présence amicale d'un chat ou d'un chien, en particulier si tu n'as pas le temps de lui rendre visite souvent.

Pelouse appétissante

Si ton poney ne peut pas aller au pré mais peut passer un moment dehors, accorde-lui quelques minutes par jour pour brouter en main (si le vétérinaire l'autorise). C'est un bon moyen de tondre la pelouse !

Vers la guérison

Lorsque ton poney est guéri, tu dois le remettre en forme avant de reprendre un travail normal. Commence par un peu d'exercice. Fais-le marcher en main chaque jour en accroissant la distance et le temps à chaque fois. Si tu dois absolument le mener sur une route, marche sur le bas-côté, en te plaçant entre les véhicules et le poney.

Avant de commencer

Tu as assisté à des concours hippiques, ou tu as regardé des cavaliers s'entraîner dans une carrière, et tu aurais voulu être l'un d'eux. Ce rêve n'est pas impossible. Il suffit de prendre des leçons.

Pourquoi prendre des leçons ?

Peut-être t'imagines-tu qu'avec un poney calme, tu pourrais apprendre tout seul. C'est une illusion dangereuse. Sans doute sauras-tu te débrouiller pour le faire avancer et tourner, mais ce n'est rien en comparaison du monde qui s'ouvrira à toi grâce aux leçons et aux conseils de cavaliers expérimentés. Car, avec du travail, tu deviendras capable de galoper, de sauter des obstacles ou de faire du dressage. En bref, tu deviendras un vrai cavalier.

Les concours

Tu auras peut-être envie de participer à des pony-games ou des concours, en dressage ou saut d'obstacles. Tu n'auras pas forcément besoin d'avoir un poney à toi. On pourra t'en proposer un à monter ou tu pourras en louer un.

Les balades

Qu'y a-t-il de plus agréable qu'une balade à cheval entre amis à travers la campagne ? Tu pourras observer des animaux sauvages, car ils ne sont pas effrayés par les chevaux. Ton poney aussi appréciera de sortir avec ses copains, et se montrera d'humeur joyeuse.

Vacances à cheval

Tu pourras aussi envisager de consacrer tes vacances à l'équitation. Tu auras le choix entre toutes sortes de stages, de randonnées, en France ou à l'étranger. Et, si tu veux progresser, tu pourras choisir de prendre des cours intensifs avec un professionnel.

Où prendre des leçons d'équitation ?

Pour tes premières leçons, il est important de choisir un bon poney club (ou centre équestre). Renseigne-toi dans ta région et visites-en plusieurs. Étudie les services qu'ils offrent et compare-les. L'atmosphère doit y être calme et les chevaux bien traités.

Des instructeurs sympathiques

Dans un bon poney club, les instructeurs doivent être amicaux et à l'écoute, même si parfois ils doivent se montrer fermes avec les élèves !
Tu dois pouvoir leur poser des questions et discuter d'une difficulté que tu pourrais rencontrer. Lorsqu'ils donnent des cours, leur tenue doit être correcte et leur attitude professionnelle.

Des chevaux heureux

À première vue, une rangée de tête aux oreilles dressées et aux yeux vifs est un signe positif. Il est import que les chevaux soient bien soignés, bien nourris et les box propres. La cour du club doit aussi être ordonnée et accueillante.

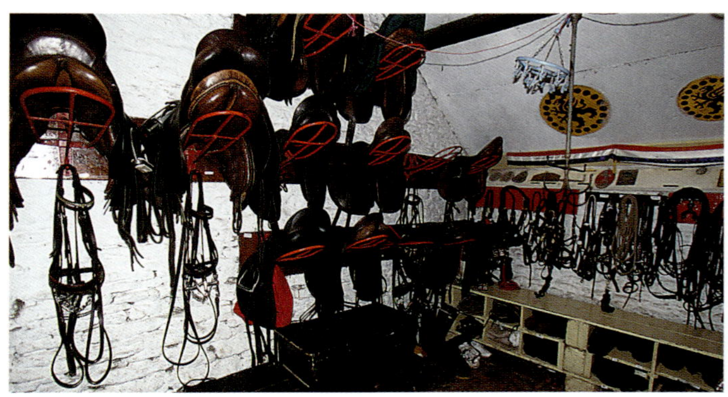

Une sellerie en ordre

Le harnachement doit être bien entretenu. On ne doit pas voir de cuirs usés, de coutures craquées, de sangles effilochées. Il doit être rangé dans une pièce propre, chauffée en hiver, selles et filets à leur place sur des porte-selles et des crochets bien disposés.

Carrière extérieure

À chaque fois que le temps le permet, les leçons sont données dans une carrière extérieure. C'est un périmètre clôturé dont le sol est généralement en sable. Elle doit être ratissée et nivelée chaque jour. Même si le poney club est petit, la carrière ne doit jamais être boueuse.

Le sol de la carrière
Dans une carrière couverte (ou manège), le sol (en sable ou granules synthétiques) reste sec quel que soit le temps. Il doit être soigneusement nivelé entre les leçons.

En observateur
Certains manèges disposent d'une terrasse où l'on peut s'asseoir pour regarder les cavaliers durant les leçons. Dans les grands centres, des compétitions y sont organisées à l'intérieur en hiver.

Manège

Le manège est généralement installé dans un grand hangar ou une grange. Même s'il pleut, tu y seras au sec et au chaud pour tes leçons. De plus, l'hiver, il peut être utilisé après la tombée de la nuit.

Après le travail

L'été, après une longue journée de travail, les poneys seront peut-être lâchés dans une pâture pour se détendre. L'hiver, ils seront plutôt gardés à l'écurie la nuit, où il est plus facile de les alimenter.

Les tenues d'équitation

La tenue d'équitation classique se compose d'une chemise, d'une cravate, d'une veste, d'une culotte, de bottes, de gants et d'une bombe. Mais l'essentiel demeure toujours de porter un casque ou une bombe.

Quelle tenue ?

Les culottes et les bottes sont conçues pour être confortables à cheval. Les culottes (ou les jodhpurs) évitent les frottements de la selle et les bottes protègent les chevilles des coups éventuels.

Le gilet de protection
Pour les activités équestres qui impliquent de sauter, tu dois toujours porter un gilet de protection. Rigide, il protègera ton dos en cas de chute.

Les gants

La paume des gants d'équitation peut être en velours de cuir, en suédine, ou recouverte de picots en caoutchouc antidérapants, pour éviter que les mains ne glissent sur les rênes par temps humide. Lorsque tu montes, que tu mènes ou que tu longes un cheval, tu dois toujours porter des gants.

Les casques

À cheval, tu dois impérativement porter un casque ou une bombe. Si tu mènes ou longes ton poney, mieux vaut toujours en porter un aussi. Que tu choisisses une bombe ou un casque, assure-toi qu'il est à ta taille. Il doit toujours être homologué.

La bombe est une coque rigide tapissée de mousse à l'intérieur et recouverte de velours.

Tenue de loisirs
Privilégie les tenues confortables : culotte, bottes, gants, T-shirt, pull ou veste chaude s'il fait froid. N'oublie jamais ta bombe.

Le casque n'a pas de visière et il se porte généralement habillé d'une toque colorée.

Tu pourras acheter des toques en satin de toutes les couleurs.

Le harnais doit être ajusté pour être confortable et bien maintenir le casque.

Tenue de concours
Tu dois porter une tenue classique comprenant une veste de concours généralement noire ou bleu marine.

Pour l'hiver
L'idéal est une veste huilée doublée et des mini-chaps pour avoir les jambes au chaud. S'il pleut, mets un imperméable long.

La tenue western

Elle comporte des jeans, des chaps, des bottes, une chemise et une cravate de style western, un bandana autour du cou et un chapeau de cow-boy. Mais, mieux vaut porter un casque plutôt que le chapeau.

Bottes ou boots

Pour pratiquer l'équitation, tu peux choisir de porter des boots, à la hauteur de la cheville, avec des jodhpurs, ou des bottes hautes, en cuir ou synthétiques. Les bottes et les mini-chaps protègent l'intérieur des jambes et évitent de se pincer avec les étrivières. Tu peux aussi mettre des chaussures tout-terrain, adaptées à l'équitation. Elles doivent être robustes et confortables et avoir un talon.

Les boots ne protègent que la cheville.

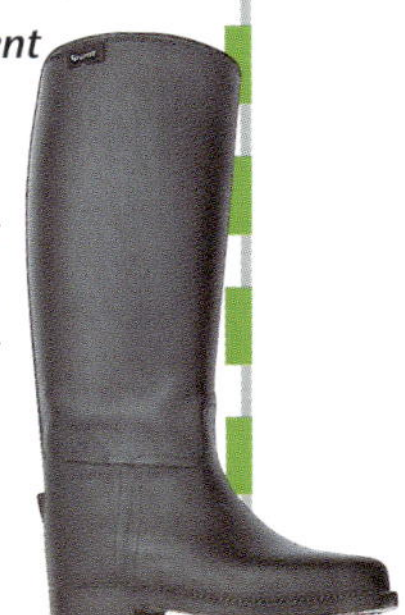

Les bottes montent jusqu'au genou et maintiennent bien la jambe.

Les mini-chaps s'ajustent avec des boucles ou des bandes agrippantes.

Mesurer un poney

Les chevaux et les poneys se mesurent en mètres et centimètres, du sol au sommet du garrot. On dira : un cheval de 1,60 m et un poney de 95 cm.

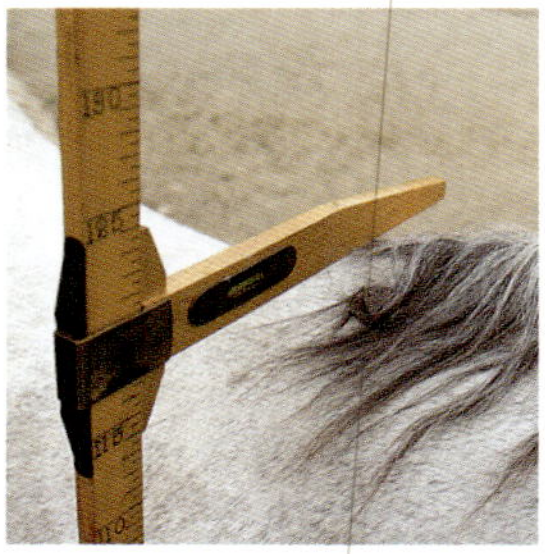

La toise
La toise munie d'un bras horizontal coulissant permet de lire la taille du poney immédiatement.

Sur le garrot
Le bras horizontal doit reposer sur le plus haut point du garrot du poney.

Les types de poney

Les poneys varient en taille et conformation. Certains sont trapus et larges, et tes jambes n'en feront pas le tour, et d'autres sont grands et étroits. Il y en a qui seront difficiles à mettre en avant et d'autres toujours prêts à foncer. Au début, on te donnera un poney calme, puis, en fonction de tes progrès, des poneys plus fougueux.

À la bonne taille

Il est important que tu montes un poney à ta taille. S'il est trop gros ou trop petit, tu ne pourras pas faire usage de tes jambes correctement pour donner les aides et tu auras du mal à t'équilibrer. Si tu es trop grand pour lui, tu seras aussi trop lourd à porter et tu pourrais endommager son dos.

Trop petit
Ce poney est trop petit pour sa cavalière. Ses jambes sont trop longues pour être correctement en contact avec les flancs du poney, et elle est sans doute aussi trop lourde.

Trop grand
Ce cheval est bien trop grand pour sa cavalière, dont les jambes dépassent à peine les quartiers de la selle. Elle ne peut pas donner les aides à l'arrière de la sangle.

La bonne taille
Ce poney et sa cavalière sont bien assortis. Ses pieds sont au niveau de la ligne du ventre du poney et elle peut donc donner les aides correctement.

Une grande variété

Tu auras l'occasion de monter des poneys très différents. Tu commenceras sans doute par des poneys rustiques à la toison abondante, puis tu passeras à des montures élégantes, légères et typées Pur-sang. Pour la plupart, ils ne seront pas de pure race.

Leur tempérament aussi sera variable.

Poney typique de débutant
Un poney de débutant doit être calme et rassurant, d'une race ou d'un type rustique.

Poney de demi-sang
Les poneys de demi-sang ont généralement un géniteur Pur-sang ou issu de Pur-sang. Celui-ci convient à un cavalier expérimenté.

Poney de type Pur-sang
Très raffiné, doté de belles allures, il convient aux exhibitions. Son cavalier doit être assez expérimenté.

Poney de pure race
Cette monture polyvalente est idéale pour un cavalier peu expérimenté. Ci-dessus, un Welsh de montagne.

Le harnachement du poney

Selles et sangles

Pour bien monter à cheval en toute sécurité, il faut une selle maintenue par une sangle. La selle est construite autour d'un squelette rigide, l'arçon, recouvert de toile de serge et d'un siège capitonné de mousse et de cuir. Il existe des selles de tailles différentes qui s'adaptent à tous types de chevaux et de cavaliers.

Les types de selles

Selon la discipline pratiquée, la selle adopte un style différent. Pour débuter, tu utiliseras une selle mixte. Plus tard, si tu participes à des concours, tu auras sans doute besoin d'une selle spéciale.

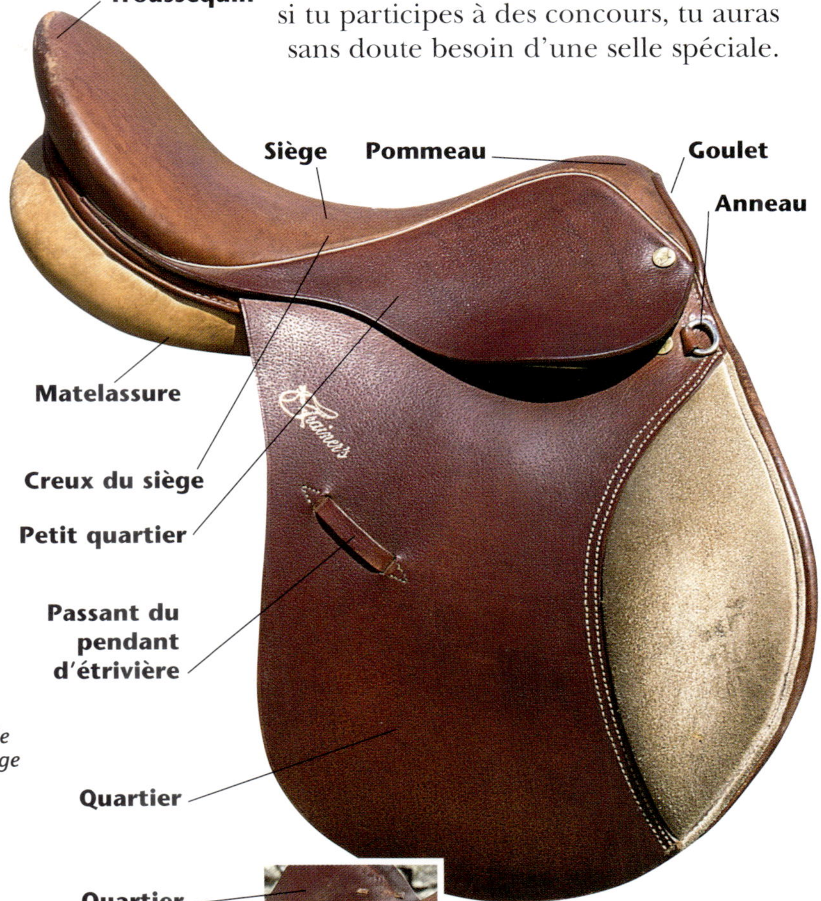

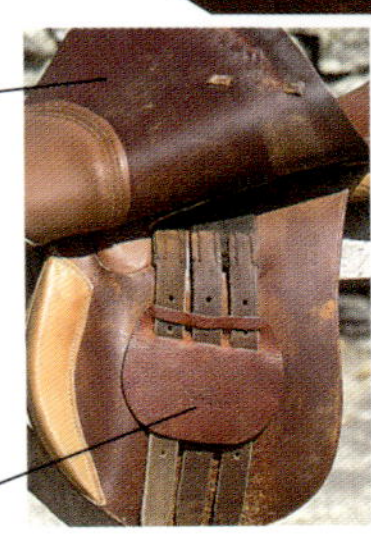

La **selle mixte** possède des avancées de quartier légèrement rembourrées pour caler les genoux du cavalier. Confortable, elle s'adapte à la plupart des activités équestres.

La **selle de dressage** a des quartiers verticaux et un siège profond. Les contre-sanglons sont souvent allongés pour que les boucles ne se trouvent pas là où les jambes du cavaliers sont en contact avec le cheval.

Selle de dressage

La **selle d'obstacle** a des quartiers coupés vers l'avant et des bourrelets devant et derrière pour l'insertion des genoux et le maintien des cuisses. Les jambes ont ainsi la bonne position lors des sauts.

Selle d'obstacle

Les types de sangles

Les sangles en cuir sont faites d'une pièce de cuir repliée ou mise en forme, comme la sangle Balding (croisée) pour éviter les pincements au niveau des coudes. Elles sont chères mais inusables. Les sangles en corde sont bon marché, mais peuvent pincer la peau du cheval. La sangle anatomique matelassée synthétique est confortable et facile à entretenir. La sangle se boucle sur les deux premiers contre-sanglons, ou sur le premier et le troisième.

Sangle en toile

Sangle anatomique matelassée synthétique

Sangle Balding (croisée) en cuir

Sangle en corde

Brides, filets et mors

Le filet (ou la bride) et le mors servent à contrôler le cheval. Ils sont le plus souvent en cuir, bien que des matériaux synthétiques aient fait leur apparition. Ils existent en trois tailles : cheval, cob et poney.

Les mors, très variés et souvent en acier inoxydable, se classent en deux types : mors de filet et mors de bride.

Le licol

Le licol se met sur la tête du cheval ou du poney pour le mener ou l'attacher. Les licols en Nylon sont d'un usage courant tandis que ceux en cuir sont réservés aux occasions spéciales.

La **longe** s'attache à l'anneau situé sous le menton du cheval.

Le filet

Le filet, ou bridon, se porte avec un mors de filet articulé et une seule paire de rênes. Les montants, ajustables, maintiennent le mors en place. Le filet est assorti d'une muserolle séparée qui se boucle sur la gauche.

La **sous-gorge** empêche le filet de glisser vers l'avant.

Les **montants** maintiennent le mors en place.

Muserolle

Butoir, pour éviter que l'anneau de la martingale ne cogne contre le mors.

Mors à olives

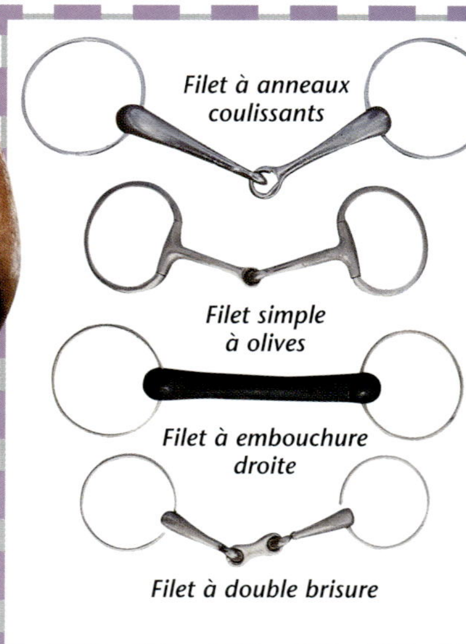

Filet à anneaux coulissants

Filet simple à olives

Filet à embouchure droite

Filet à double brisure

La bride

La bride est équipée de deux mors, un mors de filet et un mors de bride, et de deux paires de rênes. Elle est réservée aux chevaux bien dressés. Le filet relève la tête du cheval tandis que le mors de bride l'abaisse. La gourmette, qui s'ajuste sous le menton, accentue encore le contrôle.

Alliances

Pour n'utiliser qu'une paire de rênes, on peut relier les anneaux d'un mors Pelham avec de petites courroies en cuir, les alliances. Les deux fonctions du mors ne peuvent plus être séparées. Certains chevaux s'y font parfaitement.

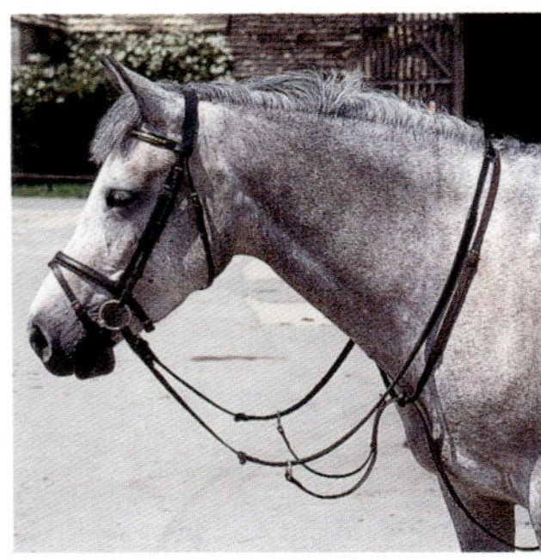

La martingale à anneaux
Elle s'attache à la sangle d'un côté, passe dans un collier et se divise en deux courroies terminées par des anneaux dans lesquels les rênes coulissent.

La martingale fixe
Comme la martingale à anneaux, elle est attachée à la sangle et passe dans un collier. Une unique lanière est fixée sous la muserolle du filet du poney.

Les martingales

Elles servent à éviter que le cheval porte sa tête trop haut et échappe au contrôle de son cavalier, ou rejette la tête en arrière. Elles doivent être bien ajustées, pour ne pas tirer la tête du cheval vers le bas.

Les types de mors

Le mors de filet est composé d'une embouchure (canon), généralement brisée, et de deux anneaux. Le mors de bride a des branches plus ou moins longues. En pivotant, elles font pression sur la têtière de la bride. Il est assorti d'une gourmette, qui agit par pression au niveau du sillon du menton. Celle-ci est maintenue par une fausse gourmette.

Le Kimblewick, qui agit comme un Pelham à une paire de rênes, peut être utilisé sur un poney puissant.

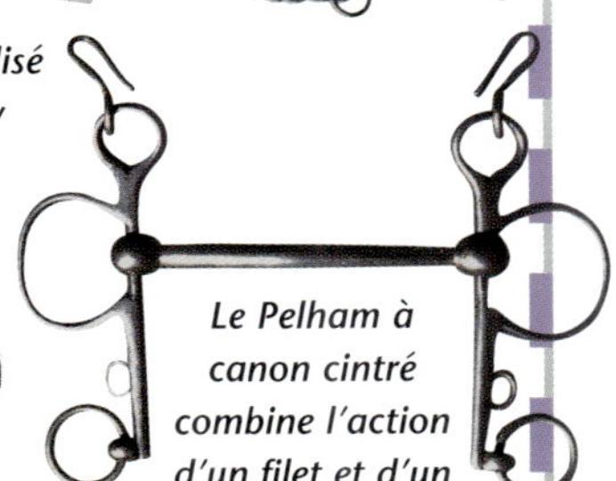

Le Pelham à canon cintré combine l'action d'un filet et d'un mors de bride. Il s'utilise avec une gourmette.

Harnachement western

À l'origine, le harnachement western était destiné aux cow-boys. La selle devait être confortable et permettre de transporter une couverture pour la nuit, des provisions, des cordes et une carabine. La bride western est équipée de rênes longues et ouvertes.

Le tapis de selle

Le tapis de selle western est une épaisse couverture en laine ou feutre qui protège le dos du cheval des frottements. Autrefois, il était tissé à la main et se portait en double épaisseur.

La selle western

Une selle western pèse entre 15 et 22,5 kg. Les selles modernes sont plus légères mais elles ont toutes : le pommeau appelé corne, où le cow-boy attachait les veaux, le troussequin relevé à l'arrière et des étriers en bois et cuir.

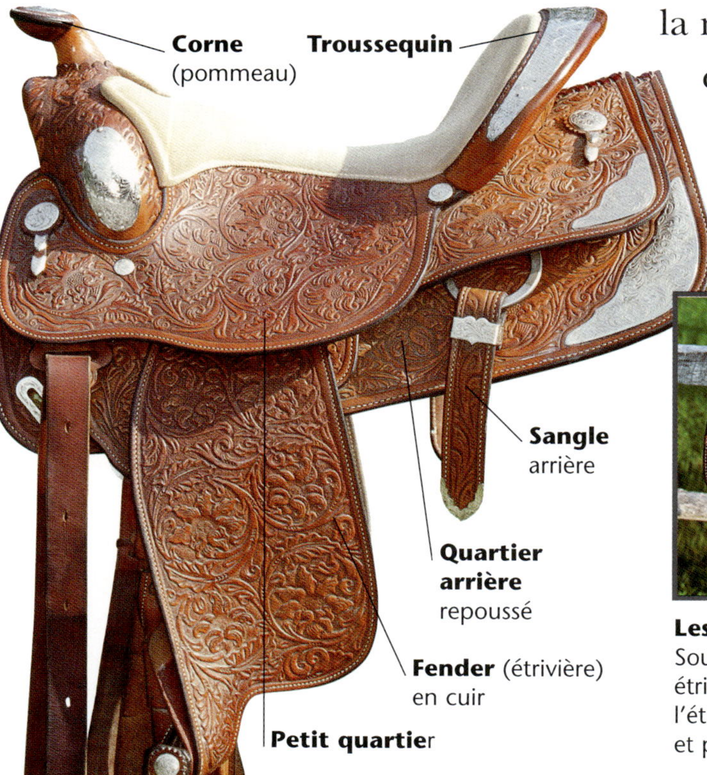

Les étriers
Façonnés dans une seule pièce de bois, ils sont presque toujours recouverts de cuir.

Les étrivières
Sous le fender, se trouve une large étrivière en cuir, à laquelle est attaché l'étrier. Le fender recouvre l'étrivière et protège la jambe du cavalier.

Mettre une selle western

Lourde, la selle western doit être manipulée par un adulte. Il ne faut jamais la jeter sur le dos du cheval (comme on le voit dans certains westerns). Il pourrait ne pas apprécier !

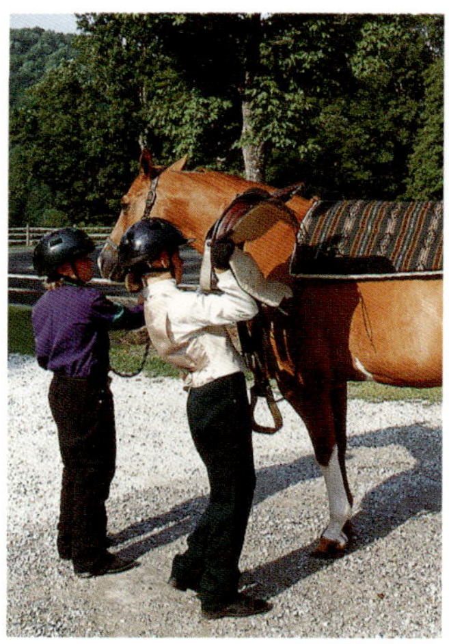

1 Place d'abord le tapis de selle puis pose la selle doucement sur le dos du cheval.

2 Attache le sanglon du côté gauche. Vérifie que la sangle n'est pas vrillée.

3 Après avoir passé l'ardillon dans un trou du sanglon, repasse la lanière dans l'anneau et fixe-la par un «nœud de cravate ».

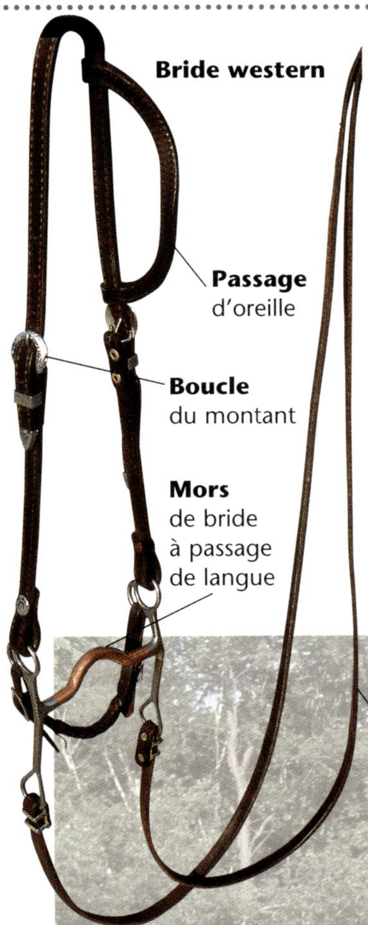

Les brides

Certaines brides westerns n'ont pas de frontal mais un passage d'oreille qui s'ajuste autour de l'oreille droite du cheval et empêche la têtière de glisser. Les chevaux adultes portent un mors de bride à longues branches à canon brisé ou à passage de langue.

Mettre la bride
Tiens la bride dans ta main droite et passe-la sous la tête du cheval. Presse le mors contre sa bouche avec ta main gauche.

Le hackamore
Le hackamore est une bride sans mors. Celui-ci est équipé d'un bosal en cuir cru tressé, qui contrôle le cheval par pression.

Harnaché

Cette jument Quarter Horse est prête à être montée. Elle porte une selle western moderne et légère sur un tapis épais et coloré, doublé de mouton synthétique. Les rênes ouvertes sont croisées sur son encolure pour ne pas traîner au sol.

Le licol

Les licols sont en cuir ou en nylon. Comme les filets, ils existent en trois tailles : poney, cob et cheval. Un très petit poney aura peut-être besoin d'un licol de poulain, dont les lanières sont toutes ajustables.

Licol bien ajusté
Ce licol en cuir est bien ajusté. Il est bouclé du côté gauche du poney et la longe est attachée par un mousqueton à l'anneau du menton.

Licol trop petit
Ce licol est trop petit pour la tête de ce poney. La têtière est trop courte et n'atteint pas la boucle du montant.

Licol trop grand
Ce licol est bien trop grand. Le poney peut s'en débarrasser et s'échapper, ou pire, s'y coincer un pied en broutant ou en se grattant.

La bonne taille

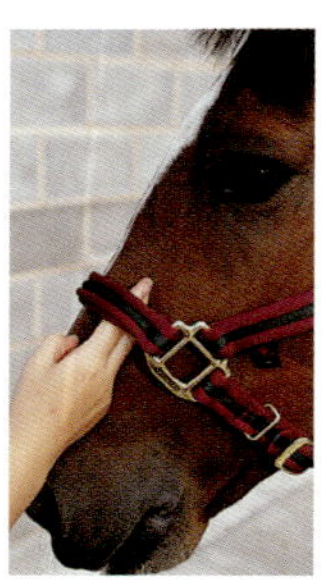

Un licol doit être ajusté de la même façon qu'un filet. Tu dois pouvoir passer deux doigts sous la muserolle et une main sous la sous-gorge. Un licol trop serré, surtout s'il est en nylon, va frotter sur le chanfrein (nez) du poney et le blesser.

Ajuster et entretenir le harnachement

Le harnachement inclut la selle, le filet, le licol et les autres enrênements que le poney peut porter, comme une martingale. Pour qu'il travaille confortablement, il faut que son harnachement soit bien ajusté et bien entretenu. Le négliger est dangereux. Il peut casser ou blesser le poney.

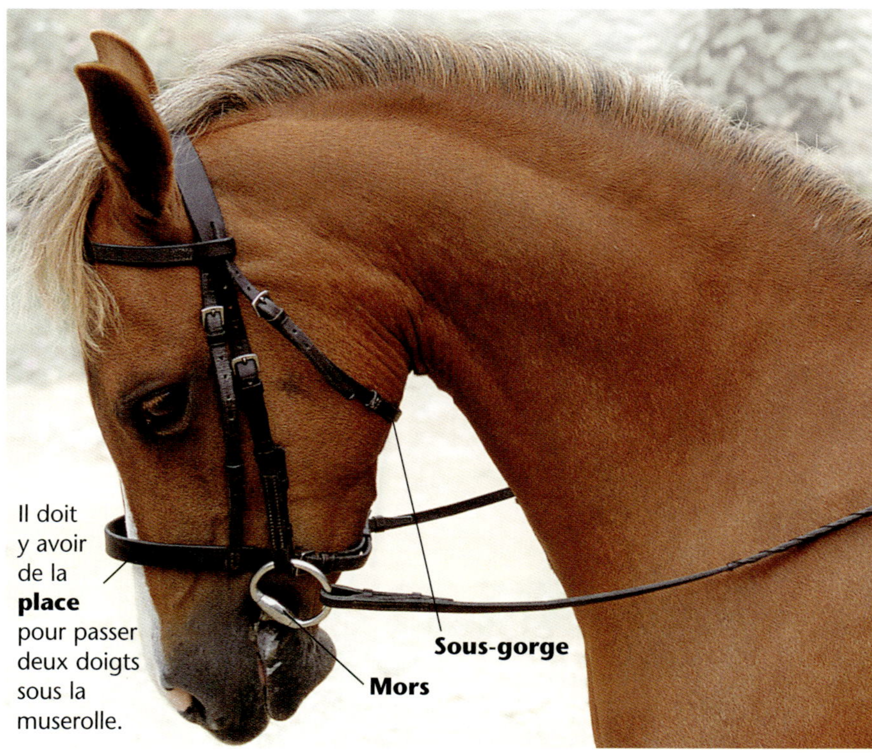

Bien ajusté

Ce poney porte un filet bien ajusté, comprenant un mors à olives. La têtière, bien en place, n'appuie pas contre ses oreilles. La muserolle et la sous-gorge sont correctement bouclées et le mors remonte un peu la commissure des lèvres.

La sellerie

Le harnachement doit être nettoyé avant d'être rangé. On suspend généralement les filets sur des porte-brides adaptés à la forme arrondie des têtières ; et les selles sont posées sur des portes-selles à pieds ou muraux.

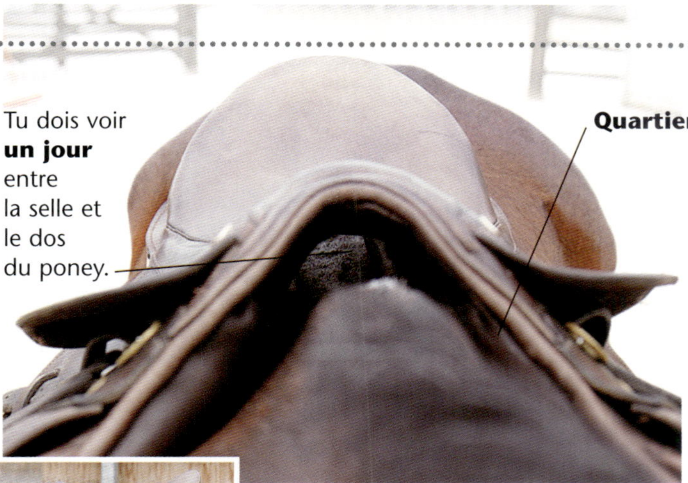

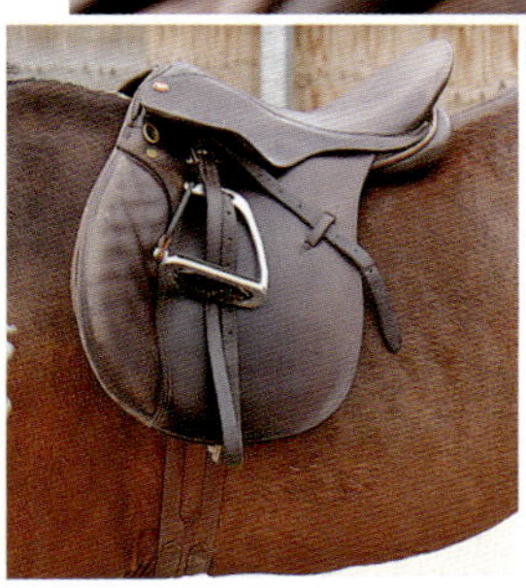

Ajuster une selle

La taille et la conformation d'un poney ou d'un cheval sont très variables. Elle doit avoir la bonne largeur, avec des matelassures bien lisses pour que le cuir soit en contact étroit avec son dos. En outre, elle ne doit pas appuyer sur son garrot ou sur sa colonne vertébrale.

Seller

Vérifie que le tapis de selle est bien dégagé au niveau du garrot. Tu dois pouvoir passer trois doigts entre le garrot et le pommeau de la selle et deux entre la sangle et le ventre du poney.

Comment le nettoyer ?

Il est très important que le cuir du harnachement soit toujours propre et souple. Si tu l'entretiens, il durera des années, et tu dois le nettoyer régulièrement. Pour cela, il te faut un seau d'eau chaude, une éponge pour ôter la saleté et la graisse, une pour savonner, et du savon glycériné spécial cuir.

Lave le mors à l'eau claire et sèche-le. Retire la boue et la graisse du filet avec une éponge légèrement humide. Puis trempe la barre de savon dans l'eau et frotte-la sur l'autre éponge.

Passe le savon sur tout le cuir en défaisant les boucles pour n'oublier aucune partie. Humidifie le savon tant que tu as besoin d'en ajouter sur l'éponge. Referme les boucles quand tu as fini.

Nettoie la boue sur les étriers avec l'éponge. Rince-la et essore-la le plus possible avant de retirer la graisse et la boue qui pourraient se trouver sous la selle. Ne mouille pas le cuir.

Si tu mouilles l'éponge quand tu utilises du savon glycériné, tu obtiendras trop de mousse. **Mouille plutôt le savon.** Passe l'éponge sur toute la selle sans oublier les sanglons et les étrivières.

Un nœud facile à défaire

Si ton poney à tendace à tirer sur sa longe, attache sa loupe avec de la ficelle : s'il tire, elle cassera.

Fais une boucle avec la longe et passe-la à travers l'anneau. Tords-la une ou deux fois.

Fais une boucle avec l'extrémité libre de la longe et passe-la dans la première.

Serre le nœud en tirant sur le bout de longe attaché au licol. Pour le défaire, tire sur le bout libre.

Mettre un licol

Avant de pouvoir panser ton poney, le harnacher ou curer son box, il te faudra lui mettre un licol pour l'attacher. Tu auras aussi besoin d'un licol pour l'attraper au pré et le ramener à l'écurie.

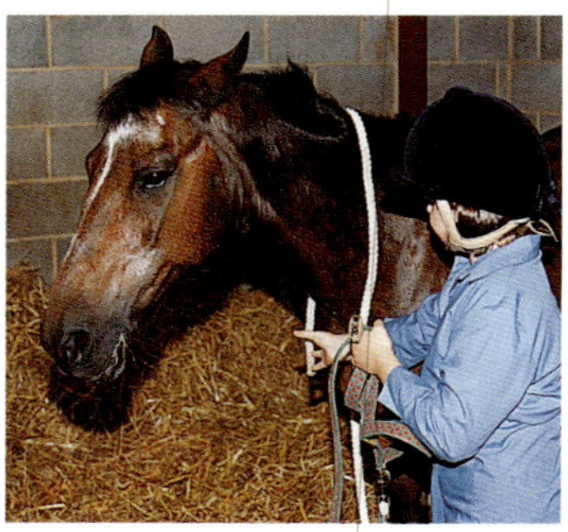

1 Si le poney est dehors, ou qu'il risque de bouger dans le box, passe-lui d'abord une longe autour de l'encolure. Tu l'empêcheras ainsi de t'échapper.

2 Enfile son nez dans la muserolle du licol en maintenant le montant de ta main gauche. Passe ta main sous sa tête et attrape la têtière.

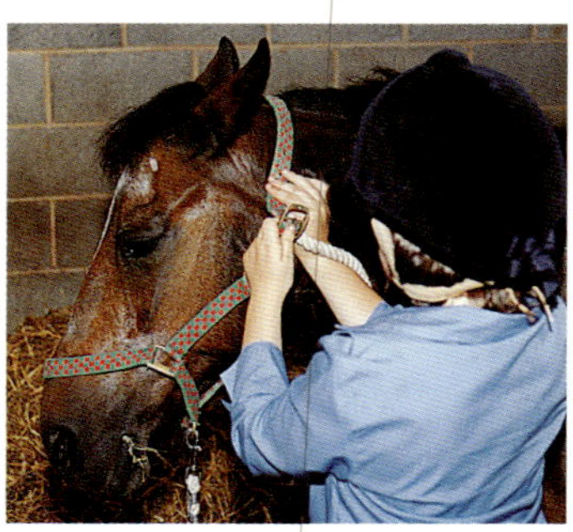

3 Fais passer la têtière derrière ses oreilles, boucle-la, puis glisse l'extrémité dans le passant. Attache le poney avec un nœud facile à défaire.

Seller

Pour ta première leçon, ton poney sera sûrement déjà harnaché, mais par la suite, il te faudra apprendre comment le seller et le brider toi-même. Pour commencer, attache-le dans son box, puis cherche son harnachement. Pendant que tu le selles, tu peux suspendre le filet à la porte.

Porter le harnachement

Pour éviter que les rênes ne traînent par terre, remonte-les sur ton épaule avec la têtière. Porte la selle sur ton bras gauche, en t'aidant de ton bras droit.

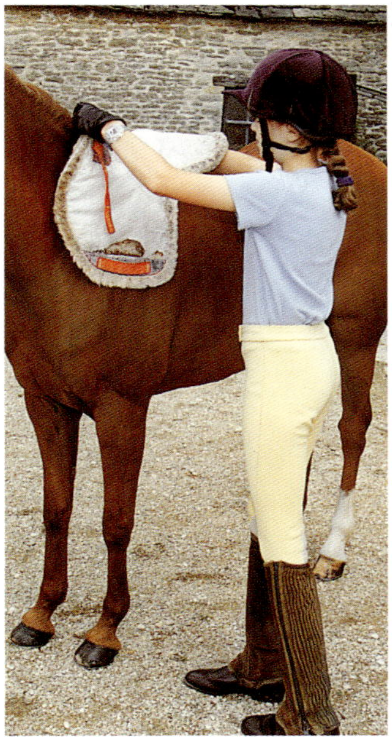

Mettre la selle sur le dos du poney

La selle se place à l'arrière du garrot du poney et la sangle passe autour de son poitrail, juste derrière ses antérieurs. Tu dois seller le poney en te tenant sur sa gauche, mais il te faudra passer sur sa droite pour attacher le tapis de selle et vérifier que la sangle est correctement bouclée et n'est pas tournée.

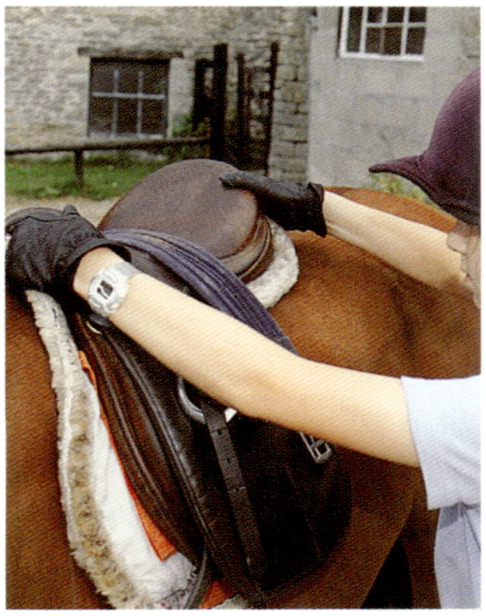

1 Prends le tapis de selle à deux mains et pose-le sur le dos du poney, un peu en avant de sa place définitive.

2 Pose la selle sur le tapis puis fais glisser l'ensemble vers l'arrière jusqu'à la bonne position.

3 Sors le premier contre-sanglon du protège-boucles et passe-le dans la patte d'attache du tapis de selle.

4 Remets le contre-sanglon à sa place sous le protège-boucles. Répète les étapes 3 et 4 de l'autre côté.

5 Laisse la sangle pendre du côté droit et vérifie qu'elle n'est pas torsadée.

6 Retourne sur la gauche du poney et attrape la sangle sous son ventre.

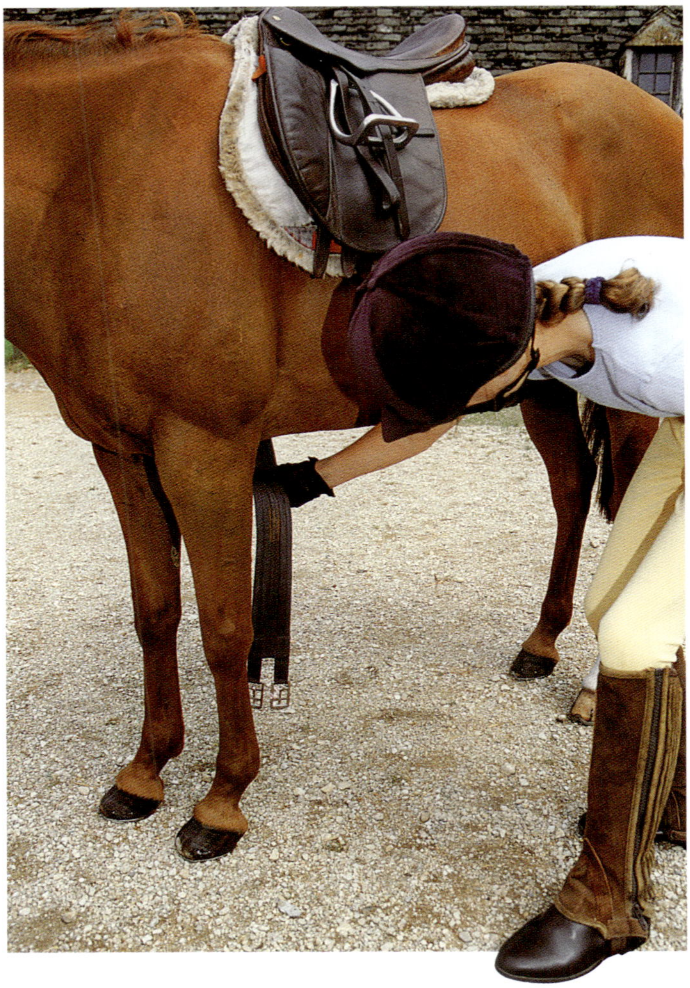

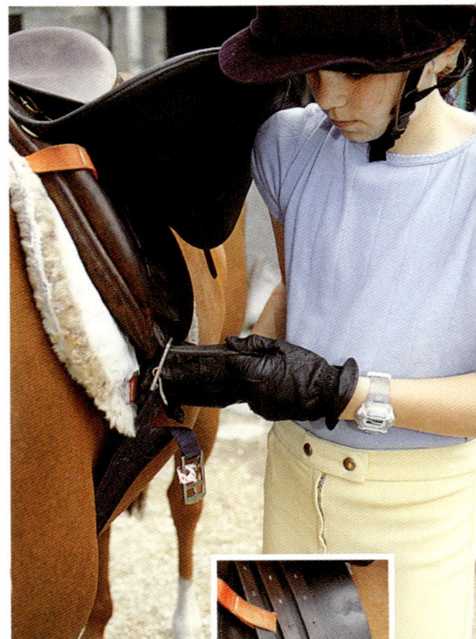

7 Attache la sangle aux deux premiers contre-sanglons, ou au premier et au troisième, sans pincer la peau du poney.

Recouvre les boucles avec le protège-boucles.

Mettre le filet

Les chevaux et les poneys ont la tête sensible. C'est toujours avec douceur que tu dois brider ton poney. Prends garde que les montants, ou tes mains, ne frottent pas contre ses yeux. Ne tire pas sur sa bouche quand tu lui mets le mors. En faisant les choses lentement et méthodiquement, tu t'apercevras que ce n'est pas si compliqué.

Mettre un filet

Pour les débutants, le filet est la pièce du harnachement la plus compliquée. L'essentiel et de faire les choses dans l'ordre. D'abord, en le tenant par la têtière, regarde-le attentivement.
La têtière se place derrière les oreilles du poney et les montants soutiennent le mors.
Le frontal empêche la têtière de glisser vers l'arrière et la sous-gorge évite que le filet ne glisse vers l'avant.

1 Le filet sur l'épaule, approche-toi du poney par sa gauche et défais son licol. Sors son nez de la muserolle et referme le licol autour de son encolure.

6 Passe le toupet du poney au-dessus du frontal et arrange-le correctement.
Dégage aussi les mèches de crins qui se sont prises dans le filet.

Vérifier le bon ajustement du filet

Un cheval ou un poney porte généralement le même filet à chaque fois qu'il est monté. Celui-ci doit donc lui aller sans ajustement. Tu dois néanmoins savoir comment ajuster un filet correctement.
Avant de mettre le filet, vérifie que la muserolle est bien équilibrée. Si elle pend d'un côté, redresse-la en faisant coulisser la têtière à travers le frontal d'un côté ou de l'autre.
Les montants du filet doivent être bouclés à la têtière au même trou de chaque côté.
Si ce n'est pas le cas, le mors sera davantage relevé d'un côté que de l'autre.

Une muserolle bien ajustée ne doit pas être trop serrée et doit se trouvée à mi-hauteur entre l'os zygomatique et la bouche du poney. Tu dois pouvoir glisser deux doigts entre la muserolle et son nez.

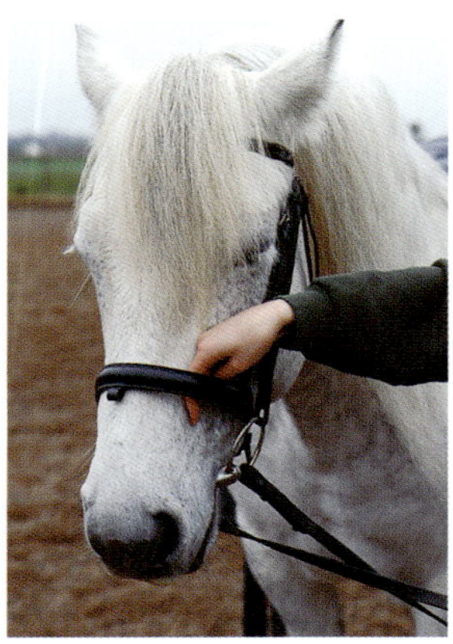

Une fois la sous-gorge bouclée, il doit y avoir assez de place pour glisser ta main entre la lanière et la joue du poney. Trop serrée, la sous-gorge pourrait gêner sa respiration.

Correctement ajusté, le mors doit plisser légèrement les commissures des lèvres du poney. Tu peux modifier sa hauteur en modifiant la longueur des montants de chaque côté du filet.

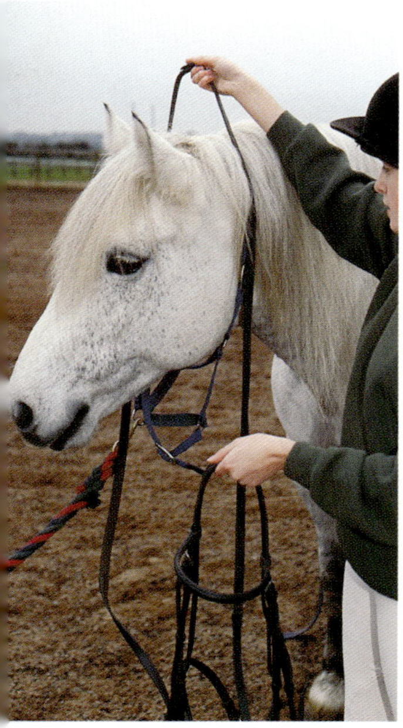

2 En tenant le filet par la têtière dans la main gauche, prends les rênes de la main droite et passe la tête du poney à travers.

3 Prends le filet de la main droite et passe ton bras droit sous la tête du poney. En tenant le mors sur ta main ouverte, presse-le contre ses lèvres.

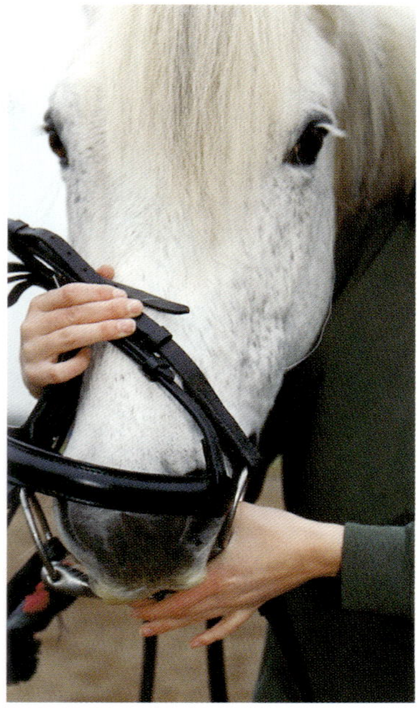

4 Si le poney refuse d'ouvrir la bouche, introduit ton pouce gauche à la commissure de ses lèvres, là où il n'y a pas de dents, en appuyant toujours le mors.

5 Lorsque le mors est dans sa bouche, glisse la têtière derrière ses oreilles. Pour ce faire, tu peux coucher ses oreilles en arrière.

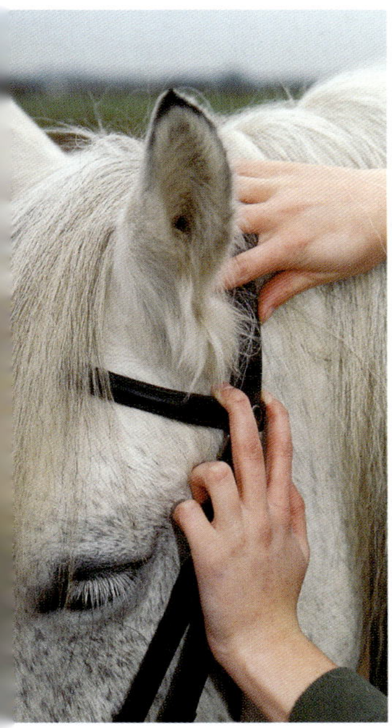

7 Des deux côtés, assure-toi que le frontal n'est pas placé trop haut. Évite d'appuyer contre les oreilles du poney.

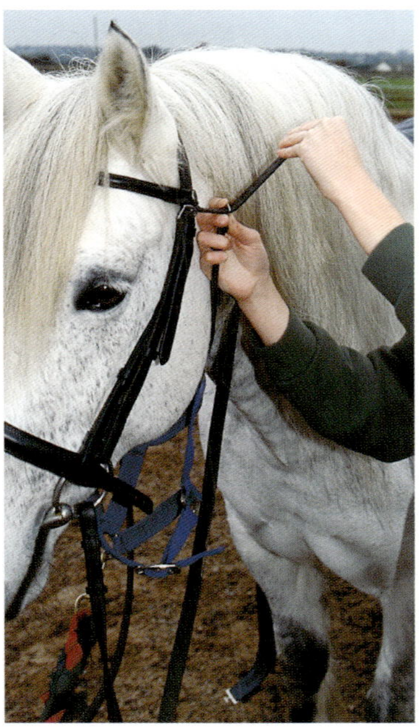

8 Passe ta main sous la tête du poney pour attraper la sous-gorge du côté droit du filet. Vérifie qu'elle n'est pas tournée, ramène-la sur la gauche et boucle-la.

9 Assure-toi que la muserolle n'est pas prise dans les montants puis boucle-là sous les mâchoires du poney. Ferme les boucles correctement.

10 Assure-toi une dernière fois que toutes les boucles sont bien attachées, et que les lanières sont introduites dans les passants.

Les premières leçons

Le premier rendez-vous

Lorsque tu arriveras pour prendre ta première leçon, ton instructeur te présentera au poney sur lequel tu monteras. Bien que tu puisses te sentir un peu nerveux, ce moment sera magique, alors ne lui montre pas ta peur. Les poneys sentent les émotions des humains et peuvent y réagir.
Si tu es anxieux, ton poney pourra le devenir aussi. En revanche, si tu te comportes avec assurance, il aura confiance en toi.

Les présentations

Pour ta première rencontre avec ton poney, marche vers lui avec confiance.
Tends-lui le dos de ta main, doigts repliés dans ta paume, pour qu'il puisse la sentir.
Parle-lui et caresse-le sur l'encolure.

Derniers préparatifs
Si tu participes à une leçon de groupe, les poneys seront amenés dans la cour des écuries pour que les cavaliers puissent se mettre en selle. Mais auparavant, l'instructeur vérifiera ton harnachement. Il t'aidera aussi probablement à monter en tenant le poney.

Sur le départ
Après avoir vérifié leur sangle et la longueur des étriers, les cavaliers se mettent en selle et tout le monde quitte la cour pour le manège couvert ou la carrière extérieure.

Les premières leçons

Tes premières leçons pourront être individuelles ou collectives.
Quoi qu'il en soit, ton instructeur, ou un assistant, mènera d'abord ton poney avec une longe fixée aux anneaux du mors du poney. Il te laissera tenir les rênes.

Faire connaissance

Avant de monter des poneys, tu dois apprendre à les connaître. Ce sont des animaux gentils mais nerveux, qui aiment vivre en groupe. S'ils ont peur, leur instinct les pousse à fuir. À l'état sauvage, ils suivent un chef. Depuis la domestication, l'homme occupe cette place. Mais pour cela, il doit gagner leur confiance.

Une approche sereine

Approche un poney en lui parlant gentiment. Caresse-le sur l'encolure ou offre-lui une friandise. Manipule-le calmement mais fermement. Il se sentira alors en confiance. Si tu es nerveux, hésitant ou énervé, il pourrait mal réagir.

Le mener correctement

On mène un poney en se plaçant sur sa gauche. Tiens la longe ou les rênes de la main droite, près de sa tête, et prends l'extrémité dans la main gauche. Marche avec assurance en avant de son épaule, sans te retourner.

Quelques conseils

Parle d'une voix calme et amicale. Approche-toi de face, vers son épaule, pour qu'il puisse te voir. Ne crie pas, ne cours pas et ne fais jamais de mouvements brusques. Quand tu le manipules, sois gentil mais ferme. Tâche de suivre la même routine, à l'écurie et avec les chevaux.

À l'état sauvage

Les poneys vivent en groupe. Lorsque tu libères un poney dans une pâture, il va galoper pour rejoindre les autres. Si un poney a peur de quelque chose, les autres l'imiteront.

Peureux ou cabotin

Un poney qui hésite devant un objet inconnu est sans doute effrayé, mais il peut aussi être espiègle ou buté. Au bénéfice du doute, accorde-lui le temps de regarder, puis pousse-le fermement en avant avec ton assiette et tes jambes, en maintenant la pression jusqu'à ce qu'il le dépasse.

Se faire obéir

Dès que le poney a passé l'objet, relâche tes aides et récompense-le en le caressant et en le flattant de la voix. Par contre, s'il refuse de passer, fais-lui faire un cercle et approche à nouveau l'objet, en renforçant tes aides avec la cravache si nécessaire.

La mise en selle

La première fois que tu te mettras en selle, tu auras sans doute besoin d'un peu d'aide. Mais par la suite, il faudra que tu te débrouilles tout seul. En randonnée, tu auras bien des occasions de mettre pied à terre, pour ouvrir une barrière par exemple, et tu devras remonter sans aide. Si tu trouves cela difficile, parce que tu n'es pas très souple ou pas assez grand, rallonge un peu l'étrivière pour t'aider.

Comment monter sur un poney

Il y a plusieurs façons de se mettre à cheval. Tu pourras peut-être utiliser un tabouret, ou te faire aider, mais il te faudra aussi apprendre à te mettre en selle correctement. Pendant que tu t'exerces, un assistant doit tenir ton poney. Plus tard, quand tu seras seul, tu pourras le mettre face à un mur ou une barrière pour l'empêcher d'avancer.

1 Place-toi sur la gauche du poney, face à sa queue. Saisis les rênes dans la main gauche. De la main droite, tourne l'étrier vers toi et places-y ton pied gauche.

2 Ta main gauche sur le garrot du poney, attrape la selle au niveau du siège avec la main droite et saute en poussant sur ta jambe droite.

Avec un tabouret

Tu auras un peu plus de hauteur pour te hisser sur le poney sans bouger la selle.

Prends les rênes de la main gauche et glisse ton pied gauche dans l'étrier. Hisse-toi, la main droite toujours agrippée à la selle.

Balance ta jambe droite au-dessus de la croupe du poney et assieds-toi dans la selle. Chausse ton pied droit dans l'étrier et prends les rênes à deux mains.

La courte échelle

Prends les rênes de la main gauche et place la main droite sur la selle. L'assistant tient ta jambe gauche.

Compte jusqu'à trois pour indiquer à l'assistant quand te soulever. Aide-toi de tes bras tandis qu'il te hisse en selle.

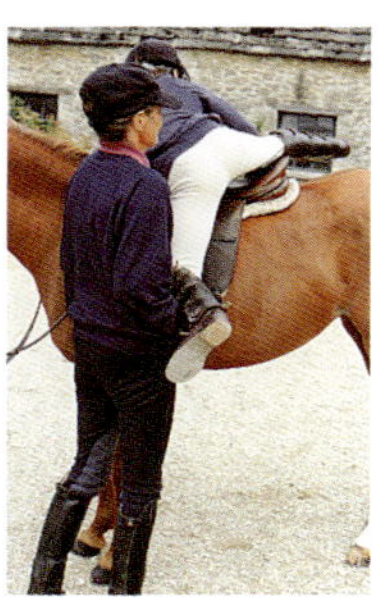

À hauteur de la selle, passe ta jambe droite de l'autre côté et assieds-toi. Redresse-toi et chausse les deux étriers, puis prends les rênes à deux mains.

Les étriers dans le bon sens

Lorsque tu montes, il est très important que tes étriers soient tournés dans le bon sens. Si ce n'est pas le cas, les bords des étrivières frotteront contre tes jambes. Cela te gênera et t'empêchera aussi d'utiliser tes jambes correctement.

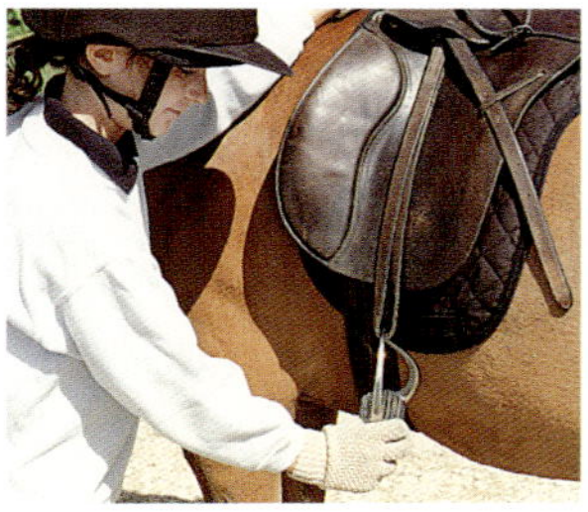

Avant de te mettre en selle, tourne l'arrière de l'étrier vers toi. En montant, ta jambe et ton pied effectueront un demi-tour et il se retrouvera dans la bonne position.

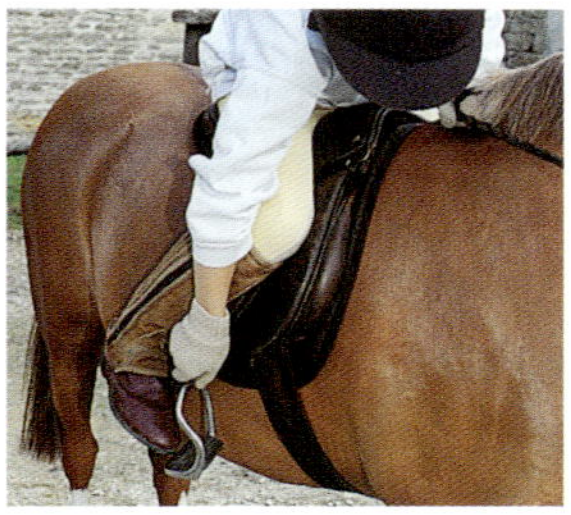

Pour chausser le pied droit, tourne l'avant de l'étrier vers l'extérieur. Au début, tu auras besoin de t'aider de la main, puis tu prendras l'habitude de le faire avec le pied.

En équitation western

Place-toi face au côté gauche du cheval. Prends les rênes de la main gauche et attrape le pommeau. Glisse ton pied gauche dans l'étrier et agrippe le troussequin de la selle de la main droite. Saute en t'aidant de ta jambe droite. Hisse-toi et passe ta jambe droite au-dessus de la croupe du cheval. Assieds-toi doucement et chausse l'étrier droit. Prends les rênes de la main droite.

3 Passe la jambe droite par-dessus la croupe du poney en faisant bien attention à ne pas le cogner avec ton pied. Pendant que tu montes, un assistant peut appuyer sur l'étrier droit pour éviter que ton poids ne fasse tourner ou bouger la selle.

4 En ramenant ta jambe droite vers la selle, retire ta main et assieds-toi en douceur. Ne te laisse pas tomber sur le dos du poney.

5 Glisse ton pied droit dans l'étrier en dirigeant la pointe de ton pied vers l'intérieur. Attrape les rênes à deux mains.

Mettre pied à terre

La méthode recommandée pour descendre de cheval est de commencer par déchausser les deux étriers. C'est la plus sûre. En effet, si le cheval bouge au moment où tu descends et que ton pied gauche est toujours chaussé, il peut rester coincé dans l'étrier et tu pourrais te faire traîner sur le sol.

Descendre de poney

Quand tu descends d'un poney, tu dois sauter souplement au sol pour que tes deux pieds touchent terre rapidement. Tu peux alors marcher à côté de lui s'il bouge. Prendre garde de ne pas atterrir trop près du poney pour qu'il ne te marche pas sur les pieds. Fais aussi attention de ne pas sauter sur un sol inégal, au risque de te tordre la cheville.

1 Demande un arrêt franc « au carré » à ton poney, sur un endroit plat. Si tu penses qu'il risque d'avancer, mets-le face à un obstacle. Les rênes toujours dans tes mains, déchausse les deux étriers.

1 Prends tes rênes dans la main gauche et attrape le pommeau de la main droite. Déchausse ton étrier droit.

Façon western

Tu peux aussi déchausser ton pied droit d'abord, puis sauter au sol de façon à atterrir sur tes deux pieds. Demande à quelqu'un de tenir ta monture si tu choisis cette méthode.

2 Prends les rênes, et la cravache si tu en utilises une, dans la main gauche. Pose-la à la base de l'encolure du poney, juste devant le garrot.

2 Passe ta jambe droite par-dessus le dos du poney et attrape la selle de ta main droite. Déchausse l'étrier gauche et saute au sol.

3 Atterris souplement sur tes deux pieds en pliant les genoux pour amortir la descente. Prends les rênes à côté du mors de la main droite pour mener le cheval.

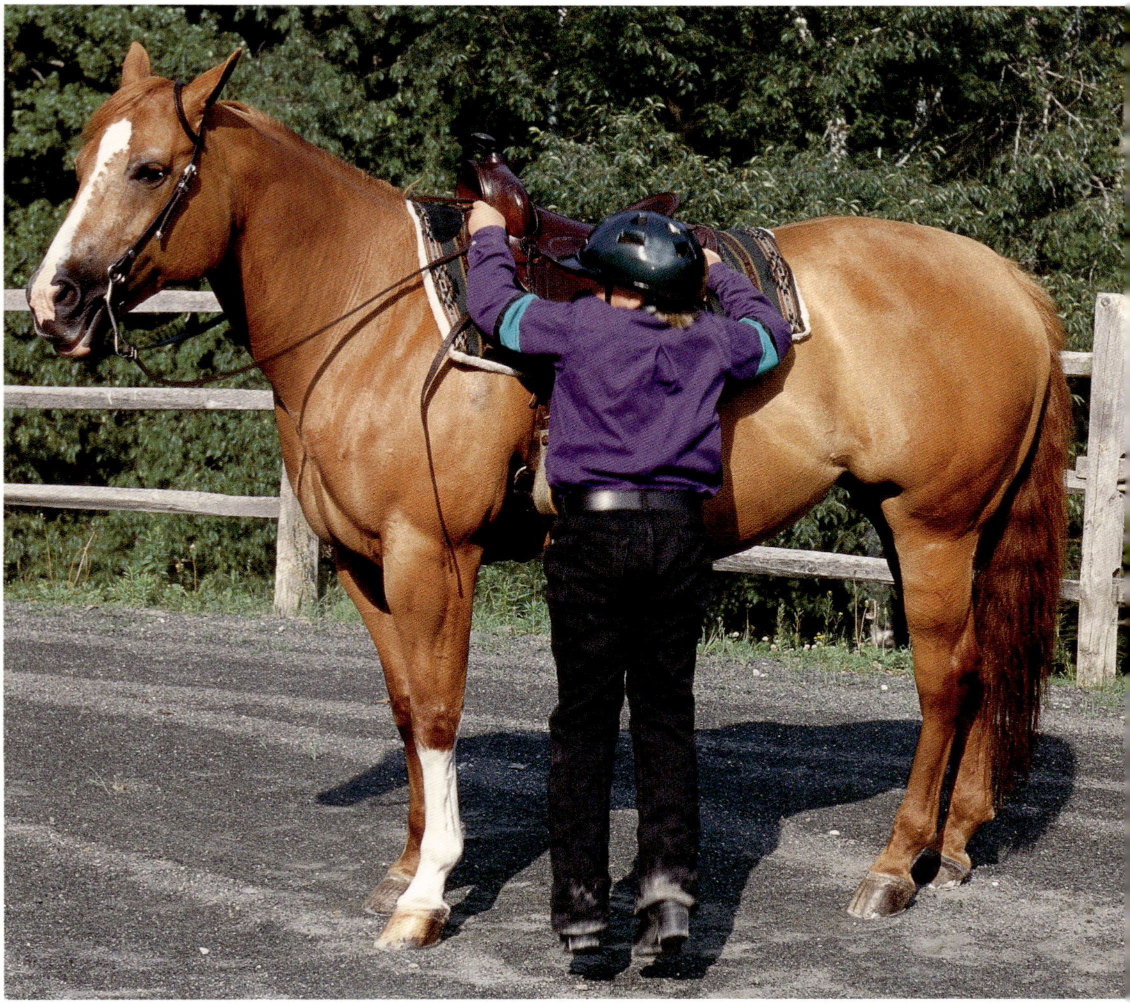

3 Les rênes toujours dans ta main gauche, place ta main droite sur le pommeau de la selle et penche-toi en avant.

4 Passe ta jambe droite par-dessus le dos du poney, en prenant soin de ne pas lui donner de coup.

5 Laisse-toi glisser au sol et atterris sur tes deux pieds, en pliant les genoux. Attrape les rênes près du mors avec ta main droite.

En selle dans la bonne position

Sur le dos d'un cheval ou d'un poney, tu dois être détendu et assis confortablement, dans le fond de la selle, le dos bien droit, les cuisses et les mollets en contact avec la selle et l'animal. Ton corps doit être suffisamment souple pour suivre tous ses mouvements. Néanmoins, tu dois aussi être attentif et prêt à l'action.

Tenir les rênes

Place tes mains devant toi, détendues, les pouces vers le haut et les paumes se faisant face. Saisis les rênes en les faisant passer entre l'annuaire et l'auriculaire et ressortir entre le pouce et l'index.

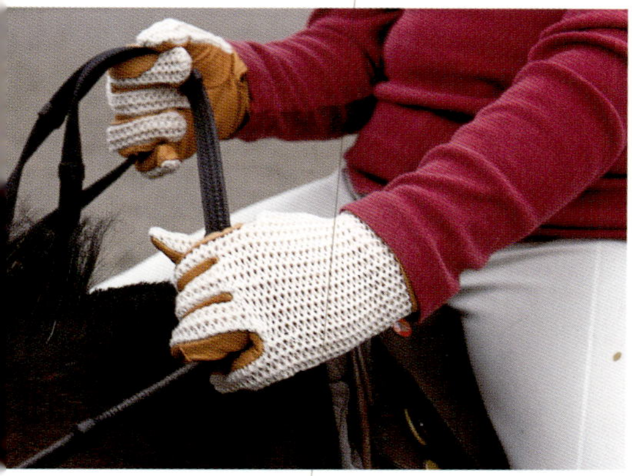

Raccourcir

Tiens les rênes de la main droite tandis que tu glisses la gauche vers l'avant de la longueur souhaitée. Puis prends les deux rênes de la main gauche et glisse ta main droite pour raccourcir aussi la rêne droite.

Une ligne diagonale

Lorsque tu es sur ton poney, tes bras doivent être dans la bonne position. Si tu tiens tes rênes correctement, celles-ci et tes avant-bras doivent dessiner une ligne droite diagonale de la bouche du poney à tes coudes.

Position des pieds dans les étriers
Pour chausser les étriers, tourne le devant vers l'extérieur et pose la plante de tes pieds sur les planchers. Tes pointes de pieds doivent être dirigées vers l'avant. Garde tes talons baissés.

Régler les étriers

Si tu laisses pendre tes jambes, tes étriers sont à la bonne hauteur lorsque les planchers se trouvent à peu près au niveau de tes chevilles. Pour débuter, ou pour sauter, tu auras peut-être besoin de les raccourcir d'un ou deux trous.

Une ligne verticale

Lorsque tu es assis dans la selle, imagine que tu es traversé par une ligne verticale. Si tu es dans la bonne position, cette ligne doit partir de ton oreille, passer par ton épaule et ta hanche pour finir à ton talon.

Vérifier la sangle

Tu dois vérifier la sangle avant de te mettre en selle et aussi après quelques minutes sur le dos du poney. En effet, certains poneys se gonflent quand on les selle et qu'ils se sentent comprimés par la sangle. Lorsqu'ils se relaxent, la sangle se trouve desserrée. Tu peux la resserrer d'un côté ou de l'autre.

Sans lâcher les rênes, penche-toi en avant et glisse tes doigts sous la sangle. Si tu peux en passer plus de deux, c'est que la sangle doit être resserrée.

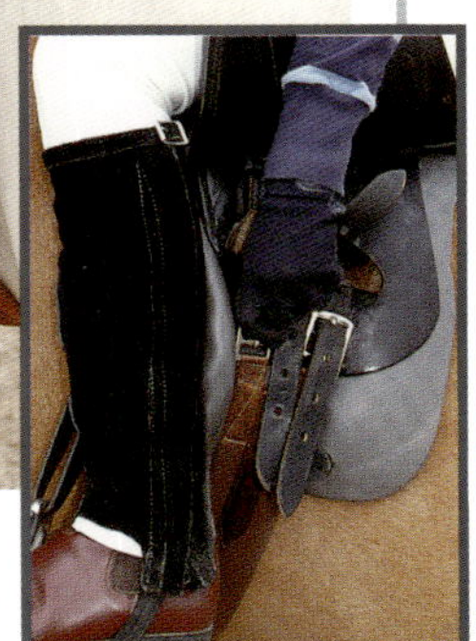

Avance ta jambe gauche, soulève le quartier et tire sur les contre-sanglons pour passer au trou supérieur.

Ajuster la longueur des étrivières

Tu peux ajuster la longueur des étrivières en selle, en gardant tes pieds chaussés. Avec la pratique, tu seras capable de le faire au toucher, sans même regarder.

Les rênes dans une main, tire avec l'autre l'extrémité de l'étrivière vers le haut.

Défais et glisse la boucle, jusqu'à la bonne position, puis insère l'ardillon.

Tire sur la lanière de dessous vers le bas pour faire remonter la boucle.

Les aides

Les aides sont les signaux grâce auxquels le cavalier communique avec sa monture. On distingue les aides naturelles, les jambes, les mains, l'assiette et la voix du cavalier, et les aides artificielles, cravache et éperons. Un cheval bien dressé répond aux aides les plus légères.

Position des mai
Garde tes doigts fermés pour avoir un contact régulier avec la bouche de ton poney.

Botte munie d'un éperon

Les éperons sont fixés aux bottes par des lanières en cuir.

Chambrière

Cravache

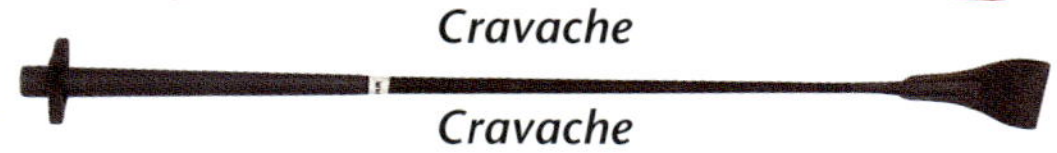

Cravache

Les aides artificielles

Les cravaches longues sont réservées au dressage ou au travail à la longe (chambrière). Les courtes servent à l'équitation. Elles sont en Nylon ou recouvertes de cuir. Les éperons sont réservés aux cavaliers confirmés.

Position des mains
Desserre tes doigts et tiens les rênes détendues.

Rênes détendues

À la fin d'une séance d'équitation, ou de temps en temps pendant une leçon, laisse ton poney marcher rênes détendues, pour qu'il puisse étirer les muscles de son encolure et se relaxer. Si tu peux diminuer la pression sur les rênes, garde toujours tes jambes en contact avec ta monture. Reste aussi sur tes gardes, prêt à rassembler tes rênes au cas où ton poney serait distrait par quelque chose.

Aller au pas

Ajuste tes rênes pour prendre contact avec la bouche du poney. Presse tes mollets contre ses flancs, derrière la sangle et dis lui d'aller au pas.

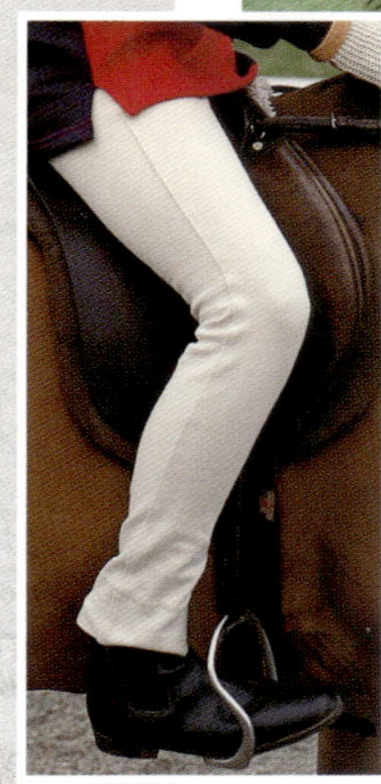

Position des jambes Garde tes talons baissés et tes mollets en contact avec les flancs du poney.

En avant

Certains poneys sont effrayés ou n'aiment pas certains objets et refusent de passer à côté. Garde alors un contact ferme sur tes rênes et utilise tes jambes d'une façon autoritaire pour le pousser en avant.

La cravache

Si le poney ne réagit pas à l'aide de tes jambes, tu peux donner une légère tape avec la cravache à l'arrière de la sangle. Mais, s'il désobéit, tu peux lui donner un petit coup sec pour le rappeler à l'ordre.

Haut niveau

Si tu observes un cavalier expérimenté lors d'une reprise de dressage, tu verras qu'il n'a recours qu'aux aides les plus légères pour faire exécuter à sa monture les mouvements les plus compliqués. En dressage, le cavalier monte avec les étriers longs. Ici, Nancy MacLachlan, en 1998. Ce mouvement de dressage, appelé piaffé, est comme un trot sur place. « Entre mains et jambes », ou la recherche de l'équilibre, est un principe fondamental de l'équitation. Les jambes poussent le cheval en avant et les mains contrôlent l'impulsion.

Des débuts à la longe

Il se peut que pour tes premières leçons, ton poney soit tenu en longe. Tandis que l'instructeur le contrôle, tu peux te concentrer sur tes aides et travailler ton assiette. La longe peut être courte, ou longue et attachée à un caveçon, un licol spécial que le poney porte par-dessus le filet.

La toute première fois

Tenu en longe par l'instructeur, ton poney est parfaitement contrôlé. Tu te sentiras en sécurité lors de ta toute première leçon et tu pourras même te tenir à la selle ou à un collier.

Timide début
Tandis que le cheval marche sur un cercle, la cavalière se stabilise en se tenant à la selle.

Plus assurée
Dès qu'elle se sent en sécurité, la cavalière lâche la selle et prend les rênes correctement.

La longe de travail

Pour t'aider à t'équilibrer et à prendre de l'assurance, l'instructeur pourra faire tourner ton poney sur un cercle avec une longe de travail. Tu pourra ainsi te concentrer sur ton utilisation des aides.

Premières leçons

Avant de commencer, installe-toi confortablement dans la selle. Assure-toi que tu te sens bien dans tes étriers et que les extrémités des étrivières ne pendent pas dans tes jambes. Si tu ne te sens pas en sécurité, tiens-toi à la selle ou au collier du poney. Détends-toi. Laisse tes mains suivre le mouvement de la tête du poney.

Un équilibre incertain

Si tu perds l'équilibre, tu seras tenté de raccrocher aux rênes. Tu ne dois jamais le faire, car tu risquerais de blesser la bouche de ton poney.

Détendu

Lorsque tu montes les premières fois, tu as beaucoup de choses à retenir. Ne te raidis pas trop. Assieds-toi naturellement et laisse tes mains et ton corps suivre les mouvements du poney.

S'équilibrer en tenant les rênes
Pour t'aider à t'équilibrer, tu peux poser tes mains de chaque côté du garrot du poney.

Le licol
sous le filet sert à mener le poney.

Pour garder le poney en avant, au pas, **maintiens tes mollets en contact** avec ses flancs, à l'arrière de la sangle.

Au pas
Tout d'abord, l'instructeur fera marcher le poney lentement.

Indépendant

La première fois que tu ne seras plus tenu en longe, tu apprendras à faire marcher ton poney et à l'arrêter. Ce n'est pas aussi simple qu'il y paraît. Il te faudra parvenir à le mettre au pas correctement et à lui demander de stopper à ton ordre. Il devra être en équilibre, alerte et attentif à tes aides à tout moment.

L'arrêt « au carré »

Pour parvenir à un arrêt d'aplomb « au carré » (les membres du poney alignés deux par deux), tu dois le pousser en avant avec tes jambes puis l'arrêter avec tes rênes. Bien qu'immobile, il doit être plein d'une énergie contenue et prêt à repartir à ton ordre.

Les fortes têtes

Certains poneys ignorent les aides de leurs cavaliers et somnolent, le nez en l'air. À leur décharge, certains cavaliers ne donnent pas toujours des aides claires. Pour améliorer les allures, applique des aides déterminées et raccourcis les rênes.

L'équilibre
Ce poney est bien équilibré et prêt à partir au pas sur ton ordre.

Travail « sur le mors »

Lorsque tu montes à cheval, tu dois toujours t'efforcer d'être « sur le mors ». Cela signifie que tu dois obtenir de ta monture qu'elle place sa tête à la verticale, avec sa bouche sous le niveau de tes mains. C'est dans cette position que tu as le meilleur contrôle. Cet équilibre peut être difficile à atteindre et à maintenir, mais tu devrais y parvenir avec de la pratique.

La position de la tête
Ce poney tient sa tête un peu en-deça de la verticale, mais ses foulées sont bien allongées.

Du pas à l'arrêt, de l'arrêt au pas

On obtient le pas par pression des jambes et l'arrêt par tension des rênes. Bien que tes mollets et tes mains doivent toujours être en contact avec ton poney, la diminution ou l'augmentation du contact lui indique ce que tu veux faire. Dès qu'il a obéi à tes aides, tu dois les relâcher un peu.

1 Pour mettre un poney au pas, ajuste tes rênes et presse tes mollets contre ses flancs à l'arrière de la sangle. Quand il s'exécute, relâche légèrement tes rênes et tes jambes.

2 Pour l'arrêter, accroîs la pression de tes jambes pour le mettre sur le mors ; pour l'empêcher d'avancer, résiste à son mouvement avec tes mains et tes rênes.

3 Tâche d'obtenir un arrêt « au carré ». Bien qu'arrêté, ne te détends pas complètement. Pour que le poney reste alerte, garde le contact avec tes jambes et tes mains.

4 Pour repartir au pas, donne des jambes plus fermement et détends légèrement tes rênes pour lui permettre d'avancer. Puis relaxe-toi tout en maintenant le contact.

À gauche, à droite

Pour faire tourner un poney, tu dois te servir de ta jambe extérieure et de ta rêne intérieure. Par exemple, pour tourner à gauche, ta jambe droite et ta main gauche engendrent le mouvement. Elles sont épaulées par ta jambe intérieure (gauche) qui canalise le poney, et par ta main extérieure (droite) qui vient renforcer la main intérieure.

Ta **main gauche** recule vers la selle.

Vue de dessus

Si on regarde d'en haut un cavalier en train de tourner, on remarque la courbure du corps du cheval autour de sa jambe intérieure. Son corps pivote pour suivre le mouvement du cheval et il tourne la tête dans la direction de la courbe.

La **rêne gauche** est écartée pour tourner la tête du poney.

Ta **jambe droite** déclenche le mouvement par une pression à l'arrière de la sangle.

Ta **main droite** est très près de l'encolure du poney.

La **rêne droite** soutient la rêne gauche en entrant en contact avec l'encolure du poney.

Le **mors** du poney est tiré vers la gauche par la **rêne gauche**.

Tourner à gauche

Lorsqu'on tourne à gauche, les antérieurs du poney et son postérieur droit se déplacent autour de son postérieur gauche. Dès qu'il a tourné, pousse-le en avant pour qu'il marche ou trotte en ligne droite.

1 En partant de l'arrêt, presse ta jambe droite contre le flanc et ouvre légèrement ta rêne gauche.

2 Garde ta jambe gauche à la sangle. Ramène la rêne droite.

3 Ses antérieurs se déplacent sur un demi-cercle autour de ses postérieurs.

4 Continue à donner tes aides avec tes mains et tes jambes jusqu'à ce qu'il ait complètement tourné.

Tourner à droite

Lorsqu'il tourne à droite, le poney déplace ses antérieurs et son postérieur gauche autour de son postérieur droit.

1 Presse d'abord ta jambe gauche contre son flanc à l'arrière de la sangle.

2 Reprends ta rêne droite et écarte ta main vers l'extérieur pour lui tourner la tête.

3 Rapproche ta main gauche du garrot. La rêne gauche doit être en contact avec l'encolure.

4 Fais tourner ton poney avec ta jambe gauche en évitant de le laisser s'échapper vers l'avant.

Avant de trotter enlevé

Avant de commencer à trotter enlevé, exerce-toi, ton poney à l'arrêt. Reporte ton poids dans tes étriers et soulève-toi un instant de la selle, puis rassieds-toi. Si tu te sens instable, pose tes mains sur le devant de la selle ou sur le garrot du poney.

Redresse-toi dans les étriers, genoux légèrement pliés, en reportant ton poids sur la plante de tes pieds.

Rassieds-toi dans la selle avec légèreté. Évite de te laisser retomber lourdement.

Apprendre à trotter

Le trot est une allure symétrique à deux temps, assez chaotique pour le cavalier. En effet, le poney déplace son antérieur droit avec son postérieur gauche, son antérieur gauche avec son postérieur droit. Pour éviter de rebondir dans la selle, tu dois d'abord apprendre à trotter enlevé, puis, tu apprendras à trotter assis, ce qui est plus difficile.

Le trot enlevé

Pour trotter enlevé, tu dois te soulever de la selle en poussant sur tes étriers pendant une battue du poney et te rasseoir à la suivante. Ne te soulève pas trop. Au début, tu auras sans doute du mal à trouver la bonne cadence.

Changer de bipède diagonal

Au trot enlevé, tu trottes sur le bipède diagonal droit ou le gauche, selon la paire de membres qui touchent le sol au moment où tu es en contact avec la selle. Pour soulager le poney, tu dois changer de bipède régulièrement. Pour cela, il suffit que tu restes assis deux battues de suite.

Sur le bipède diagonal gauche, le cavalier s'assied quand l'antérieur gauche et le postérieur droit frappent le sol. La plupart du temps, on trotte sur le bipède gauche quand on est sur un cercle à main droite.

Sur le bipède diagonal droit, le cavalier s'assied dans la selle quand l'antérieur droit et le postérieur gauche frappent le sol. Sur un cercle à main gauche, on trotte généralement sur le droit.

Le trot assis

Pour trotter assis, tu dois garder tes fesses et tes cuisses en contact avec le poney tout le temps sans rebondir dans la selle. Il te faudra une bonne assiette, et pour y parvenir tu devras détendre ton bassin pour accompagner les mouvements du poney.

Les transitions

Un changement d'allure est appelé une transition. Une accélération est une transition montante ; ralentir, une transition descendante. Pour réussir tes transitions, tu as besoin d'avoir de l'impulsion, de mobiliser l'énergie de ton poney.

Du pas...
Demande d'abord à ton poney un pas énergique, avec de bonnes foulées. Pour partir au trot, reprends tes rênes et donne des jambes à l'arrière de la sangle. Dès que le poney s'exécute, relâche un peu tes aides.

...au trot
Quand le poney part au trot, détends un peu tes rênes pour lui permettre d'avancer, mais maintiens le contact. S'il tente de repasser au pas, donne à nouveau des jambes pour le remettre en avant.

Au trot
Une fois le poney au trot, tu dois maintenir un bon rythme, avec des foulées régulières. Garde le contact avec tes mains et tes jambes. Plus le poney est allant, moins tu auras à l'encourager pour le garder en avant.

Du trot...
Pour faire une transition descendante du trot au pas, assieds-toi dans la selle et ferme tes jambes derrière la sangle pour mettre le poney sur le mors. En même temps, résiste au mouvement avec tes mains.

...au pas
Quand le poney repasse au pas, détends tes aides tout en maintenant le contact avec tes jambes et tes mains. Pour obtenir un pas énergique et maintenir l'impulsion, tu auras peut-être à le pousser à nouveau un peu en avant.

Au galop

Le galop est une allure très agréable. Au début, tu vas rebondir et tu trouveras cela inconfortable. Il te faudra t'efforcer de te détendre et de rester en contact avec la selle.

Les aides

Pour partir au galop sur le pied droit, presse ta jambe gauche derrière la sangle et reprends ta rêne droite pour tourner légèrement le nez du poney. Garde ta jambe droite en contact à la sangle. Inverse les aides pour galoper sur le pied gauche.

Pour galoper correctement

Avant de demander le galop, ton poney doit être bien en avant et en équilibre. Au début, tu partiras du trot. Tu dois le pousser avec tes jambes et contrôler son impulsion avec tes mains. Il ne doit pas accélérer son trot jusqu'à perdre l'équilibre et tomber au galop avant ta demande.

Ne te penche pas en avant et ne décolle pas les fesses de la selle, le poney croirait que tu lui demandes d'accélérer.

Raccourcis bien tes rênes et maintiens le contact avec la bouche du poney pour qu'il ne puisse pas baisser la tête.

Le petit galop, ou canter

Le petit galop est une allure dissymétrique, sautée, à trois temps, dans laquelle un latéral (antérieur et postérieur du même côté) se pose plus en avant que l'autre. On dit que le cheval galope à gauche ou à droite. Quand l'antérieur droit mène, les pieds frappent le sol dans l'ordre suivant : postérieur gauche, postérieur droit et antérieur gauche (diagonal gauche), et antérieur droit. Cette séquence est suivie d'un temps de suspension (ou projection), où aucun pied ne touche le sol.

Galop de travail

Le galop de travail est l'allure que tu apprendras pour commencer. À une vitesse moyenne, l'action du poney est libre et bien rythmée, et il doit être toujours prêt à obéir de tes aides.

Antérieur droit menant. Le postérieur droit et l'antérieur gauche frappent le sol.

Antérieur droit menant. Le poids du poney est sur son antérieur droit.

Temps de suspension. Tous les pieds du poney sont en l'air.

Le bon pied

Tu dois apprendre à reconnaître sur quel pied ton poney galope en regardant ses épaules. En effet, l'épaule du pied qui mène est légèrement en avance sur l'autre. Tu deviendras capable de le sentir sans regarder.

Le galop désuni

Lorsqu'un cheval pose un bipède latéral au deuxième temps au lieu d'un bipède diagonal, on dit qu'il galope désuni. Si cela se produit, repasse au trot et redemande un départ au galop correct.

Le plaisir de la vitesse

Piquer un grand galop est aussi excitant pour le cavalier que pour le poney, mais ne t'y risque pas avant de savoir parfaitement contrôler ton poney. Choisis un endroit bien dégagé : une belle prairie remontant légèrement, par exemple. Ton poney ralentira plus volontiers en montée. Ne va jamais au grand galop en terrain accidenté ou clos, ou trop près d'autres chevaux.

Se mettre en suspension

Au grand galop, tu dois te mettre en suspension. Décolle tes fesses de la selle pour reporter ton poids sur tes genoux et tes pieds, et reste en équilibre dans les étriers. L'idéal est de t'exercer d'abord à l'arrêt.

Partir

Demande un galop soutenu à ton poney, puis mets-toi en suspension. Donne des jambes pour le faire accélérer jusqu'à ce que tu le sentes allonger ses foulées. Garde le contact avec sa bouche par les rênes.

Le grand galop

Le grand galop est une allure à quatre temps. Chaque pied frappe le sol séparément. Si le cheval galope à gauche, la séquence est : postérieur droit, gauche, antérieur droit, gauche, projection.

Position du corps
Lorsque tu te mets en suspension, relève la tête et regarde droit devant toi.

Phase de projection
Au galop, il y a un temps où tous les pieds du cheval sont en l'air.

Ralentir

Chevaux et poneys adorent galoper et certains sont difficiles à retenir. Pour ralentir, garde tes jambes en contact et redresse-toi. Résiste au mouvement avec tes rênes jusqu'à ce que ton poney obtempère.

À la vitesse... d'un cheval au galop

La vitesse d'un poney de gabarit moyen au grand galop est de 25 km/h. Le Pur-sang, le cheval le plus rapide du monde galope à une moyenne de 50 km/h, mais le record en course est de 69,2 km/h sur 400 m.

La position
Assieds-toi dans le creux de la selle, tes oreilles, épaules, hanches et talons alignés. Tes talons doivent êtres baissés.

La tenue des rênes
Tiens tes rênes séparées avec ton index et place ta main au-dessus et en avant du pommeau.

Les étriers
Les étriers sont chaussés longs. Tes jambes, presque tendues, pendent naturellement de chaque côté du cheval.

Équitation western

En équitation western, les aides sont brèves et très légères. Dès que le cheval obéit et fait ce que tu attends de lui, tu dois relâcher la pression et te relaxer dans ta selle. Tu n'as pas besoin de garder le contact avec sa bouche et tu dois tenir les rênes avec légèreté, sauf pour lui donner une indication. Ta voix aussi t'aidera à lui transmettre des ordres.

Le cavalier western

En équitation western, tu dois te tenir droit dans la selle, tout en gardant une attitude détendue, la plante de tes pieds reposant dans les étriers. Tes mains sont placées plus haut qu'en équitation classique, à peu près au niveau de tes coudes. Tu peux tenir les rênes à une ou deux mains, sauf en compétition, où la tenue des rênes varie en fonction des classes d'âge.

Tourner à gauche

Pour tourner en tenant les rênes d'une seule main, il faut utiliser les rênes d'appui. La rêne intérieure, détendue, fait tourner la tête du cheval tandis que la rêne extérieure, en contact avec l'encolure le pousse dans la bonne direction.

1 Déplace ta main droite vers la gauche afin que la rêne gauche tourne sa tête vers la gauche et que la rêne droite entre en contact avec son encolure.

2 Regarde dans la direction où tu veux aller. Presse légèrement ta jambe droite contre le cheval pour le pousser vers la gauche.

Tourner à droite

La rêne droite, détendue, tourne la tête du cheval vers la droite ; la rêne gauche, en contact avec son encolure, l'invite à se déplacer vers la droite. Ta jambe droite est relâchée et ta jambe gauche le pousse vers la droite.

1 La rêne droite lui indique la direction et la gauche le pousse vers la droite.

2 Regarde vers la droite et pousse le cheval avec ta jambe gauche jusqu'à ce qu'il ait tourné.

Pas, jog, arrêt

L'équitation western repose sur trois principes : demande, cession et relaxation. Pour demander au cheval d'avancer, tu utilises ta voix, au besoin renforcée par tes jambes. Aussitôt qu'il s'exécute, relâche tes aides. Les rênes sont souples et le cheval porte sa tête naturellement. Lorsqu'il accélère, tu peux reprendre les rênes, sans jamais tirer sur sa bouche.

Au pas
Pour demander au cheval de partir au pas, tu peux faire un claquement de langue et donner une légère pression des jambes. Dès qu'il obéit, détends tes jambes.

Le jog
Le jog est un petit trot décontracté. Fais partir ton cheval d'un claquement de langue et d'une pression des jambes. Raccourcis tes rênes si le cheval lève la tête.

L'arrêt
Pèse dans ta selle en reportant ton poids vers l'arrière, en appuyant sur tes talons et dit « Whoa ». Si ton cheval n'obéit pas, lève un peu les mains pour mettre une légère pression sur le mors.

Au poney club

Au cours d'une leçon en groupe, il te faudra adapter ton allure à celle du poney qui te précède tout en gardant ton propre poney attentif à tes aides.

Croiser un autre cavalier

Au cours d'une leçon dans la carrière de ton poney club, tu auras à croiser d'autres cavaliers. En règle générale, les cavaliers se croisent main gauche à main gauche, et ceux qui sont à main gauche ont priorité sur les autres.

Respecte les distances

Lorsque tu montes en groupe, tu dois laisser l'espace d'un poney entre ta monture et celle qui te précède. Si tu serres de trop près le poney qui est devant toi, il pourra se fâcher, botter et te blesser ou blesser ton poney.

Une leçon en groupe

Au premier abord, monter en groupe pourra te sembler fastidieux. En plus des nombreuses choses à retenir, tu devras contrôler ton poney tout en considérant ce que font les autres. En compagnie de ses congénères, ton poney pourra aussi se comporter différemment. Il sera peut-être plus nerveux, ou pourra refuser d'obéir à tes ordres pour ne pas s'écarter des autres. Quoi qu'il en soit, tu apprendras également des autres cavaliers.

Exercices de base

Pour te faire progresser et mettre à l'épreuve tes capacités, l'instructeur te demandera de pratiquer quelques exercices de base, comme des changements d'allure ou de direction, sur des cercles, par exemple. Tu devras contrôler ton poney et lui donner les aides correctes à chaque instant.

Faire des exercices à deux

Il se peut que l'instructeur vous fasse faire les exercices à deux. C'est très amusant, mais cela nécessite de la concentration. Vous devrez rester au même niveau, ce qui peut être difficile si vos poneys ont des foulées différentes. Vous aurez peut-être à faire un cercle dans des directions opposées et à revenir ensemble. Avec de la pratique, vous y arriverez au trot et au galop.

La carrière de dressage

La plupart des clubs d'équitation ont une carrière de dressage balisée de lettres qui servent de repères pour changer de direction ou d'allure. Par exemple, tu pourras marcher de K en H, puis trotter jusqu'en F, etc. Les lettres sont standardisées mais n'ont pas d'ordre logique et leur origine reste obscure.

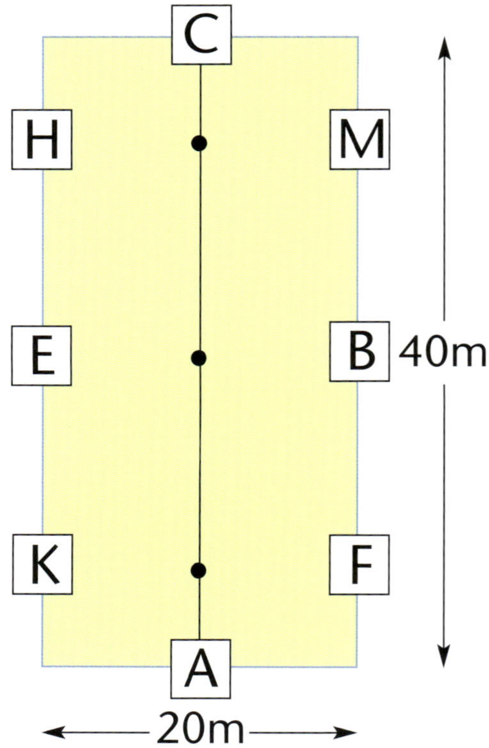

Les transitions

Si on te demande de marcher jusqu'en H, puis de trotter jusqu'en M, tu dois partir au trot quand l'épaule de ton poney est au niveau de la lettre H. Ce n'est pas facile, et il doit être bien équilibré et à tes ordres. À toi de déterminer le moment exact pour donner les aides avec précision. Il te faudra de la pratique pour y parvenir.

Les figures simples

Les figures du haut montrent les façons de changer de main, c'est-à-dire de modifier ta direction. Certaines autres figures impliquent également un changement de main. Le but est de tracer ces courbes avec précision. Le cercle doit être rond. Les deux cercles du huit de chiffre doivent être égaux, et les courbes d'une serpentine de même largeur.

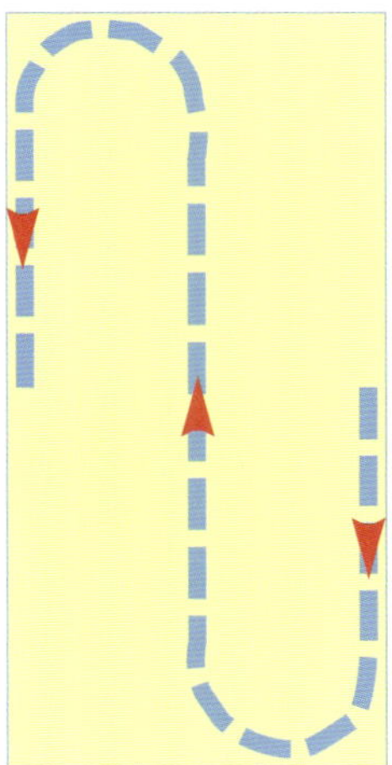

À main droite, tourne sur la ligne du milieu, marche en ligne droite puis tourne à gauche.

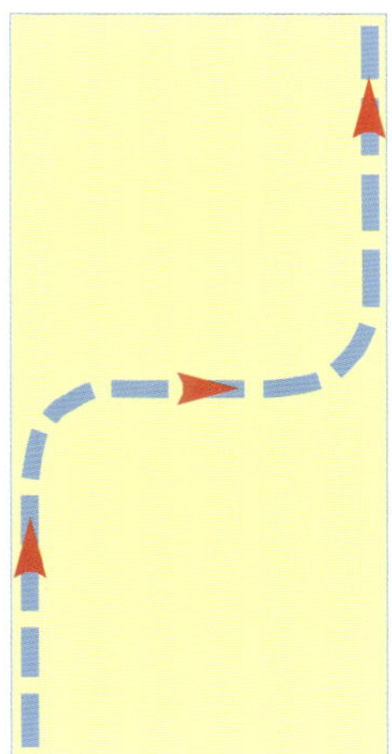

Coupe au centre de la carrière et tourne à gauche pour te trouver à main gauche.

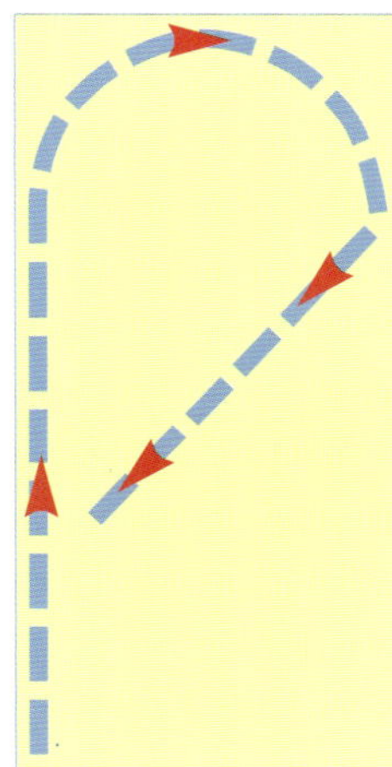

Coupe la carrière en diagonale, de M à E par exemple, ou d'un coin à l'autre.

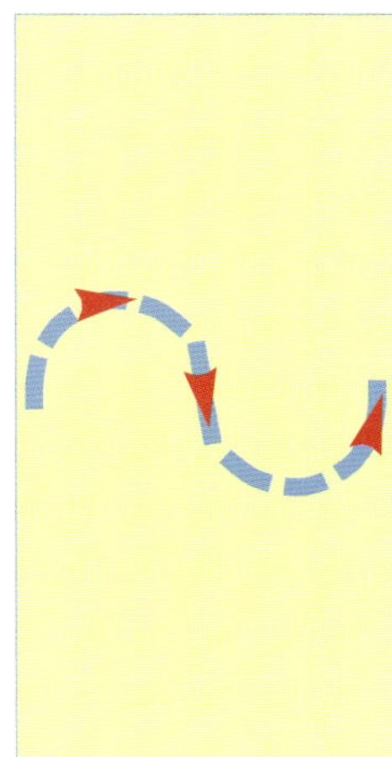

Effectue une serpentine à deux courbes par le milieu de la carrière.

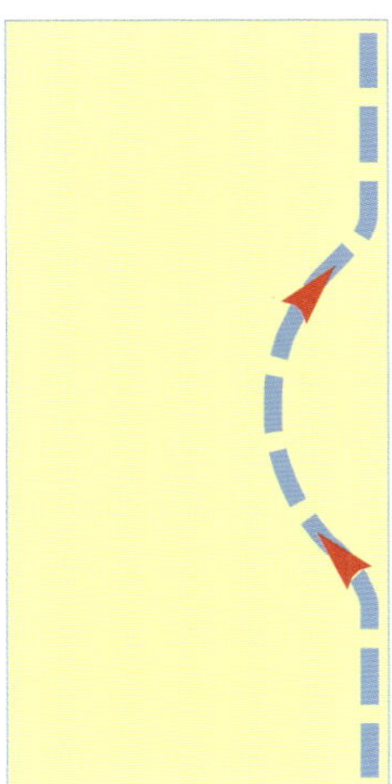

Ce contre changement de main se fait sur une courbe de 5 m de large sur le grand côté de la carrière.

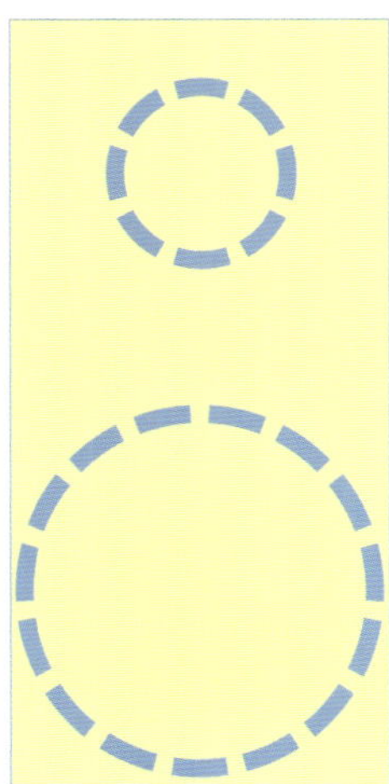

On peut exécuter des cercles de 10 ou 20 m de diamètre en différents points de la carrière.

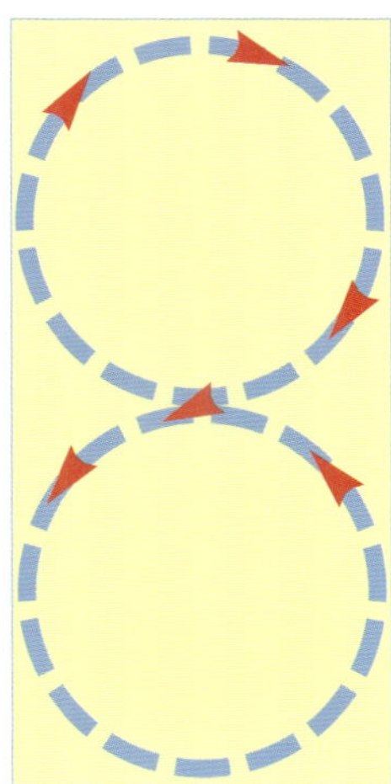

Exécuter les deux cercles d'un huit de chiffre implique deux changements de main.

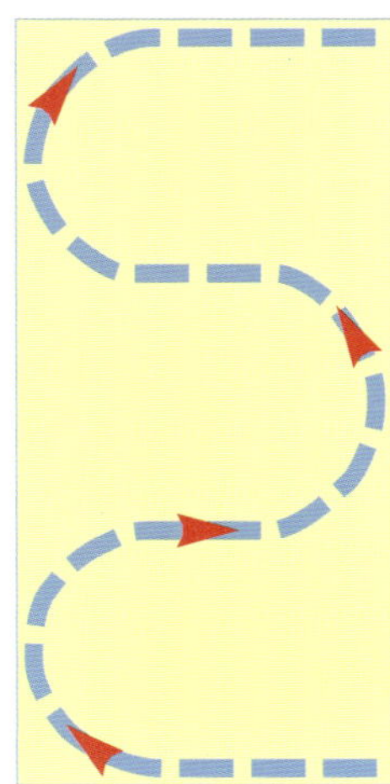

À la fin d'une serpentine à trois courbes, on repart dans la même direction.

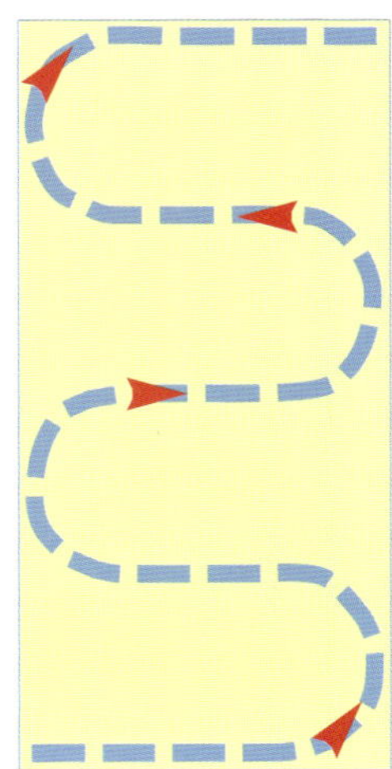

Une serpentine à quatre courbes débouche sur un changement de direction.

Sans étriers ni rênes

Après quelques leçons, on te demandera certainement de déchausser tes étriers, et, plus tard, de lâcher tes rênes. Monter sans étriers est un excellent moyen d'améliorer ton assiette, monte sans rênes de travailler ton équilibre. Tu ne dois jamais te rattraper aux rênes pour t'équilibrer.

Monter sans les étriers

Au cours de tes leçons, tu devras monter sans les étriers. Pour qu'ils ne heurtent pas les flancs du poney, croise-les sur son garrot. L'instructeur vous demandera de marcher et de trotter ensemble, ou de trotter chacun à son tour pendant que les autres vont au pas.

En longe, sans les rênes

Quand tu montes sans les rênes, noue-les devant le garrot du poney pour éviter qu'elles ne pendent. Si tu es tenu en longe, tu n'as pas à t'occuper de diriger ou d'arrêter ta monture, mais tu apprendras à modifier ta direction avec les jambes.

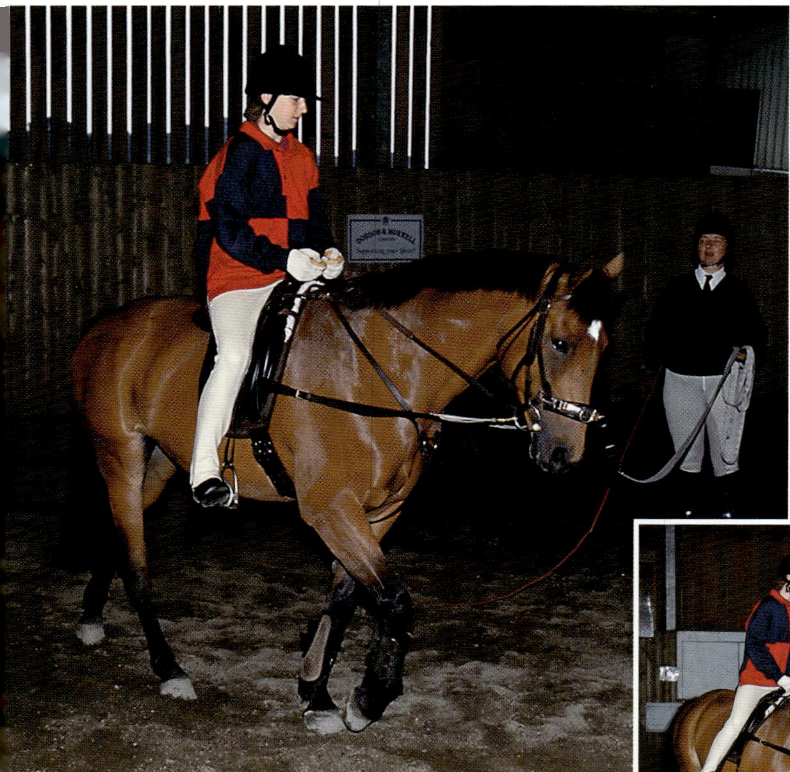

En longe, au pas
Concentre-toi sur ta position et utilise tes jambes pour contrôler l'allure et la direction du cheval.

En longe, au trot
Au trot, si tu ne te sens pas sûr, tu peux te tenir à la selle ou au collier, avec une ou deux mains.

Sans les étriers

Garde tes jambes en contact avec les flancs du poney, talons abaissés et pointes relevées.

Assieds-toi dans le fond de la selle pour ne pas rebondir. Détends ton dos pour suivre les mouvements du poney.

Monter sans étriers sollicite de nombreux muscles. Attention aux courbatures !

Se tenir à la selle

La première fois que tu monteras sans étriers, tu devras probablement te tenir à la selle d'une main et prendre les rênes de l'autre. Ton instructeur mènera peut-être ton poney en longe jusqu'à ce que tu aies acquis un peu d'assurance.

Tiens-toi **droit** dans la selle.

Si tu prends les **deux rênes d'une main**, tiens-les correctement.

Au début, l'instructeur mènera ton poney lentement pour que tu t'habitues à **ne pas avoir d'étriers**.

Sans les rênes

Monter sans rênes est un test d'équilibre. Avec l'aide de tes jambes, exerce-toi à faire tourner le poney à droite et à gauche.

Si tu es déséquilibré, rattrape-toi à la selle ou au collier.

Si ton poney désobéit ou tente de s'échapper, reprends les rênes immédiatement.

Trotter sans les étriers

Dès que tu seras à l'aise sans les étriers, tu pourras te lancer seul. Bientôt tu pourras trotter, galoper et même sauter. Tiens tes rênes à deux mains, et, si ton équilibre est encore instable, pose-les sur l'avant de la selle, mais garde le contact avec la bouche du poney.

Exercices en selle

Faire des mouvements de gymnastique et des étirements en selle est très amusant. Cela t'aidera à entretenir ta souplesse et, après un peu de pratique, tu gagneras de l'assurance à cheval. Attends que l'instructeur, ou un assistant, tienne ton poney et commence les exercices en partant de ta position normale en selle.

En avant, en arrière

Assieds-toi dans la selle, les jambes dans la bonne position, puis penche-toi en avant pour toucher la tête du poney, derrière les oreilles, ou aussi loin que tu peux. Reviens à ta position de départ puis penche-toi cette fois en arrière pour toucher le haut de sa queue, en pivotant au niveau de la taille.

Un tour complet

Tu dois faire un tour complet sur toi-même tout en restant assis sur ton poney. Maintiens-toi à la selle pendant que tu déplaces tes jambes.

1 Noue tes rênes sur l'encolure du poney et déchausse tes deux étriers.

2 Soulève ta jambe droite et passe-la au-dessus de son encolure sans le heurter.

3 Lance ta jambe gauche au-dessus de sa croupe. Tiens-toi à la selle de la main droite.

4 À l'envers sur le poney, sans sa tête devant toi, tu auras une drôle d'impression.

5 Pour te retourner, pivote, puis lance ta jambe droite par-dessus son dos.

6 Assis les deux jambes du même côté, tiens-toi de chaque côté de la selle.

7 Pivote à nouveau pour te préparer à passer ta jambe gauche.

8 Lance ta jambe gauche par-dessus l'encolure pour revenir à la bonne position.

Travail des bras

Étire tes bras vers le haut puis ramène les mains sur tes épaules. Étends tes bras sur les côtés et ramène les mains sur tes épaules. Enfin, étire tes bras en avant et recommence.

Étirement des jambes

Assieds-toi correctement dans la selle et garde tes cuisses fixes. Étire ta jambe gauche à partir du genou vers l'avant et vers le bas aussi loin que possible, puis étire-la en arrière. Répète l'exercice avec ta jambe droite. Ramène tes deux jambes en position habituelle. L'un après l'autre, étire tes pieds vers le bas, puis vers le haut pour assouplir tes chevilles.

En arrière

Pour faire cet exercice, tu auras sans doute besoin de t'accrocher à la selle, mais essaie aussi sans te tenir. Penche-toi en arrière jusqu'à ce que ta tête repose sur la croupe. Reste un instant dans cette position puis redresse-toi. C'est un bon moyen de développer les abdominaux indispensables à l'équitation.

Toucher les pieds

Lève la main droite puis courbe-toi sur le côté gauche de la selle et touche la pointe de ton pied gauche. Redresse-toi et répète cet exercice en changeant de côté.

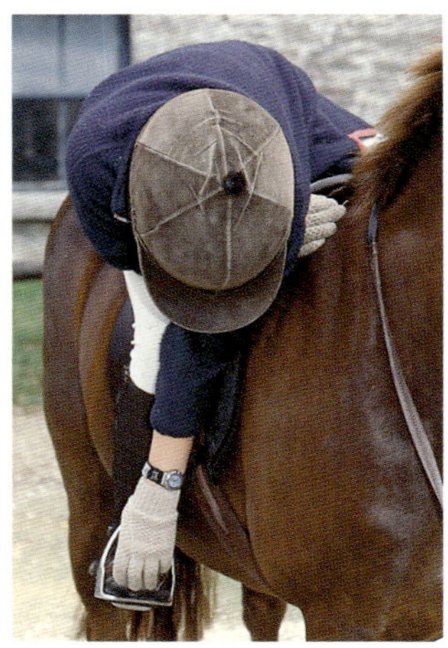

Progresser

Sécurité routière

Avertis les usagers de la route (piétons, cyclistes et automobilistes) par des signaux manuels clairs, suffisamment longtemps à l'avance. Pour contrôler ton poney, tiens les rênes fermement dans ton autre main.

Tourner à droite
Si tu veux tourner à droite, assure-toi d'abord qu'il n'y a aucun véhicule derrière toi. Tends le bras droit à l'horizontale. Avant de déboîter, vérifie que la route est bien dégagée.

Tourner à gauche
Pour tourner à gauche, vérifie qu'aucun véhicule n'approche puis tends ton bras gauche à l'horizontale. Avant de déboîter, assure-toi que la route est dégagée.

Remercier
Pour remercier un conducteur qui a ralenti pour toi, lève la main et souris. Si tu ne veux pas lâcher les rênes, fais un signe de tête et un sourire.

Arrêter un usager
Si tu as besoin d'arrêter un usager de la route, tends ta main droite devant toi. N'hésite pas à demander à un conducteur de ralentir ou de s'arrêter.

Les règles de base

Marche toujours du bon côté de la route, le plus près possible du bord, et ne vous mettez jamais plus de deux de front. Le mieux est de marcher en file indienne. Si vous êtes côte à côte, c'est au cavalier qui est à l'intérieur du tournant de faire les signaux d'avertissement.

Sur la route

Avant de t'aventurer sur la voie publique, tu dois apprendre le code de la route et connaître les signaux qu'il te faudra employer. Il faut aussi que tu sois capable de maîtriser ton poney. Évite les routes principales et les routes trop étroites, et ne circule jamais la nuit ou par temps de brouillard.

Faire ralentir la circulation
Pour demander à un automobiliste de ralentir, tends ton bras extérieur sur le côté et abaisse-le à plusieurs reprises lentement.

Un équipement réfléchissant

Ne monte jamais sur une route la nuit. Si la lumière est faible, porte un équipement réfléchissant : ceinture, brassard, toque de casque, réflecteurs à poser sur le filet et les guêtres du poney. Tu peux aussi fixer des lampes sur les étriers.

Gilet de sécurité
Le gilet de sécurité se porte sur la tenue d'extérieur. Généralement de couleurs vives, certains sont aussi équipés de bandes réfléchissantes en travers du dos et de la poitrine pour avertir les autres usagers de la route.

Partir en promenade

Partir en promenade à cheval avec des amis est très amusant. Choisis l'itinéraire à l'avance pour le rendre plus intéressant et informe toujours un adulte de tes plans. Tu pourras galoper le long de pistes cavalières, sauter par-dessus les troncs couchés et même traverser un ruisseau.

Galoper à travers champs

Galoper à travers champs est aussi agréable qu'excitant. Assure-toi auparavant que tu es autorisé à le faire et que tu contrôles ton poney. Choisis un terrain légèrement en pente et garde tes distances avec les autres cavaliers.

Les barrières

La barrière doit être équipée d'un loquet que tu peux ouvrir quand tu es à cheval, passer au pas et refermer sans avoir à mettre pied à terre. Exerce-toi d'abord à ton poney club avant de le faire à l'extérieur.

1 Place ton poney le long de la barrière pour pouvoir atteindre le loquet.

2 Penche-toi en avant et ouvre le loquet. Les rênes dans l'autre main, maintiens le poney immobile.

3 Ouvre la barrière et tiens-la quand tu passes. Ne la laisse pas se refermer sur ton poney.

4 Une fois la barrière franchie, fais pivoter ton poney et referme-la correctement.

Les pistes cavalières

Les chemins de randonnée comportent des pistes cavalières où chevaux et poneys sont autorisés. Suis les panneaux indicateurs et ne t'éloigne pas de la piste, même si elle traverse une prairie. Fais attention aux animaux de ferme et assure-toi que les barrières que tu ouvres sont refermées correctement derrière toi.

Croiser des animaux

Si tu longes des pâtures où se trouvent d'autres animaux, ils viendront probablement voir ton poney. Calme-le. Garde les rênes courtes et donne des jambes pour le faire avancer.

Traverser un ruisseau

Ne traverse un ruisseau que si tu es sûr que l'eau est peu profonde. Attention, l'eau peut rendre les chevaux nerveux. Laisse ton poney regarder et prendre son temps, puis pousse-le en avant avec ton assiette et tes jambes.

Le saut d'obstacles

L'approche d'un obstacle est très importante. Tu dois pousser ton poney en avant avec tes deux jambes.

En suspension

Pour sauter et galoper, il faut te mettre en suspension. Pour sauter, raccourcis tes étrivières d'un trou ou deux. Soulève tes fesses de la selle et penche-toi en avant en reportant ton poids sur tes genoux et dans tes étriers.

Galoper

Pour galoper, tu dois soulager le dos du cheval de ton poids en te mettant en suspension. Raccourcis tes rênes, garde les genoux en contact avec la selle et les talons abaissés. Si tu relèves les talons, tu perdras l'équilibre.

Le saut d'obstacles est une discipline exigeante. Si tu apprends à trotter correctement au-dessus de barres au sol et à sauter de petits obstacles, tu progresseras sans difficulté. Pour sauter, ton poney doit avoir une bonne impulsion et tu dois accompagner ses mouvements.

À la longe

Les premières leçons de saut d'obstacles consistent généralement à faire passer le poney au pas puis au trot au-dessus de barres au sol. Au début, ton instructeur pourra mener ton poney en longe.

1 En approchant des barres, raccourcis un peu tes rênes et mets-toi en suspension. Pousse ton poney en avant avec tes jambes. Garde la tête haute et les talons baissés et regarde où tu vas.

2 Pour trotter au-dessus des barres, le poney lève ses pieds plus haut. Son action doit être régulière et rythmée, mais il ne doit pas sauter. Fais cet exercice au trot enlevé.

Pendant le **franchissement**, garde tes jambes en contact avec les flancs du poney et tes talons baissés. Les rênes doivent être tendues sans tirer sur la bouche du poney.

L'appel et l'enlevé
Lorsque le poney détend ses postérieurs pour se propulser, penche-toi en avant et suis son mouvement sans l'entraver. Laisse tes mains accompagner sa tête.

Des barres au sol

Dispose trois ou quatre barres à un intervalle de 1 m à 1,30 m, en fonction de la taille du poney. Si l'espacement est correct, les postérieurs du poney frapperont le sol à mi-chemin entre deux barres.

1 Commence par passer au pas sur les barres. Franchis-les dans un sens puis dans l'autre, en te mettant en suspension à chaque fois.

2 Dès que tu te sens en confiance, mets ton poney au trot autour de la carrière et franchis la rangée de barres. Maintiens un bon rythme. Regarde devant toi.

Le premier saut

Ton premier saut ne sera pas très haut : un croisillon de barres qui encourage le poney à sauter au centre, au point le plus bas. Les ailes, de chaque côté de l'obstacle, maintiennent les barres et canalisent le poney pour éviter des refus qui pourraient te coûter des points en compétition.

La réception
À la réception, redresse ton buste en prenant soin de ne pas tirer sur la bouche du poney.

Les séquences du saut

Un saut peut être décomposé en quatre parties : l'approche, l'enlevé, le plané et la réception. L'approche peut se faire au trot ou au galop. L'allure doit être équilibrée et rythmée. Pour que le poney franchisse l'obstacle, il faut que l'enlevé se fasse au bon endroit. Dès la réception, n'hésite pas et pousse-le droit sur l'obstacle suivant.

Sauter plus loin

Lorsque tu franchiras avec assurance les obstacles bas, tu pourras tenter quelque chose de plus ambitieux, comme un obstacle large. Ton poney devra augmenter son amplitude pour le franchir.

Le haut niveau

À droite : Sheila Burke et Genius 79 (États-Unis, 1998). Pour franchir d'énormes obstacles, le cheval doit s'étirer au maximum. Peu de chevaux et de cavaliers sont capables d'un tel exploit.

Sauter plus haut

Si tu veux réellement progresser à l'obstacle, tu devras passer beaucoup de temps à travailler avec ton poney. Il faudra le faire sauter mais aussi l'entraîner sur le plat. Le travail sur le plat est important car, pour bien sauter, il devra être souple et obéissant et toujours « aux ordres », pour ne pas se précipiter sur l'obstacle ou prendre son appel au mauvais endroit. À l'entraînement comme en compétition, tu dois entretenir son impulsion avec tes jambes et ton assiette pour qu'il comprenne ce que tu attends de lui.

Les foulées

Lorsque tu abordes un obstacle, tu dois contrôler l'amplitude des foulées de ton poney et évaluer combien il doit en faire avant l'appel. S'il arrive trop près, il ne pourra pas le franchir ; trop loin, il heurtera la barre des postérieurs.

Les rivières

Une rivière est un large fossé rempli d'eau précédé d'un obstacle bas. Le cheval doit s'étirer pour ne pas mettre un pied dans l'eau. Ci-dessus : Maria Gretzer sur Feliciano franchissant une rivière à Hickstead (GB, 1999).

Obstacle double

Combinaison de 4 obstacles

Les combinaisons

Une combinaison est un groupe de deux ou plusieurs obstacles en ligne. Si le cheval fait un refus sur l'un des éléments, il doit les franchir tous à nouveau.

Le dressage

Dès que tu auras appris à bien contrôler ton poney et acquis suffisamment d'assurance, tu pourras apprendre des mouvements simples de dressage. Même si tu ne te lances pas dans la compétition, un enseignement méthodique te sera bénéfique pour apprendre à communiquer avec ta monture et en obtenir le meilleur.

Sur le mors

Quand ton poney est bien placé sous la selle, qu'il tient sa tête proche de la verticale, avec sa bouche plus basse que tes mains, on dit qu'il est « sur la main » ou « sur le mors ». C'est ainsi que tu le contrôles le mieux.

L'arrêt au carré

Avec un peu de persévérance, n'importe quel cavalier peut placer son cheval bien d'aplomb à l'arrêt, antérieurs et postérieurs alignés deux par deux, et maintenir cet équilibre.

Demi-tour sur les épaules

Les postérieurs se déplacent autour de l'antérieur intérieur. Pour faire un demi-tour vers la droite, reprends la rêne droite et mets la gauche en contact. Presse ta jambe gauche.

Épaules en dedans
Le poney avance latéralement, les antérieurs sur une piste intérieure. Il les croise en avançant, mais ses postérieurs se déplacent en ligne droite.

Le travail latéral

Le corps du cheval est incurvé de façon que ses antérieurs ne se déplacent plus sur la même piste que ses postérieurs.

Le travers
Les postérieurs suivent une piste intérieure tandis que le corps est incurvé vers l'extérieur.

Cession à la jambe
Le cheval cède à la pression de ta jambe. Il reste droit mais se déplace de côté.

Monter en amazone

En amazone, la cavalière est assise les deux jambes du même côté. La droite est calée sur un pommeau fixe tandis que la gauche repose sous un pommeau mobile, le pied dans l'étrier. Le maintien de la sangle est renforcé par une croupière. Spécialement entraîné, le cheval doit réagir à la cravache qui remplace l'action de la jambe droite.

Le galop à faux

Au galop, le cheval mène naturellement avec son antérieur intérieur. Dans le galop à faux, tu lui demandes de mener avec son antérieur extérieur. C'est un exercice difficile, qui requiert un équilibre parfait de la part de l'animal.

Le dressage avancé

Dans une reprise de dressage de haut niveau, le cheval semble accomplir des mouvements compliqués avec facilité, et le cavalier ne donner pratiquement pas d'aides. Pour en arriver là, ces grands cavaliers ont dû travailler dur pendant des années.

l'École espagnole

L'art de la haute école

La haute école est l'art classique de l'équitation. Elle se pratique surtout à l'École espagnole de Vienne (Autriche) et au Cadre noir de Saumur. Les cavaliers font exécuter à leurs montures des figures spectaculaires basées sur les mouvements naturels des chevaux. Ce cheval exécute la levade.

Demi-tour sur les hanches

Le cheval pivote autour de son postérieur intérieur, qui reste fixe.
Ses autres membres se déplacent dans le même ordre que s'il avançait.

Rassembler et allonger

Rassembler revient à raccourcir les lignes du cheval. Les foulées sont plus courtes et plus élevées et les allures plus lentes. Allonger les allures revient à demander une extension au cheval. Les foulées sont plus longues, ce qui accroît sa vitesse.

Pas rassemblé et pas allongé
Ce cheval passe du pas rassemblé au pas moyen, puis au pas allongé en développant progressivement ses foulées et en étirant la tête et l'encolure.

Pas rassemblé

Trot rassemblé
L'allure du cheval est régulière et rassemblée, mais il conserve son impulsion. La tête et l'encolure sont relevées et l'arrière-main paraît abaissée.

Trot allongé
Le cheval trotte plus vite et fait des foulées plus longues.
En allongeant son trot, il projette ses antérieurs loin en avant.

Changement de pied en l'air

Au galop, un cheval exécute un « changement de pied en l'air » quand il change son bipède meneur durant la phase de projection. C'est un mouvement difficile.

L'appuyer

Dans ce mouvement, le cheval se déplace latéralement sur deux pistes. Il croise ses membres extérieurs devant ses membres intérieurs, en courbant la tête dans la direction de son déplacement.

En l'air
Ce cheval vient d'exécuter un changement de pied en l'air et mène maintenant de l'antérieur droit.

Pas rassemblé/moyen

Pas moyen

Pas allongé

Pas libre sur rênes longues

Le galop rassemblé
C'est une allure lente et relevée. Le cheval doit être souple et détendu et le cavalier bien assis pour accompagner son mouvement.

La galop allongé
Le cheval étire l'encolure et allonge ses foulées.
Les centres de gravité du cheval et du cavalier se déplacent vers l'avant.

Les concours équestres

Les centres équestres
De nombreux centres équestres organisent des compétitions auxquelles tu pourras participer si tu as le niveau. Tu peux aussi t'informer pour savoir s'il existe d'autres activités équestres dans ta région.

L'endurance
Au cours d'une épreuve d'endurance, un poney peut parcourir près de 80 km en un jour. Les chevaux arabes excellent dans cette discipline.

La voltige
La voltige, c'est de la gymnastique à dos de cheval. Cela requiert des qualités athlétiques et des compétences équestres. On exécute ces figures sur le dos d'un cheval tenu en longe.

Les tresses

1 Humidifie la crinière. Divise les crins en touffes égales en partant du haut de l'encolure et attache-les avec des rubans élastiques.

2 Fais une tresse bien serrée avec chaque touffe et fixe-la avec un élastique. Prépare une aiguille et du fil de coton assorti à la crinière.

3 Fais un gros nœud à l'extrémité du fil et passe-le à travers l'extrémité de la tresse. Replie la tresse en deux par-dessous et couds-la serrée.

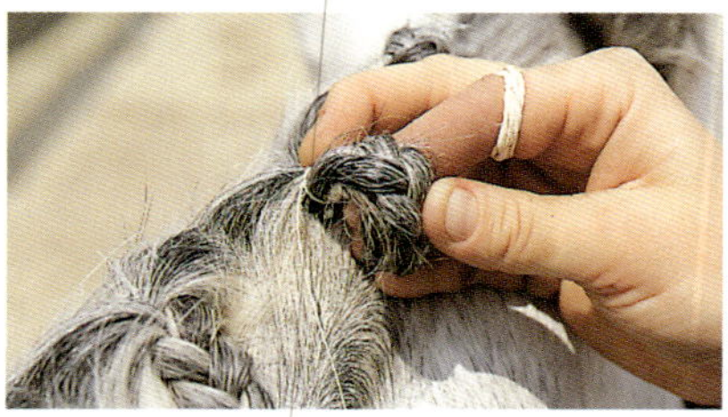

4 Replie à nouveau la tresse en deux et couds-la en attrapant les crins qui s'en échappent. Pour finir, noue le fil sous la tresse et coupe-le.

Préparer un concours

Si préparer un concours est très amusant, cela exige aussi beaucoup de temps et de travail. S'il fait beau, tu pourras doucher ton poney, sinon panse-le méticuleusement. Il faudra aussi laver sa crinière et sa queue avant de les tresser, graisser ses sabots et t'assurer que ton harnachement est bien propre. Ton poney doit faire la meilleure impression possible.

Les tresses
Tu peux fixer les tresses de ton poney avec des élastiques, mais si tu participes à une épreuve de présentation ou de dressage, il faudra les coudre.

Quelques secrets d'élégance

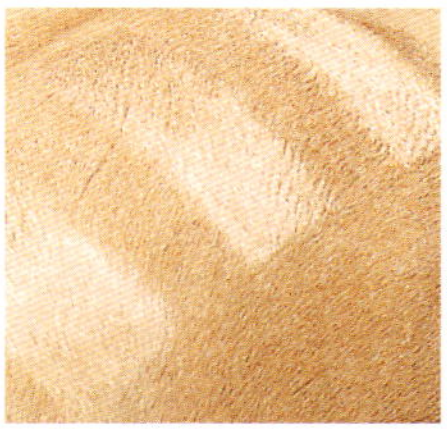
Motifs

Tu peux faire des **motifs** sur l'arrière-train de ton poney en humidifiant son poil et en le brossant sous différents angles. Il existe aussi des **pochoirs spéciaux** pour obtenir des figures et du gel pour les fixer.

Taille les fanons s'ils sont fournis et les longs poils de la tête.

Accentue la blancheur des crins et des marques blanches avec de la poudre de craie.

Graisse ses sabots.

Épiler la crinière

Épile la crinière avant de la tresser. Avec le peigne à crinière, isole quelques crins de dessous et arrache-les.

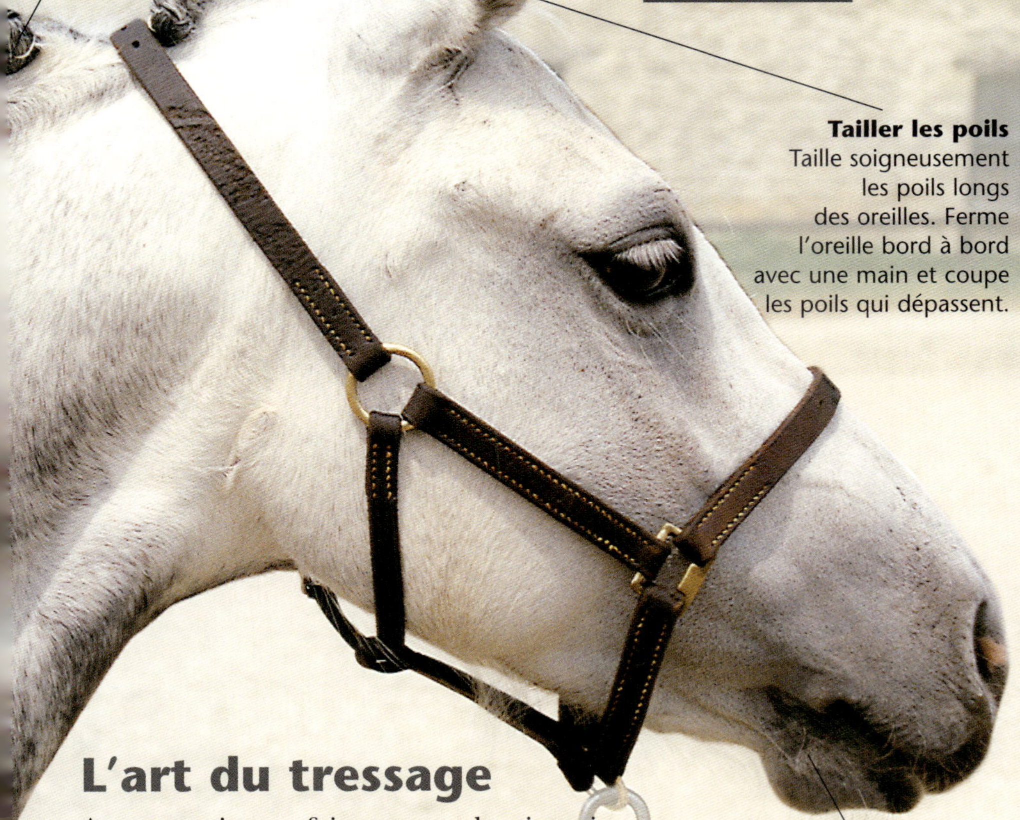

Une crinière parfaite
Si quelques crins dépassent des tresses, aplatis-les à l'aide d'un peu de gel à cheveux.

Tailler les poils
Taille soigneusement les poils longs des oreilles. Ferme l'oreille bord à bord avec une main et coupe les poils qui dépassent.

De l'huile de beauté
Si ton poney a la peau foncée, passe un peu de vaseline ou une huile pour bébé sur son museau pour qu'il paraisse plus soigné.

Tresser le toupet

Humidifie le toupet, tresse-le, couds-le et noue le fil comme pour la crinière. Pour que la tresse ressorte bien, croise les mèches par-dessous au lieu de les croiser par-dessus.

L'art du tressage

Arrange-toi pour faire un nombre impair de tresses au poney, toupet inclus. Selon sa taille, il en comptera sept, neuf ou onze sur son encolure. Des tresses nombreuses font paraître l'encolure plus longue, tandis que des tresses épaisses et espacées la font paraître plus courte. Si tu es doué, tu peux même faire des tresses plates ou en relief pour que l'encolure semble plus fine ou plus large.

Tresser la queue

Tresse la queue de ton poney si elle n'est pas épilée. Prends quelques crins longs de chaque côté de la partie charnue et tresse-les avec ceux du centre. Au fur et à mesure, attrape davantage de crins sur les côtés. Attache la tresse, replie-la et couds-la.

À l'arrivée

La compétition est une entreprise exaltante. Après toute la préparation, tu seras fier de te présenter devant le jury pour faire de ton mieux. Entre les épreuves, laisse ton poney se reposer à l'ombre avec de l'eau et un peu de foin. Tu peux aussi le faire brouter. Si tu gagnes une rosette, c'est bien, mais dans le cas contraire, ne t'énerve pas après ton poney. Tu feras mieux la fois suivante.

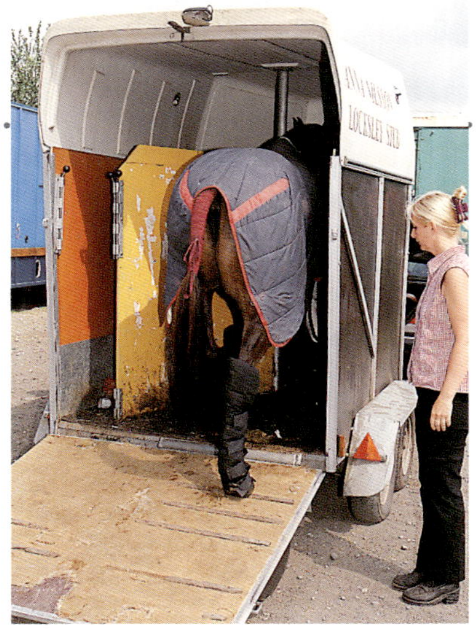

Débarquer en reculant
Si le poney doit débarquer à reculons, place-toi à sa tête et pousse-le gentiment. Demande à quelqu'un de le guider sur la rampe.

En toute sécurité

Détache ton poney avant d'ôter la barre de poitrail ou celle de queue. Si possible, fais-le descendre par l'avant. Ne le laisse pas se précipiter sur la rampe. S'il glisse, il peut se blesser. S'il peut tenter de sauter sur le côté, demande à des amis de se placer sur les côtés.

Débarquer par l'avant
Si le van est équipé d'un pont avant, n'hésite pas à débarquer ton poney par là. Marche calmement sans le laisser tirer.

Les priorités
Attache ton poney ou demande à quelqu'un de le tenir quand tu lui ôtes ses guêtres. Vérifie qu'il ne s'est pas blessé au cours du transport.

Prêt à sauter
Si tu participes à un concours de saut d'obstacles, tu dois porter un gilet de protection.

Prêt pour l'exhibition
Pour une exhibition, fais-toi aussi élégant que possible. Cela te donnera confiance en toi.

Patienter

Si tu es sûr que ton poney ne va pas s'énerver, laisse-le attaché au van. Fixe sa longe avec un morceau de ficelle qui cassera en cas de panique. Pour le faire patienter, suspends un filet à foin à sa portée.

Le secrétariat

À ton arrivée sur le lieu de la compétition, présente-toi au secrétariat. Tu pourras t'inscrire aux classes auxquelles tu veux participer et on t'attribuera un numéro. Un tableau d'affichage te renseignera aussi sur les résultats.

Un poney pour deux

Si tu partages un poney avec un ami, accordez-vous sur les classes auxquelles chacun de vous participera. Mais n'en demandez pas trop au poney, au risque de l'épuiser.

Pony-games

Les pony-games sont des jeux équestres de vitesse et d'adresse réservés aux enfants. Certains se disputent en équipe, d'autres individuellement. Par l'intermédiaire de certains poney clubs, tu peux devenir membre d'une équipe de compétition.

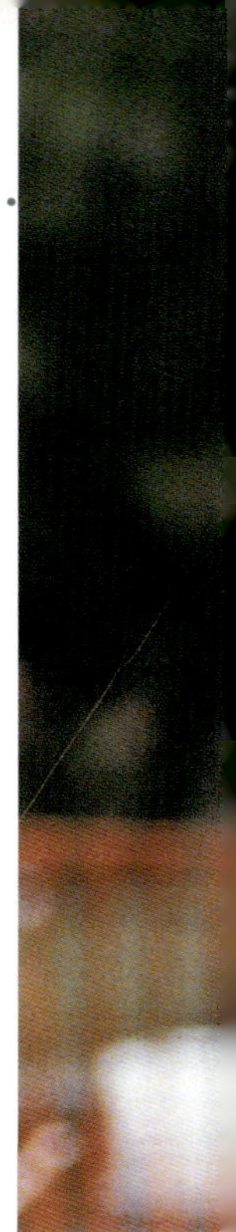

Course de relais
Ce jeu consiste à galoper jusqu'à un fanion, à t'en emparer puis à retourner le plus vite possible le passer au membre suivant de ton équipe.

Course de tonneaux
Dans cette course autour de tonneaux, le poney doit être rapide et capable de virer court sans perdre l'équilibre.

Quelques conseils

Pour réussir dans ces jeux, tu dois être bon joueur, avoir l'esprit vif, être en pleine forme et bien entraîné pour pouvoir réagir rapidement. Quant à ton poney, il doit être vif, lui aussi, et obéissant.

L'entraînement avant tout

Quels que soient les jeux que tu choisiras, il faudra que tu sois sérieusement entraîné. Le jour de la compétition, un poney qui réagira parfaitement aux ordres fera la différence. Travaille les transitions et les changements de direction au galop rapide. Exerce-toi aussi à sauter en selle et à terre le plus vite possible ainsi qu'à te pencher pour attraper des objets.

En courant

Savoir sauter en selle pendant que le poney trotte ou galope est un gain de temps précieux. Si le poney est petit, c'est plus facile... Tu dois courir à son côté en tenant la selle, puis sauter en lançant ta jambe par-dessus sa croupe.

L'œuf et la cuiller
Ce jeu requiert de l'adresse. Même si l'œuf est faux, tu dois arriver à le transporter sur une cuiller !

Le pneu
Ton partenaire et toi devez sauter de vos poneys, passer à travers un pneu puis remonter en selle.

La pyramide
Tu dois te pencher pour empiler des boîtes sans perdre l'équilibre ni renverser la pyramide.

Course à la pomme de terre
Tu dois la ramasser, galoper jusqu'à l'autre bout du terrain et la jeter dans un seau.

MPC

Le concours hippique

Le concours hippique est un sport très populaire. Les épreuves se déroulent dans un temps limité, certaines se courant même contre la montre. Celui qui boucle un sans-faute dans le meilleur temps l'emporte. Une barre tombée, un refus, une dérobade ou une chute valent une pénalité. Trois refus ou une erreur de parcours et c'est l'élimination. Si plusieurs concurrents font un sans-faute, le barrage les départagera.

Reconnaître le parcours

Avant l'épreuve, les concurrents sont autorisés à reconnaître le parcours pour pouvoir choisir le meilleur tracé et le mémoriser. Étudie bien chaque saut et évalue le nombre de foulées que ton poney devra faire entre les obstacles combinés.

L'échauffement

C'est un terrain sur lequel sont installés un ou deux obstacles pour l'échauffement des chevaux avant les épreuves. Dès que l'épreuve commence, tu dois attendre près de l'entrée du parcours jusqu'à ce que ton numéro soit appelé.

Spa
Triple barre en escalier.

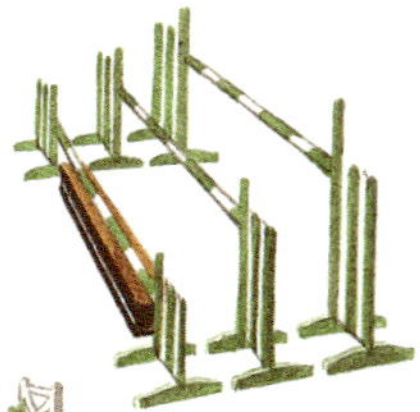

Haie barrée
Obstacle large plus haut au centre.

Barrière
Obstacle vertical haut.

Mur
Obstacle en briques.

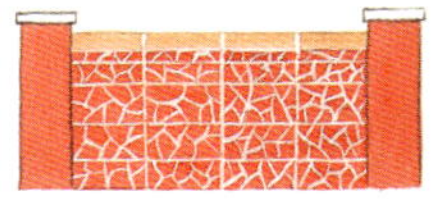

Muret barré
Muret surmonté de barres.

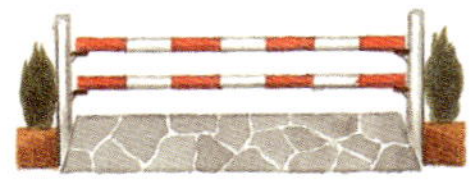

Stationata
Obstacle fait de barres superposées.

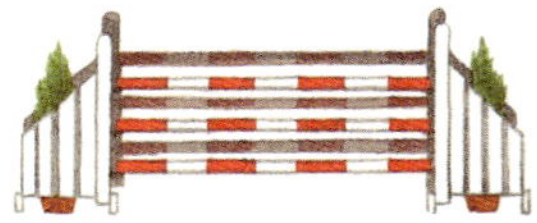

Oxer rustique
Oxer avec une haie au milieu.

Dos d'âne
La barre centrale est plus haute.

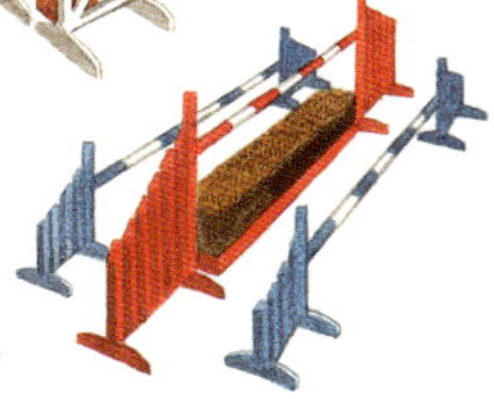

Les types d'obstacles

Les obstacles sont de quatre types principaux : les verticaux, les larges, les combinaisons et les rivières. Les verticaux sont difficiles ; les larges plus aisés car moins hauts. Les combinaisons exigent une bonne capacité d'évaluation du poney comme du cavalier. Pour les rivières il faut de l'extension.

Se concentrer

Pendant le parcours, garde toujours une bonne position en selle. Entretiens l'impulsion du poney avec détermination à chaque saut et regarde l'obstacle suivant.

Gagner du temps

Avant de commencer un parcours, il faut en avoir mémorisé le tracé. Ainsi, après chaque saut, tu peux te concentrer sur le suivant et économiser de précieuses secondes en optant pour le chemin le plus court.

Sans faute

Ne te précipite pas, le poney pourrait perdre son équilibre et heurter les barres.
Dirige-le avec assurance. S'il sent que tu hésites, il pourrait faire un refus.
Si tu sens qu'il va refuser, encourage-le d'un petit coup de cravache derrière la sangle.
Ne le frappe pas s'il renverse un obstacle. Tente une meilleure approche la fois suivante.

Être exigeant

Pour une présentation en main ou une reprise de dressage, l'apparence du cavalier comme celle du poney doit être impeccable. Lors de l'épreuve, le poney sera jugé sur sa conformation, ses allures et son comportement. Tu devras le monter au pas, au trot et au galop à chaque main, le faire marcher et trotter en main, et parfois faire une démonstration individuelle.

En main…

Alignés dans la carrière, les concurrents doivent desseller leur poney pour que le juge l'examine, puis le faire marcher et trotter en main pour qu'il apprécie la rectitude de son action.

…ou individuelle

Une présentation individuelle permet de mettre en valeur les allures de ton poney. Le concurrent trotte et galope aux deux mains sur un cercle, et fait un arrêt « au carré ».

Avant la reprise

Avant la reprise, échauffe ton poney pour qu'il soit prêt à faire de son mieux. Certains ont besoin d'un peu plus de travail que d'autres pour se mettre en train. Respecte son rythme.

Pendant

Dans la carrière de dressage, concentre-toi. Les juges qui évaluent les concurrents notent leurs commentaires sur une feuille de score. On te la remettra.

Quelques conseils

Vérifie que ta tenue et ton harnachement sont conformes aux exigences de la compétition.

Sois impeccable et ton poney parfaitement toiletté. L'impression que tu donneras aux juges est décisive.

Demande à quelqu'un de t'aider à répéter les mouvements de la reprise pour les mémoriser.

Entraîne-toi jusqu'à ce que ton poney et toi soyez capables d'effectuer parfaitement l'épreuve.

Haut niveau

Certains cavaliers se spécialisent dans le dressage. Ci-contre, une démonstration de trot allongé par Isabell Werth sur Nissan Gigolo, lors des Jeux équestres mondiaux de 1998. Atteindre un tel niveau requiert des années de travail.

Haie

Toit de bergerie

Tronc couché

Pneus

Barrière

Les types d'obstacles

Les obstacles de cross-country ressemblent à ceux que tu pourrais trouver dans la nature : barrières, haies, troncs couchés, murets, fossés, talus ou gués. Fixes, ils ne tombent pas si on les heurte, et peuvent être placés dans une montée ou une descente.

Cross-country

Le parcours d'un cross-country comporte des obstacles fixes et très espacés. C'est une discipline qui demande beaucoup d'énergie et de courage, de ta part et de celle de ton poney. Tu seras pénalisé pour chaque faute : refus, franchissement d'un obstacle au mauvais endroit, erreur de parcours, chute ou dépassement de temps. Les obstacles sont signalés par deux fanions. Tu dois sauter au centre, avec le rouge à main droite et le blanc à main gauche.

Le hunter

Les épreuves de hunter (en anglais : cheval de chasse) sont des cross-countries ouverts aux chevaux comme aux poneys. Le parcours t'emmènera parfois à travers bois et champs et il te faudra peut-être ouvrir une barrière. Tu dois généralement terminer une section, ou le parcours complet, en un temps limité.

Reconnaître le parcours

Avant l'épreuve, tu pourras reconnaître le parcours, examiner les obstacles et ainsi choisir la meilleure approche. Vérifie le sol dans les zones d'appel et de réception et tâche de repérer les objets qui risquent d'effrayer ton poney, de façon à ne pas être surpris.

Le concours complet

Il comprend du dressage, du cross-country et du saut d'obstacles, ce qui permet de tester toutes les capacités des chevaux et des cavaliers. En dressage, ton poney doit faire preuve de calme et de précision ; en cross-country, il doit être brave, rapide et endurant ; à l'obstacle, se montrer souple, obéissant.

Le steeple-chase

Le cross-country comprend un steeple-chase – une course de 3,6 km balisée par douze obstacles. La vitesse de l'épreuve avoisine les 40 km/h, soit la vitesse d'un cheval de course. En haut niveau, le cross-country des concours complets inclut aussi des sections de routes et de chemins.

Débourrage et attelage

Les longues rênes

À un niveau plus avancé, les longues rênes, reliées au mors, sont passées à travers les anneaux du surfaix. La rêne extérieure passe autour de la croupe du cheval.

Le débourrage à l'attelage

Une fois que le cheval ou le poney destiné à l'attelage a appris à porter un harnais et à être dirigé aux longues rênes, on attache un vieux pneu aux traits pour qu'il s'habitue à tracter une charge. L'entraîneur marche derrière lui en tenant les longues rênes.

Notions de débourrage

L'apprentissage du cheval ou du poney, appelé débourrage, consiste à lui faire accepter une selle, un filet, un mors dans la bouche, un cavalier sur le dos et à lui faire comprendre les aides. Le travail à la longe et aux longues rênes contribue aussi à développer sa souplesse et sa musculature.

La **muserolle** du caveçon, doublée, porte trois anneaux de fixation, montés sur pivots, pour attacher la longe.

Longer un cheval

On peut longer un cheval en ajustant des rênes fixes entre les anneaux d'un mors de filet et un surfaix. Cela lui permet de développer les muscles de son dos et d'apprendre à s'équilibrer en gardant le contact avec le mors.

Longer avec une selle

L'étape suivante de l'entraînement du cheval consiste à le longer avec une selle, dès qu'il a accepté de la porter. Des rênes fixes relient aussi le mors à la selle.

Apprendre à obéir

Lorsqu'il est longé, le cheval marche, trotte et galope sur un cercle autour de l'entraîneur. Au début, un assistant le mène, puis il apprend à obéir aux ordres vocaux de l'entraîneur.

Travail aux longues rênes

Le travail aux longues rênes apprend au cheval à changer de direction et d'allure par l'intermédiaire des rênes, ainsi qu'à s'équilibrer et à se déplacer, sans être entravé par le poids du cavalier.

Le poulain

À l'âge de quelques jours, le poulain apprend à porter un licol et à être mené en longe près de sa mère. Dès qu'il est habitué à ces manipulations, il peut être conduit à côté de sa mère par la même personne.

Le jeune cheval

Avant de s'asseoir dans la selle pour la première fois, l'entraîneur se couche en travers pour habituer le jeune cheval à son poids.

Premières leçons

La première fois que l'entraîneur se met en selle, il ne chausse pas les étriers car il pourrait avoir besoin de sauter rapidement. Il s'assied doucement.

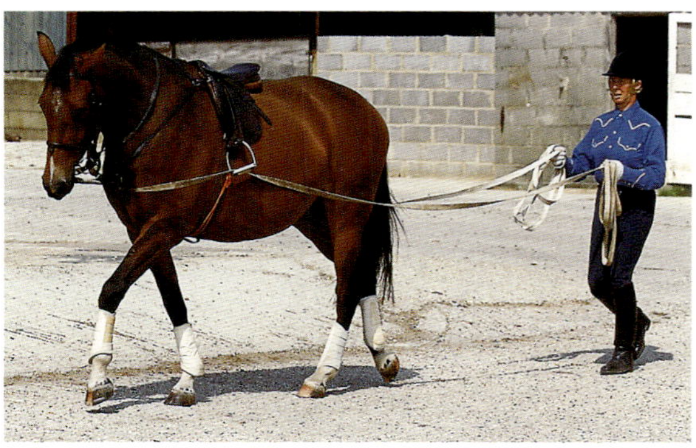

Travail à pied

Une autre méthode de travail aux longues rênes consiste à seller le cheval et à faire passer les rênes à travers les étriers, les étrivières raccourcies, pour qu'ils ne heurtent pas ses flancs.

L'attelage

Un cheval ou un poney attelé est contrôlé par la voix, les guides et le fouet du meneur. « Au pas » et « au trot » dits d'un ton encourageant, ou un claquement de langue, et le cheval se porte en avant ; un « oh ! » ferme, renforcé par l'action des guides, et il s'arrête. Un cheval d'attelage bien dressé obéit aux indications les plus légères.

Atteler un cheval

Lorsque le cheval est garni, on le place devant la voiture, guides (rênes) enroulées sur son dos. Une personne le tient pendant qu'une autre approche la voiture pour que les brancards soient introduits dans les bracelets de la sellette.

Boucler les courroies de retrait
Les courroies de retrait sont passées dans les crampons des brancards, puis bouclées autour des traits et des brancards.

Fixer les traits

La sellette, posée sur le dos du cheval, un peu en arrière du garrot, est maintenue par une sangle. L'étape suivante consiste à boucler la sous-ventrière, puis à fixer les traits à la voiture.

Les traits
Les traits sont les épaisses courroies qui tractent le véhicule. Ils sont fixés d'un côté au collier ou à la bricole, et de l'autre sur des crochets à l'avant du véhicule.

Le scurry driving

Le scurry driving est une épreuve contre la montre où la vitesse joue un rôle essentiel. Généralement, les petits poneys comme les Shetlands y excellent. Le parcours des concurrents est chronométré et ils prennent souvent des risques insensés dans les tournants.

Guides et fouet

Les guides sont tenues dans la main gauche, la guide gauche au-dessus. La main droite tient le fouet.

Pour tourner

Un meneur expérimenté qui tient ses guides comme ci-dessus (gauche entre le pouce et l'index ; droite entre le majeur et l'annulaire) peut tourner un cheval attelé à droite en faisant pivoter sa main gauche de sorte que sa paume soit vers le haut. Ce mouvement augmente la tension de la guide droite et diminue celle de la gauche. Pour tourner à gauche, la paume sera tournée vers le sol pour tendre la guide gauche et détendre la droite.

Tourner à gauche
Lorsque tu apprends, ou si tu as besoin d'une aide plus ferme, ta main droite peut renforcer la pression sur la guide gauche en venant se placer juste devant ta main gauche.

Tourner à droite
Afin de renforcer l'aide pour tourner à droite, utilise ta main droite pour mettre une pression directe sur la guide droite. Ta main droite ne doit pas s'éloigner de ta main gauche.

Utiliser le fouet

À l'attelage, la voix et le fouet servent à mettre le cheval en avant. Le fouet ne doit faire que l'effleurer entre le collier et la sellette.

Harnais et véhicules

Selon le type d'attelage pratiqué, il existe différents harnais et de nombreux modèles de voitures. Le harnais d'un poney attelé à un cabriolet rapide sera plus léger que celui d'un cheval tirant une lourde voiture à quatre roues. Le harnais est assorti d'un collier ou d'une bricole et peut être orné de plaques métalliques. Chevaux et poneys sont attelés seul, par paire ou à quatre.

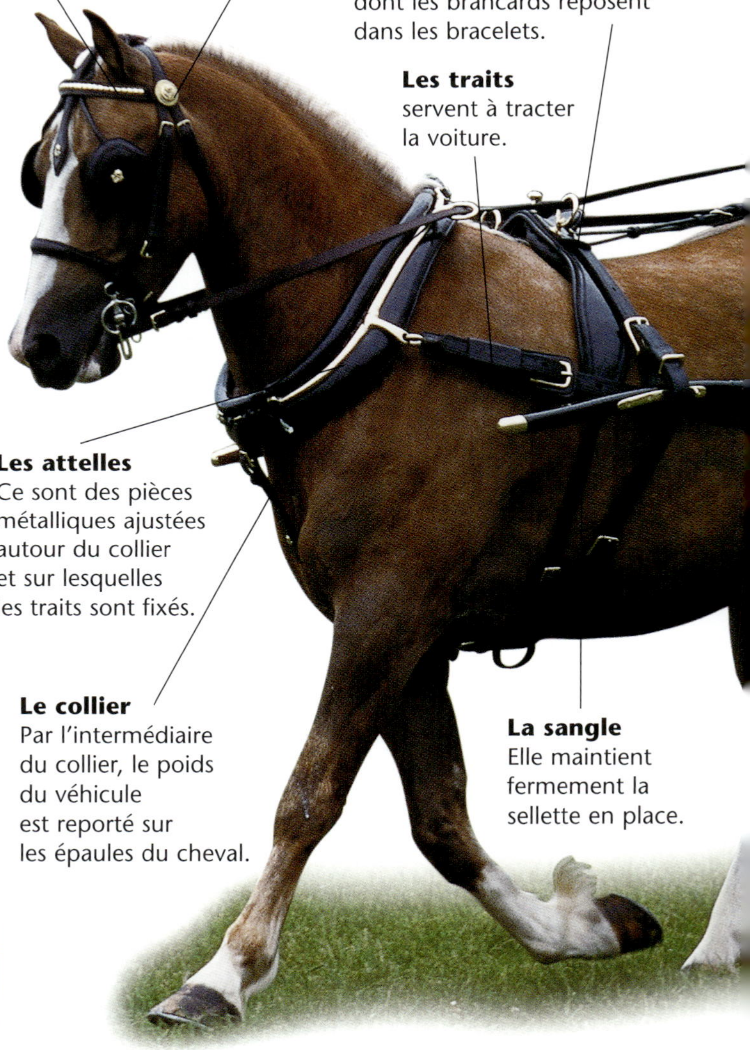

La cocarde
À l'intersection du frontal et de la têtière, la cocarde métallique porte parfois le monogramme ou l'emblème du propriétaire.

Le frontal
Le frontal de cette élégante bride d'exhibition est incrusté de laiton.

La sellette
Rembourrée, elle protège le dos du cheval du poids de la voiture dont les brancards reposent dans les bracelets.

Les traits
servent à tracter la voiture.

Les attelles
Ce sont des pièces métalliques ajustées autour du collier et sur lesquelles les traits sont fixés.

Le collier
Par l'intermédiaire du collier, le poids du véhicule est reporté sur les épaules du cheval.

La sangle
Elle maintient fermement la sellette en place.

La bride d'attelage

La bride d'attelage est équipée d'œillères qui empêchent le cheval de voir et d'être effrayé par les véhicules qui arrivent derrière lui. Le mors Liverpool (à gauche) permet trois positions pour les guides. La plus haute, sur l'anneau, est la plus douce ; la plus basse est la plus sévère.

Les guides
Les guides passent à travers des clés (anneaux) sur le collier et la sellette.

Barre de fesse et avaloir
L'avaloir, autour des cuisses du cheval, est relié aux brancards, ce qui lui permet de retenir le véhicule pour le stopper.

À trois de front

Un tel attelage, à trois chevaux de front, est rare. Les chevaux présentés ici sont des Shires.

Les cabriolets

Au XIXe siècle, les cabriolets étaient très populaires. Aujourd'hui, ils sont remis au goût du jour par des passionnés pour des exhibitions. Légers et élégants, ils peuvent être tirés par un ou deux chevaux.

Le carrosse royal

Ce splendide carrosse de cérémonie (ici au Royal Windsor Horse Show d'Angleterre) appartient à la reine Élisabeth II. Les harnais des chevaux et les costumes des hommes sont richement décorés.

Police et parade

Les chevaux de police et ceux utilisés lors de parades militaires subissent un entraînement spécial après leur débourrage. Vers cinq à sept ans, les chevaux destinés à la police londonienne passent six mois à se familiariser avec les bruits, les drapeaux et les mouvements de foule, puis six autres mois en patrouille avec un cheval expérimenté. Les chevaux de cavalerie suivent en entraînement similaire.

La police américaine

Canaliser les foules dans les centres des grandes villes fait partie des tâches quotidiennes des chevaux de police partout dans le monde. Généralement, ils portent des protections sur la tête et les yeux.

Les tambours

Ce sont toujours des chevaux lourds, qui doivent porter le cavalier et deux tambours d'environ 30 kg chacun. Le joueur contrôle le cheval avec des rênes aux pieds.

L'artillerie royale

Les chevaux de l'artillerie royale britannique sont utilisés lors des cérémonies officielles, pour tracter les canons, par exemple. Ils sont célèbres pour leur « Musical Drive » dont l'apothéose est le mouvement « en ciseau » au cours duquel les équipages galopent en tirant des canons et se croisent au centre du terrain à la seconde près. Les chevaux noirs sont réservés aux funérailles nationales.

Les parades

Les chevaux de la police londonienne ont aussi pour tâche d'escorter les fanfares militaires lors des parades. Ils restent imperturbables face au tintamarre.

Le cercle de feu

Sauter à travers un cercle de feu est le numéro le plus extraordinaire pour un cheval de police. Le cheval est entraîné à sauter le muret seul, puis à passer à travers le cercle. On met le feu au cercle, tandis qu'un cheval expérimenté encourage le novice à le suivre.

Glossaire

Au cours de tes lectures sur les chevaux, tu rencontreras de nombreux termes particuliers au monde du cheval. Tu trouveras ici les définitions claires de certains de ces termes techniques.

abri de pâture Sorte de cabane ouverte sur le devant dans laquelle les chevaux qui vivent dehors peuvent s'abriter des intempéries.

action Manière de se mouvoir pour un cheval.

action droite (ou rectiligne) Se dit d'un cheval qui, en action, bouge ses membres d'avant en arrière sur une ligne droite, sans déviation sur les côtés.

aides Moyens dont dispose le cavalier pour donner des indications à son cheval. Les aides naturelles sont les jambes, l'assiette, les mains et la voix ; les aides artificielles sont la cravache et les éperons.

ailes Les supports des barres d'un obstacle.

aliments concentrés Les céréales, comme l'avoine ou l'orge, qui entrent dans la composition des aliments floconnés ou des granulés.

allonger Demander au cheval des foulées plus longues et plus rasantes, ce qui revient à étirer ses lignes externes.

allure à quatre temps Allure où chacun des pieds frappe le sol séparément, comme le pas.

allures Mouvements que font les chevaux pour se déplacer. Les allures naturelles sont le pas, le trot, le galop. Il existe des allures artificielles, acquises par le dressage, et des allures défectueuses.

antérieurs Les membres de devant d'un cheval.

aplomb Axe et position des membres sous le cheval. De bons aplombs sont nécessaires à un bon équilibre.

approche Dernières foulées d'un cheval avant d'aborder un obstacle.

arçon Armature interne d'une selle.

arrière-main Croupe, fesses, membres postérieurs et queue. Se dit d'un cheval monté, sinon on parle d'arrière-train.

assiette Manière dont le cavalier se tient en selle et assure son équilibre.

avaloir ou harnais de recul Partie d'un harnais d'attelage (courroie autour de l'arrière-train) qui permet au cheval d'arrêter et de reculer la voiture.

avant-main La tête, l'encolure, les épaules, le garrot et les membres antérieurs d'un cheval.

barrage Parcours supplémentaire plus difficile destiné à départager les concurrents qui ont fait un san faute dans un concours hippique.

barre Zone de la mâchoire dépourvue de dent entre les incisives et les molaires, et où se place le mors.

battue Moment où le sabot frappe le sol. Si deux sabots se posent simultanément, ils ne font qu'une battue.

billarder Se dit d'un cheval qui projette ses antérieurs vers l'extérieur avec un mouvement circulaire. C'est un défaut de l'action.

bipède latéral Deux membres situés du même côté qui se déplacent en même temps. Par exemple, un cheval qui va à l'amble déplace ses bipèdes latéraux l'un après l'autre.

boulet Articulation du membre du cheval, entre le canon et le paturon.

botter En parlant d'un cheval : donner un coup de pied avec un postérieur.

bracelets En attelage, gros anneaux en cuir à travers lesquels on passe les brancards pour les maintenir à l'horizontale.

bride double ou bride complète Bride munie de deux mors et de deux paires de rênes, utilisée surtout en dressage.

brosse douce Brosse à poils courts et souples utilisée pour débarrasser la robe d'un cheval de la poussière et du sébum.

brosse dure (ou bouchon) Brosse à poils longs et raides servant à débarrasser la robe d'un cheval de la boue séchée et à panser un animal vivant au pré.

cabrer (se) Se dit d'un cheval qui se dresse sur ses membres postérieurs.

cadence Fréquence de pose d'un membre au sol.

canon Os des antérieurs entre le genou et le boulet. Os des postérieurs entre le jarret et le boulet.

caveçon Licol muni d'une muserolle renforcée équipée d'anneaux pivotants sur lesquels on fixe une longe de travail.

carrière Manège extérieur découvert.

cabriolet Voiture à cheval légère à deux roues et à deux places.

chambrière Sorte de long fouet léger utilisé dans le manège, ou servant à faire travailler un cheval en longe sur un cercle.

chanfrein Zone de la tête du cheval située entre le front et les naseaux.

changer de main Changer de direction dans le manège ou la carrière de compétition.

changer de pied en l'air Au galop, action de changer le membre meneur au moment du temps de suspension.

chaps Jambières de cuir qui se portent par-dessus le pantalon et qui servaient autrefois aux cow-boys à se protéger des buissons épineux quand ils menaient le bétail.

châtaigne Excroissance cornue, présente à l'intérieur des quatre membres d'un cheval, dans la région des genoux et des jarrets.

cheval de compétition Cheval qui participe à des compétitions de dressage, de saut d'obstacles ou de concours complet, par exemple.

cheval de trait Cheval grand et lourd utilisé pour tracter de lourdes charges ou des engins agricoles.

cob Type de cheval trapu, aux membres courts, souvent doté d'un tempérament calme. Le Cob normand est une race française.

coire Attache de la queue. Partie charnue de la queue.

coliques Douleurs abdominales aiguës. Les coliques sont souvent très graves et requièrent l'attention d'un vétérinaire.

collier a) Partie d'un harnais qui repose autour de l'encolure et sur les épaules du cheval. b) Courroie qui passe autour de l'encolure d'un cheval et qui permet au cavalier de se tenir, ou fait partie d'une martingale ou d'un collier de chasse.

collier de chasse Courroie fixée de chaque côté de la selle et à la sangle, sous le ventre du cheval, et qui repose sur son poitrail. Sert à empêcher la selle de reculer.

conformation La silhouette et les proportions d'un cheval.

concours complet Compétition comprenant une reprise de dressage et des épreuves de cross-country et de saut d'obstacles.

contact Action du cheval qui prend appui sur le mors.

courroies de retraite (ou de reculement) Courroies qui relient l'avaloir aux brancards et permettent de retenir la voiture.

couteau de chaleur Sorte de racloir métallique ou en caoutchouc, utilisé pour essorer la transpiration ou l'eau de la robe d'un cheval.

crampons Sortes de gros clous métalliques que l'on visse dans les talons des fers pour éviter que le cheval ne dérape sur terrain glissant.

cravache Badine flexible dont se servent les cavaliers pour pousser un cheval.

crête Centre et sommet de l'arrondi de l'encolure.

cross-country Course jalonnée d'obstacles fixes qui doit être parcourue en un temps donné. Le cross-country est une épreuve du concours complet.

croupe Le plus haut point de l'arrière-train.

cru (à) Monter à cru signifie monter sans selle.

débourrage Période d'apprentissage d'un jeune cheval destiné à être monté ou attelé.

déjuger (se) Se dit d'un cheval qui pose ses postérieurs en arrière de l'empreinte des antérieurs.

demi-sang Cheval ou poney dont l'un des géniteurs est un Pur-sang, ou qui possède du sang de Pur-sang.

dérober (se) Se dit d'un cheval qui fuit l'obstacle en s'écartant sur le côté.

destrier Cheval lourd utilisé autrefois par les chevaliers lors des tournois ou à la guerre.

désunir (se) Se dit d'un cheval qui galope à droite des antérieurs et à gauche des postérieurs ou vice-versa. Le galop désuni est une allure défectueuse.

diagonal Une paire de membres diagonaux : bipède diagonal. Au trot enlevé, le cavalier s'assied à la première battue, se soulève à la suivante. Il peut trotter sur le bipède diagonal droit ou le gauche.

diagonale Ligne entre deux coins opposés d'un manège de dressage.

dressage a) Entraînement du cheval ; b) Discipline de compétition de l'équitation classique.

écart Action du cheval qui se dérobe sur le côté lorsqu'il est effrayé par quelque chose.

écurie américaine Type d'écurie installée dans une grande grange et dont les box sont alignés de part et d'autre d'une allée centrale.

enlevé Phase d'un saut qui vient juste après l'approche et l'appel, au moment où le cheval détend ses postérieurs et décolle du sol.

enregistré Listé dans le *stud book* d'une race. Un cheval ou un poney enregistré possède un pedigree.

enrênement Type de harnachement de tête autre qu'un filet ou une bride classique, comme des rênes élastiques que l'on fixe à un surfaix, destiné à apprendre à un cheval à se placer.

entre mains et jambes Expression d'équitation signifiant que l'énergie d'un cheval est créée par les jambes et contrôlée par les mains.

épaule inclinée Épaule qui forme une ligne oblique du garrot à la pointe. Une épaule bien inclinée engendre généralement des allures confortables sous la selle.

épaule verticale Épaule dont l'inclinaison est faible du garrot à la pointe. Généralement, une épaule verticale est caractéristique des chevaux d'attelage.

épiler Arracher quelques crins de la crinière et de la queue pour les désépaissir et les aplatir.

équilibre On dit qu'un cheval est en équilibre lorsque son poids et celui du cavalier sont répartis de telle façon qu'il peut se mouvoir facilement et efficacement.

étalon Cheval mâle non castré, âgé de quatre ans et plus, et généralement destiné à la reproduction.

état de la piste Condition d'une piste de course qui peut être détrempée, rapide, lente, boueuse, gelée…

étrille a) Sorte de peigne en métal avec une poignée qui sert à nettoyer la brosse douce. b) Étrille en plastique ou en caoutchouc qui peut être utilisée pour éliminer les poils morts et la boue de la robe d'un cheval.

extension Allongement des lignes du cheval : il se déplace plus vite en faisant des foulées plus longues et plus rasantes.

fanons Touffes de poils plus ou moins longs et fournis que les chevaux possèdent à l'arrière des boulets et qui protègent les paturons de l'humidité.

fender Large protège-cuisse en cuir qui recouvre les étrivières sur une selle western.

filet (ou bridon) Bride simple assortie d'un mors de filet. Partie d'une bride double (ou complète) qui porte le mors de filet.

foulée Distance parcourue par un pied entre deux battues successives.

fourbure Inflammation douloureuse du tissu interne des pieds d'un cheval (souvent les antérieurs) provoquée généralement par une alimentation trop riche.

fourrage Nourriture principale des chevaux et des poneys : herbe et foin.

fourchette Coussinet de corne élastique de la sole des pieds des chevaux qui sert d'amortisseur.

frontal Partie d'un filet ou d'une bride qui ceint le front du cheval et empêche la têtière de glisser vers l'arrière.

garnir Mettre un harnais sur le dos d'un cheval ou d'un poney.

garrot Crête osseuse à la base de l'encolure d'un cheval.

Genet d'Espagne Ancêtre des races ibériques (PRE et Lusitano) qui a grandement influencé l'élevage équin en Europe et dans le monde pendant des siècles. La plupart des races américaines descendent du Genet d'Espagne qui accompagna les conquistadores en Amérique, au XVIe siècle.

genou Articulation qui surmonte le canon des antérieurs.

gilet de protection Gilet rigide sans manche qui protège le dos du cavalier en cas de chute.

grégaires Se dit des animaux qui vivent en troupeaux, comme les chevaux.

hackamore Type de bride sans mors dont l'action se situe au niveau du chanfrein.

harnachement Ensemble de l'équipement utilisé pour monter un cheval.

harnais Équipement d'un cheval attelé.

hongre Cheval mâle castré, inapte à la reproduction.

hunter Cheval de chasse. Un bon hunter doit savoir galoper et sauter correctement.

impulsion Énergie fournie par le cheval à la demande du cavalier.

jog Trot lent en équitation western.

juger (se) Se dit d'un cheval qui pose ses postérieurs dans l'empreinte des antérieurs.

jument Cheval femelle de quatre ans et plus.

lavés Se dit des crins lorsqu'ils sont d'un ton plus clair que le fond de la robe.

liste Marque blanche le long du chanfrein d'un cheval.

livret Carnet enregistrant les origines, les marques et les particularités d'un cheval ou d'un poney, désormais obligatoire pour chaque équidé. Les livrets sont délivrés par les haras nationaux.

longer Faire travailler un cheval aux trois allures, sur un cercle, à l'aide d'une longe de travail, d'un caveçon et d'une chambrière.

longues rênes Conduire un cheval à l'aide de rênes longues, en se tenant à pied derrière lui.

manège Espace clos et couvert, aménagé pour l'enseignement de l'équitation.

martingale Enrênement destiné à empêcher un cheval de jeter la tête en l'air. La martingale fixe relie la muserolle à la sangle ; la martingale à anneaux, les rênes à la sangle.

méjuger (se) Se dit d'un cheval qui pose ses postérieurs en avant de l'empreinte des antérieurs.

mélange floconné Type d'aliment complémentaire fait d'un mélange d'ingrédients, comme de l'avoine aplatie et du maïs floconné.

mener Conduire un cheval en marchant à côté de lui.

membres meneurs Membres qui se portent légèrement en avant des autres au galop. On dit qu'un cheval mène à droite ou à gauche.

montants Parties d'un filet qui portent le mors.

mors Pièce métallique de la bride dont une partie entre dans la bouche du cheval.

mors de bride Mors muni de longues branches et qui s'emploie avec une gourmette (chaînette) destinée à renforcer son action. Il en existe de nombreux types, utilisés en dressage et en équitation western sur les chevaux bien entraînés.

mors de filet Mors à deux anneaux dont le canon (ou embouchure) est articulé.

mors Liverpool Mors d'attelage avec trois positions pour les guides.

mors Pelham Type de mors à l'action sévère qui s'emploie avec une paire de rênes et une gourmette.

muserolle Dans un filet ou une bride, lanière qui entoure le nez du cheval.

muserolle combinée Muserolle qui s'ajuste sous le mors pour empêcher le cheval d'ouvrir la bouche et d'échapper à l'action du mors.

natif Se dit d'une race, comme le Welsh britannique ou le Camargue français, qui habite une région et y est élevée depuis des temps immémoriaux.

ocelle Tache arrondie sur certains animaux, dont le centre et le pourtour sont de couleurs différentes.

passage de sangle Circonférence de la cage thoracique juste derrière le garrot. Un passage de sangle large signifie de la place pour le cœur et les poumons.

paturon Partie des membres située entre le pied et le boulet.

pedigree Extrait du livre généalogique qui liste les géniteurs sur plusieurs générations d'un animal de race pure.

pointe de l'épaule L'avant de l'articulation de l'épaule, point de jonction de l'omoplate et de l'humérus.

poney Cheval de petite taille, mesurant généralement moins de 1,47 m.

poney (ou cheval) de bât Poney qui transporte un fardeau fixé sur son dos par un dispositif fait de bois et de lanières en cuir.

pony-games Jeux équestres réservés aux enfants.

pommeau Partie avant de la selle.

porteur Se dit d'un cheval ou d'un poney dont la conformation lui permet de porter un cavalier lourd.

postérieurs Les membres de derrière d'un cheval.

poulain Cheval mâle de moins de quatre ans.

pouliche Cheval femelle de moins de quatre ans.

présence Décrit le port et l'allure d'un cheval.

primitif Se dit d'un caractère, comme la raie de mulet, qui remonte aux premiers temps de l'évolution.

pure race Cheval ou poney dont les deux géniteurs sont issus de la même race et inscrits au stud book.

Pur-sang Race enregistrée au *General Stud Book*. Presque tous les chevaux de courses sont des Pur-sang.

race Groupe de chevaux chez lesquels certains caractères ont été sélectionnés sur des générations, et qui les transmettent à leur descendance.

rack Allure particulière du Selle américain, rapide, et dans laquelle chaque pied frappe le sol séparément.

raie de mulet Ligne sombre le long du dos d'un cheval, de la crinière à la queue. Caractéristique archaïque que l'on retrouve chez les races asiatiques (Fjord et Highland).

rassembler Demander des foulées plus courtes et plus élevées. Cela revient à raccourcir les lignes externes du cheval.

réception Phase d'un saut lorsque les pieds du cheval reprennent contact avec le sol.

reculer Action d'aller en arrière : les membres du cheval se déplacent par bipèdes diagonaux.

rêne d'appui Moyen de tourner en équitation western lorsque les deux rênes sont tenues d'une seule main.

rênes Lanières en cuir qui relient les mains du cavalier au mors.

rivets Extrémités des clous que le maréchal retourne pour fixer le fer au pied.

robe Couleur des poils et des crins d'un cheval.

robe composée Robe qui a plus d'une couleur.

robe simple Robe d'une seule couleur, avec des marques blanches possibles sur le bas des membres et sur la tête.

rotation des pâtures Mettre d'autres animaux à pâturer après des chevaux, ou laisser les pâtures au repos à tour de rôle pour éviter l'infestation des parasites et donner à l'herbe le temps de se renouveler.

ruade Mouvement du cheval qui lance ses postérieurs vers l'arrière pour se défendre ou frapper un ennemi.

rythme La répartition et la régularité du posé des pieds d'un cheval.

sangle Large lanière qui passe autour de la cage thoracique du cheval et sert à maintenir la selle sur son dos.

saut de mouton Mouvement effectué par un cheval qui bondit verticalement, dos voûté, les quatre membres décollés du sol, pour tenter d'éjecter son cavalier.

saut de puce Combinaison dont les obstacles ne sont pas espacés d'une foulée. À la réception du premier obstacle, le cheval prend immédiatement son appel pour sauter le suivant.

séneçon jacobée Grande plante à fleurs jaunes semblables à de petites marguerites, très toxique pour les équidés et d'autres animaux.

société d'élevage Organisation qui régule l'élevage d'une race particulière de chevaux.

sous-gorge Lanière qui passe sous la gorge du cheval et empêche le filet ou la bride de glisser vers l'avant.

standard Ensemble des caractéristiques permettant de décrire et de définir une race.

stud book Livre généalogique des chevaux de race. Chaque race possède son propre stud book. Le *General Stud Book* recense les Pur-sang.

surfaix Sorte de sangle matelassée au niveau du dos et qui sert à maintenir une couverture sur le dos du cheval ou à fixer un enrênement pour le travail à la longe.

sursangle Sangle attachée à une couverture qui passe autour du ventre du cheval.

sur le mors Expression d'équitation signifiant que le cheval accepte le mors et qu'il place sa tête dans une position permettant au cavalier d'avoir le maximum de contrôle sur lui.

suspension (en), ou extension (en) En équitation classique, position en avant, au-dessus de la selle et en appui dans les étriers, qu'adopte le cavalier pour galoper ou sauter. En équitation western, le cavalier reste toujours en contact avec la selle.

tempérament Caractère naturel d'un cheval ou d'un poney, par exemple : calme, docile ou fougueux.

temps de suspension (ou phase de projection) Dans une allure, temps pendant lequel aucun pied n'est en contact avec le sol.

têtière Lanière d'un filet, d'une bride ou d'un licol qui se place derrière les oreilles d'un cheval.

tondage Action de tondre le poil de certains animaux, comme le cheval.

toque Habillage en satin ou velours, muni d'une visière, pour les casques d'équitation.

toupet Partie de la crinière qui retombe sur le front du cheval.

tour de canon Circonférence du canon sous le genou. « Avoir de l'os » signifie avoir des membres forts.

trait Partie du harnais qui sert à tracter la voiture. Chaque trait est attaché au collier ou à la sellette et se fixe sur la voiture.

transition Action de passer d'une allure à l'autre. Une transition montante implique une accélération et une transition descendante, un passage à une allure plus lente.

travail sur le plat Travail sans saut d'obstacles.

Trotteur du Norfolk Trotteur d'attelage rapide qui a vécu entre le XVe et le milieu du XXe siècle et a donné naissance à des races comme le Hackney.

troussequin Partie qui remonte à l'arrière d'une selle.

type Cheval n'appartenant pas à une race particulière mais destiné à un usage spécifique, par exemple, le cob, le hunter (cheval de chasse) ou le poney de polo.

vermifuge Médicament destiné à tuer les parasites intestinaux (les vers) des chevaux.

voltige Gymnastique à dos de cheval. Se pratique individuellement ou en équipe.

Yearling Poulain Pur-sang d'un an.

zébrures Marques horizontales foncées sur les membres de certaines races primitives.

Index

Sites Internet / Encyclopédie du poney / février 2004

Toute l'actualité sur le cheval et le monde équestre.
www.actucheval.com

Des sites généralistes.
www.equiwa.com
www.cavadeos.com

Un site offrant un répertoire des races.
www.passionducheval.com

Un site pédagogique et ludique.
www.le-site-cheval.com

Un guide sur le monde du cheval.
www.cheval2000.com

Un site complet et ludique avec une liste d'adresses utiles.
www.galoway.com

Un site de passionnés.
www.hippoplus.com/hippodico.htm

Le site des haras nationaux.
www.haras-nationaux.fr/hn0700/accueil/frame01_fr.htm

Centres d'hébergement et de protection pour équidés maltraités.
www.le-chem.com

Tourisme équestre.
www.tourisme-equestre.fr

Le site de la Fédération française d'Équitation avec une liste des centres hippiques en France
www.ffe.com

Society for the Welfare of Horses and Ponies.
www.swhp.co.uk

Note à l'attention des lecteurs

Les adresses des sites Internet proposés dans cet ouvrage sont correctes au moment de l'impression. Toutefois, en raison de l'évolution constante d'Internet, les adresses et le contenu peuvent changer. Certains sites peuvent contenir des liens inappropriés pour les enfants. L'éditeur ne pourra être tenu responsable pour les changements dans les adresses des sites ou pour leur contenu, ou pour toute exposition à des documents choquants ou incorrects qui peuvent apparaître sur le Web. Nous recommandons que les recherches sur Internet soient toujours supervisées par un adulte.

Remerciements

L'éditeur tient à remercier :
L'inspecteur Alan Hiscox de la Metropolitan Police ;
Dickie Waygood, maître écuyer de la Household Cavalry ;
Capitaine Mark Dollar de la Household Cavalry.

L'équipe de la **Talland School of Equitation,** et particulièrement la famille Hutton et Patricia Curtis.

L'équipe du **Hartpury College Equestrian Centre,** et particulièrement Margaret Linington-Payne.

Les cavaliers :
Tom Alexander
Alison Jane Berman
Anna Bird
Emily Brady
Blake Christian
James Cole
Emily Coles
Patricia Curtis
Wesley Davis
Sam Drinkwater
Parker Dunn
Amelia Ebanks
Naomi Ebanks
Theo Freyne
Helen Grundy
Sarah Grundy
Simon Grundy
Emma Harford
Brian Hutton
Charlie Hutton
Pippa Hutton
Hannah James
Pete Jenkins (dentiste équin)
Olivia Kuropatwa
Sophie Kuropatwa
Eric Lin
Margaret Linington-Payne
Rhiannon Linington-Payne
Ella McEwan
Thomas McEwen
Lucy Miller (dressage avancé)
Charlotte Nagle
Alasdair Nicol
Gemma Oakley
Andrew Poynton (maréchal-ferrant)
Jay Rathore
Nicola Ridley
Ignacio Romero Torres
Ros Sheppard (consultant en équitation western)
Victoria Taylor
Max Thomas (maréchal-ferrant)
Sophie Thomas
Camilla Tracey
Ayako Watanabe
Laura Wilks
Sawako Yoshii

Autres photographies :
Art Archive p. 10 bg, p. 10 c, p. 10/11 h, p. 10/11 b, p. 11 hd.
Houghtons Horses p. 31 bd, p. 32 b, p. 37 hg, p. 46 bg, p. 50 bd, p. 54 bg, p. 56 bd, p. 56 bg, p. 60 c, p. 69 hd.
Only Horses Picture Library p. 36 bg, p. 43 b, p. 45 bg, p. 65 b, Sandy Felsenthal/CORBIS p. 214/215 b.